T0098950

PHILOSOPHIE DE LA CULTURE

COMITÉ ÉDITORIAL

TEXTES CLÉS

PHILOSOPHIE DE LA CULTURE

Formes de vie, valeurs, symboles

Textes réunis, introduits et traduits
par
Matthieu AMAT et Carole MAIGNÉ

PARIS
LIBRAIRIE PHILOSOPHIQUE J. VRIN
6 place de la Sorbonne, V^e

2021

© *Librairie Philosophique J. VRIN*, 2021
Imprimé en France

ISBN 978-2-7116-3026-4
www.vrin.fr

INTRODUCTION GÉNÉRALE

En hommage à
Denis Kambouchner et Enno Rudolph

EN PREMIÈRE APPROCHE

Malgré sa faible détermination institutionnelle dans l'espace francophone, l'expression « philosophie de la culture » sonne de manière assez familière en français, à la manière de « philosophie de l'art », « des sciences » et de toutes les philosophies *de* quelque chose. Le terme de « culture » ne semble cependant pas renvoyer à un domaine d'objet bien défini. Rien de ce qui est humain ne semble *a priori* étranger à la culture. Cela vaut dans une perspective « objective » – toutes les productions de l'homme relèvent de la culture – comme dans une perspective « subjective » – la vie de l'homme, dans sa forme individuelle et sociale, se déploie dans le milieu de la culture et c'est ce déploiement même que désigne aussi le terme de culture. Il ne semble rester, comme autre de la culture, que la nature. Cet autre est pourtant toujours repris en elle : nulle science, nul discours ou point de vue sur la nature qui ne soit culturel-lement médiatisé. La philosophie de la culture ne saurait pourtant prétendre constituer le tout de la philosophie ; elle est une manière spécifique de problématiser les formes de la vie et du monde humain.

Dans « philosophie de la culture », culture renvoie moins à un domaine d'objets qu'à une manière d'interroger tout objet possible. Le terme doit s'entendre de manière adverbiale, comme modalisant la pratique philosophique elle-même, déterminant sinon un programme ou un style – il y en a plusieurs en philosophie de la culture –, du moins une certaine orientation du questionnement et des traits qui dessinent un air de famille. En bref et en première approche : le problème originaire de la philosophie de la culture est l'expérience de l'*ambivalence des formes de l'objectivité et de l'objectivation* à l'époque moderne, formes qui apparaissent tantôt comme des causes ou des symptômes d'aliénation, tantôt comme des conditions de possibilité de toute émancipation ou formation proprement humaines. La philosophie de la culture se caractérise en cela par un certain *primat de l'objet*, qu'elle soumet à un questionnement *critique*, c'est-à-dire dont elle interroge la *signification* et la *valeur*. Cette opération s'ordonne à un horizon *éthique* : dans ses diverses formes, la philosophie de la culture cherche une actualisation critique de l'*idée classique de culture*, conçue comme formation (*Bildung*) et processus d'individuation. Elle ouvre en cela à une réflexion sur l'*éducation* et voudrait plus largement assumer une fonction d'*orientation* et de détermination d'*horizons* dans les sociétés industrielles ou post-industrielles hautement objectivées, différenciées et symboliquement saturées.

Cette première approche permet de distinguer la philosophie de la culture d'autres disciplines qui prennent la culture pour objet. À titre heuristique, on peut tenter une détermination schématique de quelques-unes de ces approches (en laissant de côté les approches naturalistes, telle la biologie de la culture). C'est peu de dire que la notion de culture est polysémique. Pour s'y orienter on peut partir de ce que Denis Kambouchner distingue au titre de ses trois acceptions principales [1]. Dans son sens *classique*, la culture désigne un certain idéal de formation des capacités humaines, accompli au moyen d'un détour par des œuvres et des institutions. Dans son sens *sociologique* ou *ethnologique*, c'est un ensemble de pratiques et de représentations propres à une population. Dans son sens *ontologique* ou *transcendantal*, c'est un domaine d'objets, de processus ou de légalités à distinguer (sur un mode problématique) de la nature. On peut esquisser une typologie des approches de la culture selon le poids relatif qu'elles donnent à chacun des termes – par des opérations qui bien sûr en modifient le sens.

Pour la *sociologie de la culture* c'est le second sens qui dominera, le sens ontologique n'étant pas interrogé pour lui-même ou seulement à titre préliminaire. Un certain usage de culture dans son sens « classique » devra être maintenu, afin de comprendre les processus de transmission et d'acculturation au sein d'une population, mais sa prétention axiologique et prescriptive sera neutralisée : c'est comme objet factuel de description que la culture individuelle intéressera le sociologue [2].

L'*anthropologie générale de la culture* (que l'œuvre de Lévi-Strauss illustre), bien qu'elle parte de l'étude de « cultures » particulières (sens sociologique ou ethnologique), ne cesse de travailler la question transcendantale,

1. Denis Kambouchner, « La culture », dans D. Kambouchner (éd.), *Notions de philosophie*, t. III, Paris, Folio-Gallimard, 1995, p. 445-568 (p. 446-450); « Éclaircissements sur la culture », dans *L'école, question philosophique*, Paris, Fayard, 2013, p. 185-210 (185-189).
2. Sur la sociologie de la culture dans une perspective qui intègre l'héritage des sciences et de la philosophie allemandes de la culture, voir Friedrich H. Tenbruck, « Les tâches de la sociologie de la culture », *Trivium*, 12 | 2012. URL : http://journals.openedition.org/trivium/4386

par exemple au moyen d'une théorie générale du symbolique, dans un but de clarification épistémologique, mais éventuellement aussi dans un but éthique (en montrant qu'il y a *une* humanité derrière *les* cultures). En principe, le sens classique restera néanmoins au second plan.

Les approches réunies sous les termes d'*études culturelles* ou *cultural studies* visent aussi prioritairement les pratiques « culturelles » propres à des groupes sociaux, souvent minoritaires ou dominés. Cela implique un engagement éthique ou axiologique du chercheur, qui en appellera toutefois à des valeurs sociales et politiques de justice ou de reconnaissance plutôt qu'à une certaine idée de culture au sens classique. Les *cultural studies* entreprendront même plutôt de déconstruire une telle idée, pour sa prétention à l'universalité[1].

Précédant ces approches, la *critique culturelle* ou *Kulturkritik* (qui remonte au moins au Rousseau du *Discours sur les sciences et les arts*) interroge frontalement la valeur des modèles de culture dominant une époque (par exemple les Lumières), pour en montrer l'hypocrisie ou les effets néfastes. Mais cette critique s'accomplit au nom d'une autre idée de culture (en mobilisant par exemple un modèle antique contre un modèle moderne). Par là, la critique culturelle entretient un rapport de principe avec la philosophie de la culture. Nous y reviendrons.

---

1. Pour s'orienter dans les études culturelles, *cultural studies* et autres *Kulturwissenschaften* on pourra commencer par A.-C. Fillaudeau, *Les études culturelles*, Saint-Denis, PUV, 2015.

La *philosophie de la culture* fait un pas de côté par rapport à l'acception sociologique de la culture; son problème est plutôt le rapport entre sens transcendantal et idée classique de culture. En cela, elle défend une certaine autonomie du culturel par rapport au social. Cela se manifeste d'une part dans une attention particulière pour les « objets » – textes, œuvres d'art, objets techniques ..., tenus pour porteurs d'un sens irréductible à leurs seules déterminations économique ou sociale – d'autre part pour les types d'individualité et d'individuation. Lorsqu'elle considérera la réalité socio-culturelle concrète, la culture en son sens sociologique, ce sera pour demander, par exemple, si elle favorise ou non ce processus d'individuation que l'on nomme culture.

Après plus d'un siècle de critique sociologique puis récemment de *cultural studies*, un fort soupçon pèse sur la légitimité de l'idée de culture issue de la tradition humaniste. Mobiliser une telle idée aujourd'hui pourra passer pour un aveuglement face aux structures de pouvoir dans lesquelles elle fut prise, voire pour la stratégie hégémonique plus ou moins consciente d'un groupe dominant. S'ensuit une suspicion généralisée vis-à-vis de tout discours qui croit pouvoir utiliser le terme de culture au singulier. L'idée classique de culture devient l'expression d'une culture parmi d'autres – que l'on appellera, selon les approches, occidentale, européenne, bourgeoise, légitime ou blanche.

Que certaines formes de l'idée classique de culture aient pu être mobilisées dans des entreprises de domination, de manière stratégique ou même de bonne foi, est indéniable. C'est ce qui ne peut manquer d'arriver lorsque l'on établit des analogies entre culture de l'individu et de l'humanité. On situe alors *les* cultures sur l'échelle progressive de *la* culture, et il est inévitable que l'idée que les cultures les plus « avancées » se font de *la* culture reconduise cette hiérarchisation. À ce titre, une critique de l'universalisme des Lumières est nécessaire et fut d'ailleurs entamée en leur sein, par Rousseau ou Herder. Plus largement, les critiques sociologiques de la culture et les *cultural studies* constituent un aiguillon critique salutaire pour la philosophie de la culture. Elles la garantissent contre toute apologie de la culture, aveugle aux conditions concrètes d'existence et qui ferait de *telle* détermination de l'idée classique de culture un idéal universellement prescriptif, dévalorisant alors nécessairement certaines formes de vie.

En lui imposant d'interroger les déterminations historiques, sociologiques et politiques de ses propres concepts (jusqu'à ses déterminations genrées ou coloniales), les études culturelles appellent la philosophie de la culture à ne pas confondre son « idée de la culture » avec telle ou telle de ses versions historiques. Mais réciproquement, on ne saurait déduire de la critique de telle version ou usage de l'idée de culture sa caducité définitive. Nous suivons à nouveau Denis Kambouchner : « plutôt que de supposer ce concept *détruit*, on pourrait considérer qu'il n'a *pas encore été suffisamment construit* comme il le doit, cette construction incombant à la *philosophie* comme une de ses tâches futures »[1]. Et pour commencer, une mise en garde essentielle : l'idée de la culture ne saurait être intégralement ni même trop précisément déterminée. Elle ne peut valoir que comme *idée régulatrice et même problématique*. La philosophie de la culture se gardera par exemple d'énoncer des critères visant à distinguer « haute » et « basse » culture. Ce caractère problématique doit valoir

---

1. D. Kambouchner, « La culture », art. cit., p. 564. Kambouchner souligne.

aussi pour *les* cultures : « *le propre d'une culture*, écrit Jacques Derrida, dans un texte ici présenté, *c'est de n'être pas identique à elle-même* »[1].

Ceci étant clair, la philosophie de la culture défendra l'idée de culture contre un réductionnisme qui rabat sa prétention axiologique à une pure détermination historique et sociale. Cet anti-réductionnisme vaudra également pour les objets de la culture. L'attention aux conditions concrètes de leur genèse et aux rapports de pouvoir dont ils peuvent être l'expression est une chose, la réduction de leur validité aux conditions de cette genèse en est une autre. La philosophie de la culture peut d'ailleurs en appeler à l'étude empirique : la diversité des usages et des destins des productions culturelles vaudra pour preuve de l'excès de leurs potentialités sur les intentions et fonctions qui en sont à l'origine. Aussi est-ce pour nous un critère des philosophies de la culture que de défendre *un certain universalisme* – fonctionnel et non substantiel, pluriel et non « monogénéalogique »[2] – quant à la valeur aussi bien des objectivations du travail humain dans l'histoire que de l'idée de culture – une idée régulatrice à construire et reconstruire sans cesse, en fonction de la production culturelle elle-même et des transformations du contexte historique et social.

---

1. J. Derrida, *L'autre cap*, cf. *infra*, p. 299.
2. *Ibid.* À ce titre, la philosophie de la culture telle que nous l'entendons a un destin en contexte postcolonial ; voir par ex. L. Gordon, « Theory in Black : Teleological Suspensions in Philosophy of Culture », *Qui Parle*, vol. 18, 2/2010, p. 193-214.

UN MOMENT DE FONDATION
ET SON CONTEXTE PHILOSOPHIQUE

La revue Logos et la Kulturphilosophie

Le concept de *Kultur*, articulé à celui de *Bildung*, constitue un foyer de convergence de la pensée allemande dès avant 1800 [1]. Nombreux sont, dès Herder, les syntagmes construits à partir du substantif « Cultur » : *Culturepoche*, *Culturstufe*, etc. ; ce genre de composés explose au dix-neuvième siècle [2]. Vers 1850, le discours sur la culture devient l'objet d'une division du travail scientifique : Gustav Klemm défend le projet d'une *Allgemeine Culturwissenschaft* [3] tandis que Moritz Lazarus et Jacob Burckhardt parlent de *Culturgeschichte* (histoire culturelle) ; Lazarus distinguera bientôt, dans l'étude des « phénomènes culturels », les points de vue de la *Cultur-Geographie*, de la *Culturgeschichte* et de la *Culturwissenschaft* [4]. À la fin du siècle, l'expression de « sciences de la culture » entre en concurrence avec celle de « sciences de l'esprit ».

Les usages du terme changent : d'une notion plutôt processuelle et éthique, on passe à une notion descriptive, voire scientifique. Culture désigne de manière privilégiée des productions ou des formes de vie propres à tel ou tel

---

1. G. Bollenbeck, *Bildung und Kultur. Glanz und Elend eines deutschen Deutungsmusters*, Frankfurt am Main-Leipzig, Insel, 1994, p. 68-159.

2. W. Perpeet, *Kulturphilosophie. Anfänge und Probleme*, Bonn, Bouvier, 1997, p. 16.

3. G. Klemm, *Allgemeine Culturwissenschaft*, 2 vol., Leipzig, Romberg, 1854-1855.

4. M. Lazarus, « Geographie und Psychologie », *Zeitschrift für Völkerpsychologie und Sprachwissenschaft*, n° 1, 1860, p. 212-221 (214-215).

peuple. Chez les auteurs que l'on vient de citer et pour encore quelques décennies, le lien avec la notion classique n'est pas rompu – Lazarus se réclame de Humboldt et même de Cicéron. Toutefois, l'inflation des usages du concept, son objectivation et sa différenciation, ainsi que les transformations économiques et sociales extrêmement rapides connues par les sociétés européennes et allemande en particulier – qui enrichissent aussi bien qu'elles menacent une « bourgeoisie cultivée » qui continue à faire de la culture sa « valeur » de prédilection – mettent la culture en « crise » et en font un signifiant essentiellement problématique [1].

L'expression de *Kulturphilosophie* apparaît en 1899 chez Ludwig Stein, en un sens qui a peu à voir avec ce qui s'appellera ainsi dix ans plus tard. Mais le terme est dans l'air. En 1904, Rudolf Eucken considère qu'il pourrait désigner la philosophie « en son entier » [2]. La deuxième édition (1904) du dictionnaire de Rudolf Eisler intègre, à l'entrée « Cultur », une remarque sur la « Culturphilosophie » : c'est une « théorie et évaluation des formations culturelles », à distinguer de l'« histoire culturelle » [3]. Simmel propose des cours de *Philosophie der Kultur* à Berlin en 1906. C'est la revue *Logos. Internationale Zeitschrift für Philosophie der Kultur*, fondée en 1910 par des étudiants de Wilhelm Windelband et Heinrich Rickert, qui institutionnalisera la philosophie de la culture et en énoncera le premier programme.

1. Voir par ex. K. Lichtblau, *Kulturkrise und Soziologie um die Jahrhundertwende. Zur Genealogie der Kultursoziologie in Deutschland*, Frankfurt M., Suhrkamp, 1996, p. 13-27.
2. W. Perpeet, *Kulturphilosophie*, *op. cit.*, p. 378.
3. R. Eisler, *Wörterbuch der philosophischen Begriffe*, vol. 1 : *A-N*, Berlin, Mittler et Sohn, 1904, p. 192.

Selon la note éditoriale de *Logos* traduite pour ce volume, la philosophie de la culture voudrait « donne[r] à la vie culturelle, que les sciences particulières étudient dans sa factualité, un sens et une signification »[1]. Au vrai, les sciences de la culture étudient déjà leurs objets comme des complexes de signification et non comme des réalités purement factuelles ; H. Rickert et M. Weber l'ont abondamment montré[2]. Mais le « sens » que cherche la philosophie de la culture n'est pas celui de l'objet culturel selon les critères de validité propres au domaine dont il ressort (par exemple la signification d'une œuvre d'art dans une série morphologique esthétique), mais un sens *de* et *pour* la « vie culturelle » elle-même.

Cette entreprise n'est possible qu'au moyen de « contacts étroits » avec les sciences de la culture qui fournissent le matériau de la critique[3]. De là la présence, au comité de rédaction de *Logos*, de Max Weber ou Heinrich Wölfflin. La philosophie de la culture s'accomplit dans l'interdisciplinarité. À cela s'ajoute la dimension « supranationale » du projet – terme choisi pour signifier, dans un esprit typique de l'humanisme allemand, la non contradiction entre une certaine idée de l'universel et les particularités culturelles. *Logos* connaît une édition russe de 1910 à 1914 et italienne en 1914 et 1915. Des éditions hongroise, française et américaine sont à l'étude[4]. C'était affirmer *a*

1. « Logos », *infra*, p. 105.
2. Voir H. Rickert, *Science de la nature et science de la culture* (1899), chap. v à x. et Max Weber, « L'objectivité de la connaissance dans les sciences et la politique sociales » (1904), dans *Essais sur la théorie de la science*, trad. J. Freund, Pocket, Paris 1992, p. 119-201.
3. « Logos », *infra*, p. 104.
4. Des discussions sont engagées notamment avec Georg Lukács, Émile Boutroux et Henri Bergson ; les complications éditoriales et la guerre eurent raison de ce projet.

priori l'impossibilité de réaliser la philosophie de la culture dans une seule langue et depuis une unique tradition philosophique.

L'énoncé du programme est néanmoins typique du néokantisme sud-occidental. Il s'agit de « chercher partout la *raison* dans la culture », dans l'horizon d'un « système de philosophie » qui réponde à la division extrême du travail scientifique et à la différenciation toujours accrue de la « vie culturelle »[1]. La philosophie de la culture actualise l'idée d'une critique ordonnée à un « concept cosmique » de philosophie, c'est-à-dire à une « culture de la raison humaine »[2]. L'article de Windelband reproduit ici l'expose sous une forme particulièrement claire. Il revient à l'idéalisme transcendantal bien compris de décrire la « structure fondamentale de toutes les activités culturelles », de dégager, à même l'historicité de ces activités, par une opération transcendantale et non génétique, le moment de validité[3]. Le transcendantal est découvert comme l'exigence immanente qui informe les configurations culturelles concrètes (structures logiques, méthode scientifique, formes stylistiques…) – ce en quoi les sciences de la culture sont requises. Il s'agit ensuite d'articuler ces « fonctions culturelles » en un « système unitaire » de la « conscience culturelle »[4]. Pour anticiper sur une formule de Cassirer, la critique de la raison se fait critique de la culture[5].

---

1. « Logos », p. III, *infra*, p. 105.
2. E. Kant, *Critique de la raison pure*, B 866-867, B 878-879.
3. W. Windelband, « Philosophie de la culture et idéalisme transcendental », *infra*, p. 108.
4. *Ibid.*, p. 109, 122.
5. E. Cassirer, *La Philosophie des formes symboliques*, 3 tomes, Paris, Minuit, 1972, t. 1 : *Le langage*, trad. fr., O. Hansen Love et J. Lacoste, Paris, Minuit, 1972, p. 20.

Logos n'est pourtant pas un organe officiel du néokantisme et la philosophie de la culture s'y constitue aussi sous des formes qui relèvent plutôt de la philosophie de la vie, dans le sillage de Nietzsche et de Dilthey, ou dans une grammaire plus hégélienne – mais un Hegel médiatisé par la *Völkerpsychologie* de Moritz Lazarus. Si le legs marxien est moins net, il informe cependant l'entreprise du premier contributeur de *Logos* en nombre d'articles : Georg Simmel. Afin de mieux saisir les enjeux des grandes orientations de la philosophie de la culture dont notre volume donne un aperçu, faisons un pas en arrière pour clarifier les conditions philosophiques de son émergence.

Moritz Lazarus.
L'esprit objectif comme concept scientifique.

Une place spéciale revient à Lazarus, dont l'apport aux sciences et à la philosophie de la culture est décisif, mais encore méconnu[1]. C'est par lui que l'esprit objectif devient un concept central de la philosophie de la culture. Ainsi est-ce à Lazarus plutôt qu'à Hegel que Simmel puis Dilthey empruntent ce concept. Chez Hegel, « [l'esprit objectif] renvoie au seul esprit pratique, alors que selon notre acception il se présente tout autant dans les domaines théorique et artistique », affirme Lazarus[2]. Outre les

---

1. Voir toutefois C. Trautmann-Waller, « La Zeitschrift für Völkerpsychologie und Sprachwissenschaft (1859-1890) : entre Volksgeist et Gesamtgeist », dans C. Trautmann-Waller (éd.), *Quand Berlin pensait les peuples*, Paris, CNRS Éditions, 2004, p. 105-119. En Allemagne, voir les travaux de Klaus Christian Köhnke, à commencer par son édition des textes de Lazarus, *Grundzüge der Völkerpsychologie und Kulturwissenchaft*, K. C. Köhnke (ed.), Hambourg, Meiner, 2003.
2. M. Lazarus, « Quelques pensées synthétiques sur la psychologie des peuples », cf. *infra*, p. 61.

contenus de ce que Hegel nomme esprit absolu, l'esprit objectif comprend désormais les contenus les plus triviaux de la vie sociale, « la quantité de pensées remarquables qui se trouve cristallisée dans l'ordre du quotidien » sans que l'on en ait conscience [1].

> L'esprit objectif d'un peuple trouve son expression persistante dans des livres et des écrits de toutes sortes, dans l'architecture et les monuments, dans les œuvres d'art et les produits de l'artisanat et de l'industrie, dans les outils (et dans les outils pour produire des outils), dans les moyens de communication sur terre et sur mer, l'organisation du commerce et des moyens généraux d'échange, les armes et les matériels de guerre, les jouets et le matériel de l'artiste, bref, dans l'instauration de toutes ces choses corporelles qui ont un usage symbolique ou réel [2].

Ainsi peut-on dresser un tableau global de l'esprit objectif, depuis les objectivations psychophysiques qui font de la culture une seconde nature jusqu'aux pensées cristallisées dans des objets symboliques, en passant par les institutions sociales. L'esprit objectif est contenu, norme et organe de toute activité subjective [3]. Purement descriptif, il n'engage à aucune philosophie de l'histoire. Comme Simmel l'écrira en 1890 dans la recension d'un ouvrage de Heymann Steinthal, l'autre chef de file de la *Völkerpsychologie* : « La croyance aux sorcières et l'antisémitisme, la torture et le sacrifice de l'autonomie éthique dans le confessionnal sont des moments de l'esprit objectif » [4].

---

1. M. Lazarus, « Verdichtung des Denkens in der Geschichte. Ein Fragment » [1862], *in* Lazarus, *Grundzüge, op. cit.*, p. 27-38 (33).

2. M. Lazarus, « Quelques pensées », *infra*, p. 65-66.

3. *Ibid.*, p. 62.

4. *Georg Simmel Gesamtausgabe* (démormais GSG), Frankfurt M., Suhrkamp, 1989-2015, vol. 1, p. 209.

L'esprit objectif a une fonction *ontologique* – il unifie les phénomènes culturels – et une fonction *épistémologique* – c'est la catégorie fondamentale d'une psychologie qui fonde les sciences de la culture. On pense à Dilthey, mais la psychologie, chez Lazarus, n'est pas une herméneutique des expressions historiques de la vie. Elle a pour objet, dans un esprit herbartien, la formation, les mouvements et les combinaisons entre des séries de représentations, conscientes ou inconscientes, issues de l'objectivation de la vie de l'esprit[1]. L'esprit objectif ne constitue pas un « monde historique et compréhensible » (Dilthey), mais un « complexe d'éléments psychiques » (Lazarus). Il n'est plus essentiellement un esprit du peuple (lexique dont Lazarus se défait progressivement, sans l'abandonner toutefois) et permet donc de se donner un concept de culture qui ne contient pas nécessairement l'idée de frontières culturelles.

Avant la *Kulturphilosophie*, la *Völkerpsychologie* est un projet interdisciplinaire, organisé autour d'une revue, qui appelle « à la collaboration de tous ceux qui s'occupent de l'histoire de la vie de la culture et s'intéressent à l'explication et aux fondements psychologiques de celle-ci, qu'ils soient historiens à proprement parler ou juristes, théologiens, naturalistes, esthéticiens, économiste, etc. »[2]. Ce projet scientifique a un horizon éthique, qui s'exprime dans les termes de la tradition néo-humaniste de la *Bildung*. L'étude des relations entre esprit individuel et esprit objectif

---

1. Voir C. Maigné, « J. F. Herbart : Pédagogie humaniste et critique du sujet », *Le Télémaque* 21, 1, 2002, p. 51-64.
2. Cité par Klaus C. Köhnke, *in* M. Lazarus, *Grundzüge*, *op. cit.*, p. 265. Sur ce projet dans la branche leipzigoise de la *Völkerpsychologie*, voir M. Espagne, « Wilhelm Wundt. La "psychologie des peuples" et l'histoire culturelle », *Revue germanique internationale* 10, 1998, p. 73-91.

doit « prépare[r] les éléments et les fondements d'une pédagogie [qui] pourrait nous indiquer les lois selon lesquelles une véritable et authentique formation et éducation nationales pourraient être favorisées » [1]. C'est d'autant plus nécessaire qu'avec le développement objectif de la culture :

> [O]n se demande si ces formes de la vie spirituelle ne sont pas trop étroites, si elles n'entravent pas la vie intérieure au lieu de la guider, si la règle ne devient pas contrainte, si par là le moyen ne devient pas la fin (…) [C'est la] victoire tragique de la forme : la mise en forme devient rigidification, et la formation (*Bildung*) pétrification [2].

L'objectivation de l'esprit se retourne contre la *Bildung* individuelle et sociale. C'est le cas par exemple lorsque des contenus religieux particuliers sont pris pour la religion absolument [3]. *Objectivation et symbolisation de l'esprit, horizon éducatif, tragédie de la culture* – autant d'éléments de la future grammaire de la *Kulturphilosophie*.

Critique des sciences de la culture.

Le développement des sciences de la culture appelait la philosophie à sa tâche épistémologique. Selon une idée bien connue que l'on retrouve dans l'*Introduction aux sciences historiques* de Dilthey (1883), dans les *Problèmes de philosophie de l'histoire* de Simmel (1892) ou dans le discours de rectorat « Histoire et sciences de la nature » de Windelband (1894) –, il s'agit d'étendre aux sciences

---

1. M. Lazarus, « Ueber den Begriff und die Möglichkeit einer Völkerpsychologie » [1851], dans *Grundzüge*, *op. cit.*, p. 3-26 (14, 24).
2. M. Lazarus, « Quelques pensées », *infra*, p. 87.
3. *Ibid.*, p. 88.

de la culture (ou sciences historiques, ou sciences de l'esprit), la critique kantienne des sciences de la nature. À cette occasion, le transcendantal devra se « métamorphoser », en s'élargissant et en s'historicisant [1]. Rappelons quelques résultats de l'ouvrage classique de Rickert, *Science de la nature et science de la culture*, édité sept fois entre 1898 et 1926. « La réalité devient nature lorsque nous l'envisageons sous l'aspect de l'universel, elle devient histoire quand nous l'envisageons sous l'aspect du particulier et de l'individuel » [2]. Sciences de la nature et sciences historiques se distinguent par leurs « principes formels » : l'un est « généralisant », l'autre est « individualisant ». Mais comment une « formation individualisante de concept » est-elle possible [3] ? C'est là qu'intervient la notion de culture.

La culture c'est la « réalité » en tant qu'elle est « chargée de sens » (*sinnvoll*), en raison de son « rapport à la valeur » [4]. Des œuvres d'art, des textes de droit, des événements politiques ou des pratiques sociales sont signifiants à l'aune de perspectives sur le beau ou le sublime, le juste ou le bien, le sacré, le vrai, etc. [5]. Cette « valeur culturelle » est la condition de possibilité de la connaissance individualisante : elle « extrait l'individualité de la simple singularité d'un objet réel, fait ressortir ce qui le rend significatif dans sa spécificité » [6]. Cette validité n'a pas la forme d'une

---

1. M. Ferrari, *Retours à Kant. Introduction au néokantisme*, trad. fr., Th. Loisel, Paris, Cerf, 2001, p. 14-15.
2. H. Rickert, *Science de la culture et science de la nature*, trad. fr., A.-H. Nicolas, Paris, NRF-Gallimard, 1997, p. 88.
3. *Ibid.*, p. 106.
4. *Ibid.*, p. 115.
5. *Ibid.*, p. 124-126.
6. *Ibid.*, p. 132.

légalité universelle, mais la forme sémantique de la « signification culturelle » ou « significativité » (*Bedeutsamkeit*).
L'objet des sciences de la culture est une « structure de
sens individuelle » [1].

La « présupposition transcendantale » des sciences de
la culture, affirme Max Weber, est « que nous soyons des
hommes de culture, qui peuvent et qui veulent prendre
position face au monde pour lui prêter un *sens* » [2]. La
critique des sciences de la culture déborde la théorie de la
connaissance et enveloppe une critique du rapport de
l'homme à la valeur. Les « querelles de méthode » révèlent
ici, selon l'expression de Windelband, une « lutte d'influence (…) dont l'enjeu est la conception que l'homme
peut se faire du monde et de la vie » [3]. Le théoricien de la
connaissance interroge finalement la « valeur du savoir » :
qu'est-ce qui est le plus précieux entre « un savoir qui
porte sur les lois [et] un savoir qui porte sur les événements individuels ? » [4]. La réponse est ferme : en dernier
lieu, « tout ce qui intéresse l'homme (…) porte sur les
choses en ce qu'elles ont de particulier et d'unique » [5]. Les
valeurs ne sont reconnues qu'au travers des biens culturels
ou des personnes – donc des configurations effectives
individuelles – qui les réalisent. Dans « science de la
culture », « culture » ne désigne pas seulement un domaine
d'objet mais un processus de réalisation de valeurs. Les

1. *Ibid.*, p. 132, 137.
2. M. Weber, « Die Objektivität sozialwissenschaftlicher und
sozialpolitischer Erkenntnis », *Archiv für Sozialwissenschaft und
Sozialpolitik* 19, 1, 1904, p. 180. Weber souligne.
3. W. Windelband, « Histoire et sciences de la nature », trad. fr.,
S. Mancini, *Les Études philosophiques* 1, janvier-mars 2000, « Philosophie
allemande », p. 1-16 (11).
4. *Ibid.*, p. 10.
5. *Ibid.*, p. 13.

sciences de la culture sont donc aussi les sciences qui cultivent et leur critique amène à une philosophie de la culture, dans la forme d'une philosophie des valeurs.

Philosophie des valeurs et critique de la valeur.

Que la philosophie de la culture soit une philosophie des valeurs ne signifie pas, précise Windelband dans l'article ici reproduit, qu'il faille viser « l'établissement d'un idéal d'une culture à venir ou bien la fondation d'une norme universellement valide permettant d'apprécier les cultures effectives ». L'enjeu est de comprendre la culture « historiquement découverte et donnée » en interrogeant les conditions de sa validité [1]. C'est une *quaestio juris* et non une *quaestio factis*. Mais la transcendance de la valeur n'est-elle pas métaphysique ? Il faut remonter à Lotze : on peut concevoir, à côté de l'effectivité de l'être, une forme d'effectivité des valeurs. Elles ne *sont* pas, mais elles *valent* et en cela s'imposent à la conscience comme une objectivité qui la transcende fonctionnellement. Le modèle est l'Idée platonicienne, interprétée non comme réalité métaphysique mais comme « signification éternellement semblable à elle-même » [2]. La philosophie néokantienne de la culture étendra cette thèse, qui porte de manière privilégiée sur la vérité des significations, aux modes de la signification propres aux divers domaines de la culture.

---

1. W. Windelband, « Philosophie de la culture et idéalisme transcendantal », cf. *infra*, p. 107.

2. Rudolf H. Lotze, « Le monde des Idées », *Philosophie* 91, 4, 2006 p. 9-23 (16) (trad. fr., par A. Dewalque de R. H. Lotze, *Logik. Drittes Buch. Vom Erkennen (Methodologie)*, G. Gabriel (éd.), Hamburg, Meiner, 1989, p. 505-523).

Si la transcendance fonctionnelle de la valeur protège les formes culturelles du relativisme (avec les mots-clés de l'époque : « psychologisme », « historisme » ou « sociologisme »), elle menace de signifier leur séparation d'avec la vie. Selon Adorno, « le concept économique de valeur, qui a servi de modèle au concept philosophique de valeur, celui de Lotze, du néokantisme sud-occidental et de la querelle de l'objectivité, est le phénomène originaire de la réification, de l'échange de la marchandise »[1]. Marx a montré que la valeur n'est pas un concept de portée universelle, mais dépend du « mode de production social historiquement déterminé qu'est la production marchande »[2]. La forme-valeur est la scission entre valeur d'usage et valeur d'échange, entre valeur pour l'homme et valeur quantifiable servant à mesurer un travail abstrait[3]. La valorisation signifie l'oubli des déterminations concrètes du travail humain dans un immense processus d'abstraction objectivante. « Le rapport social déterminé des hommes eux-mêmes prend la forme fantasmagorique d'un rapport des choses entre elles »[4]. L'homme se soumet à un ordre des choses qu'il a pourtant produit. C'est le « fétichisme de la marchandise ».

L'approche de la culture en termes de valeurs ne reconduit-elle pas ce fétichisme? La « valeur de la culture » n'est-elle pas même le « fétiche entre les fétiches »[5]? De même que le consommateur est fasciné par l'aura et le

1. Th. Adorno, *Der Positivismusstreit in der deutschen Soziologie*, Neuwied-Berlin, Luchterhand, 1969, p. 74.

2. K. Marx, *Le Capital*, trad. fr., J.-P. Lefebvre, Paris, PUF, p. 86.

3. *Ibid.*, p. 70.

4. *Ibid.*, p. 83.

5. P. Bourdieu, *La distinction. Critique sociale du jugement*, Paris, Minuit, 1979, p. 279.

ballet des marchandises, de même vénèrerait-on un « monde de la culture » doté d'une autonomie et d'un rayonnement propre. La philosophie de la culture ne fait-elle qu'étendre à l'ensemble de la vie la scission décrite par Marx dans le champ économique, comme l'affirme Herbert Marcuse [1] ? En vérité, la philosophie de la culture est très tôt lucide sur ce point – « la valeur de fétiche que Marx attribue aux objets économiques à l'ère de la production marchande, écrit Simmel en 1910 dans *Logos*, n'est qu'un cas particulier (…) [d'un] destin universel de nos contenus culturels » [2] – et influence même certaines branches de la philosophie marxienne, via la réception de l'œuvre de Simmel par Georg Lukács, comme le montre Herbert Schnädelbach dans un essai que nous traduisons ici [3].

Kulturkritik. *Une culture contre l'autre.*

Le diagnostic d'une activité humaine aliénée dans une mauvaise objectivité, la philosophie de la culture n'en hérite pas seulement par le canal marxien. Cette critique du moderne connaît d'autres versions, que l'on rassemble sous le nom de *Kulturkritik* ou critique culturelle. Un exemple emphatique en est donné par le *Rembrandt als Erzieher* (1890) de Julius Langbehn qui dénonce, au nom d'une « culture authentique » (*echte Bildung*), formée par une éducation esthétique, la « barbarie cultivée » ou

---

1. H. Marcuse, « Réflexion sur le caractère "affirmatif" de la culture », dans *Culture et société*, trad. fr., G. Billy, D. Bresson et J.-B. Grasset, Paris, Minuit, 1970, p. 103-148.
2. G. Simmel, *La Tragédie de la culture et autres essais*, trad. fr., S. Cornille et Ph. Ivernel, Paris, Payot-Rivages, 1993, p. 207-208.
3. H. Schnädelbach, « Culture et critique de la culture », art. cit., *infra*, p. 315-347.

« surculture » (*Überkultur*) (pire que l'absence de culture : *Unkultur*) et la destruction des individualités engendrée par la division du travail, le mécanisme et l'intellectualisme. Ce *best-seller* d'une *Kulturkritik* pamphlétaire, conservatrice et esthétisante s'est écoulé à cent mille exemplaires en un an, fut réédité trente-neuf fois en deux ans et connut sa quatre-vingt dixième édition en 1938 – témoignage décisif du climat intellectuel dans lequel s'est développé la *Kulturphilosophie*. Ce n'est pas dire qu'elle en prolonge les thèses : Simmel a par exemple en très piètre estime l'ouvrage de Langbehn[1].

Avec Langbehn, plus tard avec Spengler, on est dans le *topos* « culture versus civilisation », qui revient dans plusieurs des textes de notre volume. Cavell le retrouve chez le Wittgenstein « philosophe de la culture » tandis qu'Horkheimer le déconstruit sans l'abandonner tout à fait[2]. Paul Valéry en joue déjà : « culture, civilisation, ce sont des noms assez vagues que l'on peut s'amuser à différencier, à opposer ou à conjuguer »[3]. Loin des oppositions binaires et avec une conscience aiguë de l'ambivalence, sa critique de la culture entrelace, et Derrida avec lui, économie spirituelle et économie matérielle, faisant de l'esprit à la fois l'aune à laquelle mesurer la valeur du capital qu'est notre culture, et une valeur lui-même, susceptible de monter ou de baisser, à l'instar du blé ou du pétrole[4].

---

1. GSG 1, p. 232-242.
2. M. Horkheimer, « Le concept de culture », *infra*, p. 201-214.
3. Paul Valéry, cité par J. Derrida, *L'autre cap*, *infra*, p. 304.
4. *Ibid.*, p. 302.

Les contours de la *Kulturkritik* sont difficiles à définir [1]. On peut y voir un « décompte du coût des lumières » qui révèle l'ambivalence du « progrès » et de la « civilisation » [2]. À ce titre, l'œuvre inaugurale en est le *Discours sur les sciences et les arts* de Rousseau [3], mais pour notre objet, la référence majeure est l'œuvre de Nietzsche. Dans les *Considérations inactuelles*, Nietzsche diagnostique son présent comme dépourvu de culture, de cette « unité de style artistique à travers toutes les manifestations de la vie d'un peuple » [4]. Les raisons de ce déficit sont nombreuses : hypertrophie du « sens historique » ; philosophies téléologiques de l'histoire ; prétention de l'État à se faire puissance culturelle ; philistinisme bourgeois qui patrimonialise les « biens culturels ». On juge des formes et du style de vie à partir de points de vue (historisants, sociologisants, économiques…) qui ne sont pas à leur mesure : ils nivellent au lieu de reconnaître les processus d'individuation caractéristiques de toute culture véritable en tant que force plastique de la vie. Nietzsche y reconnaît l'effet d'une objectivation et d'une universalisation des valeurs : la critique de la culture se fait « *critique* des valeurs morales », dans la forme d'une enquête généalogique

---

1. A. Berlan, « Présentation. La critique culturelle selon Ernst Troeltsch », *Philosophie* 94, 3, 2007, p. 3-12 (4-5) ; voir aussi G. Merlio et G. Raulet (eds.), *Linke und Rechte Kulturkritik. Interdiskursivität als Krisenbewußtsein*, Frankfurt M., Peter Lang, 2005.

2. H. Schnädelbach, « Culture et critique de la culture », art. cit., *infra*, p. 334. Voir aussi R. Konersmann, *Kulturkritik*, Frankfurt M., Suhrkamp, 2008 et G. Bollenbeck, *Bildung und Kultur, op. cit.*, p. 277-288.

3. H. Schnädelbach, « Culture et critique de la culture », art. cit., *infra*, p. 334.

4. Friedrich W. Nietzsche, *Considérations inactuelles I et II* suivi de *Fragments posthumes (Été 1872-Hiver 1873-1874)*, trad. fr., P. Rusch, Paris, Gallimard, 1990, p. 22 (trad. modifiée).

sur « *la valeur de ces valeurs* » pour la vie[1]. C'est de la valorisation du processus d'individuation que dépendra la vitalité de la culture. L'accent mis sur la valeur de l'individuel engage à rompre avec certaines orientations des sciences historiques et sociales : « au lieu de la "société", le complexe de culture, mon principal objet d'intérêt »[2]. Cette déconstruction de l'identification historiciste de la culture, de la société et de l'histoire est décisive pour la philosophie de la culture à venir.

La critique de la culture peut se faire au nom d'une instance *externe* – la *nature* chez Rousseau, la *vie* chez Nietzsche, la *raison* chez Kant et les néokantiens – ou *interne*, comme dans le motif « culture et civilisation »[3]. Mais en vérité, comme le montre Schnädelbach, il s'agit toujours d'une critique de la culture par elle-même, de la culture telle qu'elle est donnée, *au nom d'une autre idée de la culture*. C'est du moins le propre des cultures *modernes*, réflexives et donc autocritiques : « la critique de la culture est ainsi le *discours inévitable* et *inachevable* propre à la vie dans les cultures devenues *réflexives* »[4]. Consciente de cela, la *Kulturkritik* peut dépasser sa dimension polémique pour se faire *philosophie critique de la culture* et prolonger la « critique éclairée des Lumières par elles-mêmes, qui s'exerce avec la conscience du fait qu'il n'y a pas d'alternative aux Lumières »[5]. Même la

1. F. W. Nietzsche, *Généalogie de la morale*, trad. fr. É. Blondel, Paris, GF-Flammarion, 1996, p. 31, « Avant-Propos », § 6, Nietzsche souligne.
2. Fragment posthume 10 [28], automne 1887, cité par A. Berlan, « Présentation », art. cit., p. 11.
3. H. Schnädelbach, « Culture et critique de la culture », art. cit., *infra*, p. 330-331.
4. *Ibid.*, p. 328.
5. *Ibid.*, p. 334.

« généalogie déconstructrice » que mène Derrida, lorsqu'il s'interroge sur les termes « culture » et « Europe », est un moyen de « travailler aux Lumières (…) de notre temps »[1]. Dans cette entreprise, la philosophie de la culture – critique des formes de l'individuation comme formes de la relation aux objets – peut se tenir aux côtés de la philosophie sociale – critique des formes et des expériences de la vie sociale – et de la philosophie politique – critique des pouvoirs et des conditions de la décision[2].

ORIENTATIONS

Simmel. Tragédie de la culture et grâce de l'esprit objectif

« Les choses se perfectionnent, se spiritualisent, se développent, en suivant pour ainsi dire les fins d'une logique objective et intérieure, sans que la culture véritable, celle des sujets, croisse dans la même proportion »[3]. C'est le problème séminal de la philosophie de la culture de Simmel. Nous sommes entourés de choses toujours plus « cultivées », mais il s'en faut de beaucoup que la culture de nos propres capacités suive ce développement ; à bien des égards, les progrès de la culture objective s'accompagnent même de régression de la culture individuelle[4]. De là une « crise de la culture » moderne et la perte de crédit de l'idée même de culture :

---

1. J. Derrida, *L'autre cap*, art. cit., *infra*, p. 312.
2. Sur ces déterminations de la philosophie sociale et de la philosophie politique, voir Catherine Colliot-Thélène et Franck Fischbach, « Pourquoi la philosophie sociale », *Actuel Marx*, vol. 58, 2, 2015, p. 172-189.
3. G. Simmel, « L'essence de la culture », cf., *infra*, p. 102.
4. G. Simmel, *Philosophie de l'argent*, Paris, PUF, 1989, p. 580.

> Si aujourd'hui l'on demandait aux gens des classes instruites quelle idée guide proprement leur vie, la plupart donneraient une réponse spécialisée tirée de leur métier ; mais on entendrait rarement parler d'une idée de la culture, concernant l'homme entier et qui dominerait toutes les activités particulières[1].

Loin de toute apologétique – qui d'ailleurs ne trouverait plus guère de public –, invoquer la « culture », c'est d'abord désigner un problème.

On retrouve dans les usages simmeliens les trois sens de « culture » relevés plus haut : un sens classique (la culture individuelle), un sens ontologique (la culture objective, les choses en tant qu'elles ne sont pas naturelles mais cultivées), un sens sociologique (la culture ou le style de vie moderne). Mais ces usages sont ordonnés au premier : « au sens strict, l'homme est le seul véritable objet de culture, car il est l'unique être que nous connaissions pour lequel est donné d'emblée l'exigence d'un accomplissement »[2]. C'est en raison de leur participation à un processus humain individuel que des choses peuvent être considérées comme cultivées et c'est à l'aune de ce processus que l'on distingue entre diverses cultures, ou styles de vie, dans l'espace et le temps.

On se gardera cependant de nommer culture toute idée d'accomplissement humain. Le propre de la culture est de supposer un processus éducatif et surtout le détour par des « *objets* formés de manière appropriés »[3]. Si certaines formes de perfectionnement éthique ou religieux peuvent s'effectuer par le seul travail sur soi, la culture est l'idée d'une « synthèse d'un développement subjectif et d'une

1. G. Simmel, *Der Konflikt der modernen Kultur*, GSG 16, p. 190.
2. G. Simmel, « L'essence de la culture », *infra*, p. 95.
3. *Ibid.* p. 97.

valeur spirituelle objective »[1]. De là le caractère fondamentalement problématique de l'idée de culture : les téléologies subjectives et objectives ne convergent pas sans difficulté.

Du côté de l'objet, cette difficulté s'énonce comme suit : « en aucun cas la signification culturelle d'un produit isolé ne correspond exactement à la signification qui est la sienne en tant que membre d'une série déterminée par un concept et un idéal objectifs »[2]. Une valeur objective éminente n'implique pas une valeur culturelle éminente (par exemple dans le cas d'une théorie scientifique extrêmement spécialisée) et des objets dotés d'une faible valeur objective peuvent posséder une grande valeur culturelle (par leur qualité pédagogique par exemple). Mais le problème vient de ce qu'« il n'est pas de valeur culturelle qui ne soit que valeur culturelle ; chacune doit au contraire, pour conquérir cette signification, être également une valeur dans une série objective »[3]. Autrement dit toute objectivation de l'esprit contient par soi une tension entre sa valeur objective et sa valeur culturelle – en termes économiques marxiens, on dirait : entre sa valeur (d'échange) et sa valeur d'usage. La question est donc de *savoir à quelle condition ce qui a une valeur objective a également une valeur culturelle, une valeur pour la vie.*

Elle s'impose avec insistance dans un contexte où l'« évolution artistique » déploie « raffinement sur raffinement », sous une forme « technique » dont on ne sait si elle sert le « sens culturel de l'art » et où le travail scientifique produit « une somme de connaissances méthodologiquement impeccables » mais étrangères à

---

1. G. Simmel, *La Tragédie de la culture*, *op. cit.*, p. 196.
2. G. Simmel, « L'essence de la culture », *infra*, p. 98.
3. G. Simmel, *La Tragédie de la culture*, *op. cit.*, p. 192.

toute « finalité culturelle » [1]. Dans la mesure où il s'agit d'un « destin universel », cette discordance entre valeur culturelle et valeur objective ne signale pas seulement une crise, mais une « tragédie propre de la culture » [2]. Mais ce constat n'engage à aucun « pessimisme culturel » ou discours de déploration. Le tragique n'est pas nécessairement dramatique ; il signifie l'absence principielle de solution définitive. La notion de tragédie relativise aussi la rhétorique de la crise : sans nier la spécificité de la « crise » et du « conflit de la culture moderne » [3], il faut aussi y voir la manifestation d'une structure fondamentale de la vie en tant que vie culturelle.

Au reste la « tragédie de la culture » n'interdit pas les synthèses de vie et d'esprit objectif. Simplement, ces synthèses sont provisoires et porteuses d'un certain degré de conflictualité (de même, plus largement, que la vie sociale n'adhère jamais complètement aux institutions qu'elle se donne). La recherche de l'unité dans la conflictualité s'exprime dans la forme d'un *relationnisme* généralisé, nommé aussi « culture philosophique ». Face à l'impossibilité de synthèse globale et dans un contexte que l'on dirait aujourd'hui « multiculturel », l'idée régulatrice de culture ne trouve de consistance que comme jeu et codétermination indéfinie des points de vue [4]. Quant à l'interprète des « cultures », à défaut de pouvoir adopter une position de surplomb, il devra identifier les « détails »

---

1. *Ibid.* p. 208-210.
2. *Ibid.*, p. 211.
3. Voir « Le conflit de la culture moderne » et « La crise de la culture » dans G. Simmel, *Philosophie de la modernité*, trad. fr., et éd. J.-L. Vieillard-Baron, Paris, Payot-Rivages, 2004, resp. p. 383-404 et p. 411-426.
4. M. Amat, *Le relationnisme philosophique de Georg Simmel*, Paris, Honoré Champion, 2018, p. 399-419.

ou « symboles » à partir desquels il pénétrera leur « sens global » et leur « style » – par exemple l'argent, dans sa fonctionnalité pure, pour la « culture moderne »[1]. La philosophie de la culture découvre la force épistémique et critique de la méthode symbolique et analogique de l'essai[2].

Enfin, cette tragédie a un revers tout à fait positif. Le développement quasi-autonome de l'esprit objectif ne signifie pas seulement des possibilités d'aliénation, mais des potentialités de sens inépuisables, toujours en excès par rapport aux intentions des producteurs et aux interprétations des récepteurs. Ainsi tel inventeur pourra-t-il découvrir dans une machine des usages dont le premier inventeur n'a pas eu idée[3]. C'est la « grâce de l'esprit objectif »[4]. Une herméneutique qui interpréterait les productions humaines simplement comme des *expressions* et ne reconnaîtrait pas un primat de l'objet ne peut pas encore être nommée philosophie de la culture[5].

Philosophie des formes symboliques : Cassirer.

Dans *Logique des sciences de la culture*, Cassirer explique que le motif simmelien de la tragédie repose sur la conception de la culture comme d'« un "absolu" auquel se heurte le je ». Simmel oublierait qu'au terme du processus créateur on ne trouve pas « l'œuvre à l'existence

---

1. G. Simmel, *Philosophie de l'argent*, *op. cit.*, p. 16.
2. S. Kracauer, « Georg Simmel », *Logos* IX 1920/21, p. 307-338.
3. G. Simmel, « Vom Wesen des historischen Verstehens », GSG 16, p. 168.
4. G. Simmel, *La Tragédie de la culture*, *op. cit.*, p. 207.
5. Une démarcation assez nette passe ici entre Simmel et Dilthey : voir D. Thouard, « Die Vergegenständlichung des Geistes. Simmels Hermeneutik der Objektivität », *Internationales Jahrbuch für Hermeneutik* 9, 2010, p. 327-339.

têtue (…), mais le "tu", l'autre sujet qui reçoit cette œuvre pour l'introduire dans sa vie »[1]. Tandis que Simmel insiste sur les processus d'autonomisation de l'esprit objectif avec sa production exponentielle de contenus, Cassirer souligne les pouvoirs d'une forme conçue, à la lumière de W. v. Humboldt, comme une *énergie*. L'œuvre reste toujours un « conglomérat de formidables énergies potentielles » par où l'action réciproque du « je » et du « tu » peut toujours être réanimée[2]. La philosophie de la culture vise là aussi à la réappropriation d'une puissance possiblement aliénée.

Elle prend la forme d'une « philosophie des formes symboliques », qui rend compte de la diversité et de la logique propre aux diverses structures symboliques, sans perdre de vue la « force originairement formatrice » de l'esprit qui s'exprime dans ces objectivations[3]. La première tâche s'effectue au moyen d'une extension du concept leibnizien de fonction, dont le modèle est le caractère purement relationnel de l'espace, la seconde se présente comme un « élargissement de l'idéalisme » (transcendantal)[4].

> La philosophie serait alors en possession d'une systématique de l'esprit où chaque forme particulière tirerait son sens de la place qu'elle y occuperait et où sa valeur et sa signification seraient fonction de la richesse et de la spécificité de ses relations avec d'autres énergies spirituelles et, en fin de compte, avec leur totalité[5].

1. E. Cassirer, *Logique des sciences de la culture*, trad. fr., J. Carro et J. Gaubert, Paris, Cerf, 1991, p. 203. Voir C. Maigné, *Ernst Cassirer*, Paris, Belin, 2013, p. 175-182.

2. *Ibid.*, p. 204-206.

3. E. Cassirer, *La Philosophie des formes symboliques*, t. 1, *op. cit.*, p. 18.

4. *Ibid.*, p. 28.

5. *Ibid.*, p. 23.

L'unité que la métaphysique cherche traditionnellement dans le concept d'être est retrouvée, mais sous une forme fonctionnelle : « L'*unité* de la *fonction* a remplacé l'unité de l'objet »[1]. La philosophie de la culture pourrait ainsi être vue comme une métaphysique « culturelle » ou « fonctionnelle » qui fait du concept de culture un nouveau « concept-cadre de toute compréhension du monde de l'homme et de l'homme lui-même »[2]. L'inédit de Cassirer ici traduit interroge précisément la métaphysique présupposée par la philosophie de la culture, toujours en dialogue avec Simmel[3].

Les formes symboliques ne subsistent que par un « substrat sensible » : « cette apparition d'un "sens" qui n'est pas distinct du physique, mais a pris corps par lui et en lui, est le facteur commun à tout contenu que nous désignons du nom de "culture" »[4]. Aussi la systématique recherchée prend-elle la forme d'« une espèce de grammaire de la fonction symbolique »[5]. L'entreprise est présentée comme une extension de la « philosophie du langage » de W. v. Humboldt qui a découvert dans le signe parlé une « énergie de l'intériorité qui s'imprime et s'objective dans une extériorité ». Tandis que le signe était envisagé soit comme une simple expression (modèle subjectiviste) soit comme une simple imitation (modèle objectiviste), Humboldt part de la médiation même, de l'interpénétration de ce que l'on peut par après nommer

1. E. Cassirer, *Logique des sciences de la culture, op. cit.*, p. 96.
2. Ernst W. Orth, *Was ist und was heißt «Kultur»? Dimensionen der Kultur und Medialität der menschlichen Orientierung*, Wurtzbourg, Königshausen und Neumann, 2000, p. 206-207.
3. E. Cassirer, « Esprit et vie », *infra*, p. 153-180.
4. E. Cassirer, *Logique des sciences de la culture, op. cit.*, p. 123.
5. E. Cassirer, *La Philosophie des formes symboliques*, t. 1, *op. cit.*, p. 28.

subjectif et objectif mais qui se constitue dans l'opération symbolique elle-même, décrite comme un passage progressif de la matière à la forme[1]. De même, l'art, la science, le mythe, la religion ne sont ni de simples expressions, ni la restitution d'une réalité donnée mais des constitutions réciproques du moi et du monde dans des formes symboliques.

On peut ici défendre l'idée d'un passage du transcendantal au sémantique ou au sémiotique[2]. Mais si la philosophie de la culture est philosophie du sens, elle n'est pas philosophie du langage. Le langage peut constituer un paradigme mais ni une source de droit, ni une forme fondamentale. Nous nous mouvons encore dans le projet néokantien d'une historicisation du transcendantal qui ne signifie pas son abandon : la tâche de la philosophie reste la clarification de l'objectivité des formes symboliques et donc des formes de l'expérience, dans l'horizon de la puissance retrouvée d'un esprit qui « est de plus en plus le prisonnier de ses propres créations »[3]. Cette extension de la critique de la raison vers la critique de la culture ne peut guère se passer d'un lexique hégélien, comme Windelband l'avait soulignée dès 1910[4]. Ainsi la philosophie des formes symboliques suit-elle « les diverses voies que suit l'esprit dans son processus d'objectivation, c'est-à-dire dans sa révélation à lui-même »[5].

---

1. *Ibid.*, p. 34-35, p. 51.
2. J. Lassègue, *Cassirer. Du transcendantal au sémiotique*, Paris, Vrin, 2016.
3. E. Cassirer, *La Philosophie des formes symboliques*, t. 1, *op. cit.*, p. 58.
4. W. Windelband, « Le renouveau de l'hégélianisme » [1910], trad. fr., J. Mallet, C. Prompsy, A. Willmes et S. Camilleri, *Klesis : Nochmals Hegel !*, 5/2007, p. 6-17.
5. E. Cassirer, *La Philosophie des formes symboliques*, t. 1, *op. cit.*, p. 58.

Anthropologie philosophique
et métaphorologie. Plessner et Blumenberg.

C'est sous le titre d'*Essai sur l'homme* que Cassirer propose la dernière synthèse de sa philosophie de la culture[1]. S'il y a une « nature de l'homme », c'est toutefois le symbole qui y donne accès ; c'est une « nature » toujours déjà symbolisée et médiatisée. L'homme n'est pas un *animal rationale* mais un *animal symbolicum*[2]. On aurait tort de ne considérer, dans l'expression, que la différence spécifique. Ce que l'approche anthropologique veut signifier, c'est aussi que l'homme reste un animal et doit être connu comme tel. Avec le symbolique, « l'homme a, pour ainsi dire, découvert une nouvelle méthode d'adaptation au milieu »[3]. Nul réductionnisme biologique toutefois, car « le cercle fonctionnel de l'homme (…) a subi un changement qualitatif »[4]. Mais on ne comprendra pas intégralement les phénomènes culturels en partant d'un homme séparé de ses déterminations physiques et biologiques : « la relation entre l'âme et le corps est l'exemple et le modèle d'une relation purement *symbolique* »[5].

Interroger ce lien problématique entre la vie, dans ses déterminations biologiques, et les productions symboliques qui constituent le monde de l'homme est la tâche que se sont donné les fondateurs de l'anthropologie philosophique[6] :

---

1. E. Cassirer, *Essai sur l'homme*, trad. fr. N. Massa, Paris, Minuit, 1975, « Préface », p. 8.
2. *Ibid.*, p. 45.
3. *Ibid.*, p. 43.
4. *Ibid.*
5. E. Cassirer, *La philosophie des formes symboliques*, t. 3 : *Phénoménologie de la connaissance*, trad. fr., C. Fronty, *op. cit.*, p. 119.
6. Voir J. Fischer, « Le noyau théorique propre à l'Anthropologie philosophique (Scheler, Plessner, Gehlen) », trad. fr., M. Amat et

Max Scheler et Helmuth Plessner. Dans *Les degrés de l'organique et l'homme. Introduction à l'anthropologie philosophique* (1928), dont une section est ici reproduite, Plessner interroge la « position » de l'homme « dans la série des organismes »[1]. Il ne s'agit pas d'une théorie de l'évolution du vivant, qui culminerait dans la culture, mais d'une « logique de la forme de vie » qui en dégage les *a priori*. Le propre du corps organique est d'avoir des frontières et de se trouver dans une relation fonctionnelle et orientée avec un milieu : c'est la « positionalité ». Chez l'animal – à la différence de la plante – cette positionalité est centrée. Dans le cas de l'homme, elle est « excentrique ». L'homme n'est pas seulement positionné (centré et orienté), il réfléchit cette centralité et cette orientation, qui ne sont plus une donnée mais un problème. L'animal humain se tient en même temps dans et à l'extérieur de son corps ; situation depuis longtemps réfléchie dans le dualisme de l'âme et du corps[2]. Il doit agir, vouloir, produire, pour surmonter cette béance et rétablir un équilibre fonctionnel. Il doit « conduire » sa vie, mais il ne le peut qu'« en recourant par des détours à des choses artificielles », à une « seconde nature », à la « culture »[3]. C'est la « loi anthropologique » de l'« artificialité naturelle ». Au moyen des structures symboliques de la culture, la forme vitale excentrique, « sans lieu, sans temps, placée dans le néant » et en constant « déséquilibre » par rapport à elle-même, trouve un moyen de se « lester », de se donner un « sol », et de

A. Dirakis, *Trivium*, 25, 2017, mis en ligne le 03 février 2017, consulté le 28 janvier 2020. URL : http://journals.openedition.org/trivium/5475.

1. H. Plessner, *Les degrés de l'organique et l'homme. Introduction à l'anthropologie philosophique*, Paris, Gallimard, 2017, p. 107-108.

2. *Ibid.* p. 446-447.

3. *Ibid.*, p. 470-471 ; *infra*, p. 184.

compenser, par l'institution d'un monde commun, la rupture du cercle vital avec son environnement[1].

La culture non seulement *exprime* mais *signifie* la positionalité excentrique. Elle n'est pas un ensemble d'objectivations cristallisées une fois pour toute, mais le jeu incessant (et l'écart insurmontable) entre le signe (la medium artificiel) et sa signification. Toute stabilisation de la relation du signe au sens (dans des langues, des coutumes, des religions, des systèmes philosophiques) est provisoire. La production culturelle, en tant que réflexivité critique et interprétative sur le sens de la vie humaine est instable et indéfinie. On pourra aussi formuler ceci en affirmant que l'âme (le sens) reste toujours séparée du corps (le médium naturel). Nul dualisme métaphysique ici, mais l'expression du caractère fondamentalement médiatisé de la forme de vie humaine. Pas plus que l'« âme » ne s'oppose au corps, la culture ne s'oppose à la nature : la relation est de symbolisation[2]. C'est pourquoi le spiritualisme échoue autant à penser la culture que le naturalisme[3]. La philosophie de la culture interroge le sens de la forme de vie anthropologique, en tant qu'il n'est donné que dans des médias sensibles, depuis la significativité du corps vivant jusqu'aux formations les plus complexes de la « culture ».

1. H. Plessner, *Les degrés de l'organique et l'homme, op. cit.*, p. 477-478.

2. Sur ceci, voir E. W. Orth, « Naturphilosophische Probleme im modernen Kulturbegriff und ihre erkenntnistheoretischen Konsequenzen », *in* Ernst W. Orth, *Was ist und was heißt «Kultur»?, op. cit.*, p. 224-234.

3. H. Plessner, *Les degrés de l'organique et l'homme, op. cit.*, p. 472-482 ; *infra*, p. 193 *sq*. Sur l'anti-naturalisme de la philosophie de la culture, voir aussi H. Schnädelbach, « Culture et critique de la culture », *art. cit., infra*, p. 315-347.

Cette instabilité et cette incomplétude d'un sens qui échappe sitôt qu'on croit pouvoir le formuler a conduit Hans Blumenberg à voir dans la métaphore le nom même de l'« institution » culturelle : « la manière dont l'homme se réfère à la réalité est indirecte, circonstancielle, différée, sélective, et, surtout, "métaphorique" »[1]. Comment s'orienter dans le monde quand le cercle fonctionnel sensorimoteur ne suffit plus ? L'inconnu est saisi « en tant que » : « le détour métaphorique (…) abandonne l'objet en cause pour tourner ses regards vers un autre objet, supposé par avance instructif »[2]. Il ne s'agit pas d'une « postulation de l'identité du non-identique », à la manière de la métaphore rigidifiée qu'est le concept chez Nietzsche[3] : « si la valeur limite du jugement est l'identité, écrit Blumenberg, la valeur limite de la métaphore est le symbole »[4]. Or, bien qu'elle ait une fonction de « maîtrise », la symbolisation ouvre aussi bien un espace du sens impossible à refermer, puisqu'elle institue, comme l'écrivait Kant, un « transfert de la réflexion sur un objet de l'intuition à un tout autre concept, auquel peut-être une intuition ne peut jamais correspondre directement »[5].

---

1. H. Blumenberg, « Approche anthropologique d'une actualité de la rhétorique », art. cit., *infra*, p. 261.
2. *Ibid.*
3. F. W. Nietzsche, *Vérité et mensonge au sens extra-moral*, dans *Écrits posthumes 1870-1873*, trad. fr., J.-L. Bacquès, M. Haar et M. de Launay, Paris, Gallimard, 1977, § 1.
4. H. Blumenberg, « Approche anthropologique », art. cit., p. 105 et *infra*, p. 261.
5. E. Kant, *Critique de la faculté de juger*, § 59, cité par H. Blumenberg, *Paradigmes pour une métaphorologie*, trad. fr., D. Gammelin, Paris, Vrin, 2007, p. 11.

« Nous ne pouvons exister qu'en prenant des détours »
affirme ailleurs Blumenberg [1]. Culture est le nom générique
de ces détours, c'est l'ensemble des « substitutions
symboliques » aux « connexions fonctionnelles entre signal
et réaction » [2]. Elle est aussi critique de ces détours : « la
culture consiste à découvrir et à établir, à décrire et à
recommander, à revaloriser et à classer ces détours » [3].
Blumenberg retrouve ici un horizon d'individuation. Puisque
« culture » signifie tout chemin entre deux points, sauf le
plus court, elle est susceptible d'une variété infinie, qui
sont autant de parcours individuels possibles :

> Ce sont les détours qui donnent son sens à l'intersubjectivité,
> au-delà de la constitution d'une objectivité théorique.
> Chacun a (…) quelque chose *in pectore* pour chacun,
> qu'il n'a qu'à faire sortir et qui lui permet d'avoir des
> prétentions sur ce que l'autre a pris quant à lui (…) sur
> son chemin. (…) Même les existences qu'invente la
> littérature de fiction, en plus des mémoires et des
> biographies, sont topographiquement des utilisations de
> détours non utilisés ou, en tant que tels, non décrits [4].

Ces chemins suivent ou découvrent des productions
symboliques en principe accessibles à chacun, de sorte
que, bien qu'individuels, ils ne relèvent pas d'une
contingence arbitraire mais dessinent un « caractère
spécifique de l'individu » [5] – ce que l'on pourrait appeler,
avec Simmel ou M. Weber, une « loi » ou une « typicité »

---

1. H. Blumenberg, *Le souci traverse le fleuve* (1990), Paris, L'Arche,
1997, p. 153.
2. H. Blumenberg, « Approche anthropologique », art. cit., p. 115 et
infra, p. 271.
3. H. Blumenberg, *Le souci traverse le fleuve*, *op. cit.*, p. 153.
4. *Ibid.*
5. *Ibid.*

individuelle. L'orientation de l'anthropologie philosophique incarnée par Blumenberg, la métaphorologie – au sens du repérage, de la description et de l'histoire non seulement des métaphores absolues qui constituent nos horizons de sens, mais plus largement de la métaphoricité propre à la symbolisation culturelle – ouvre bien un programme possible en philosophie de la culture, comme réflexion critique sur l'objectivité culturelle et les conditions de sa valeur formatrice[1].

Théorie critique et philosophie sociale : une philosophie de la culture ?

Le programme de l'Institut de recherche en sciences sociales de Francfort rédigé par Horkheimer en 1931 ne parle pas de philosophie de la culture mais de philosophie sociale. Cependant, Horkheimer désigne de ce nom toute philosophie qui étudie les « conditions matérielles et spirituelles de la culture de l'humanité dans son ensemble »[2]. Hegel en est la figure inaugurale, qui substitue le « travail de l'histoire » et « l'esprit objectif », au « sujet autonome créateur de culture » posé par Kant[3]. Dans la mesure où l'essentiel des travaux philosophiques contemporains – le

---

1. Sur le caractère programmatique du texte de H. Blumenberg restitué ici, voir Ét. Bimbenet et Ch. Sommer, « Les métaphores de l'humain. L'anthropologie de Hans Blumenberg », *Le Débat* 180, 3, 2014, p. 89-97. Les auteurs y voient cependant un programme de soin et de consolation plutôt qu'une version positive de philosophie de la culture. Sur la métaphorologie comme programme en philosophie de la culture, voir R. Konersmann, « Kultur als Metapher », *in* R. Konersmann (ed.), *Kulturphilosophie*, Leipzig, Reclam, 1996, p. 327-354.

2. M. Horkheimer, « La situation actuelle de la philosophie sociale et les tâches d'un Institut de recherche sociale », dans *Théorie critique. Essais*, Paris, Payot, p. 65-80 (p. 67).

3. *Ibid.*, p. 68.

néokantisme de Marbourg, la philosophie des valeurs de l'école allemande du sud-ouest, l'éthique matérielle de Scheler puis de Hartmann... –, à l'exclusion de ceux de Heidegger, participent selon Horkheimer de la formation d'une « nouvelle philosophie de l'esprit objectif », ils sont autant de « projets de philosophie sociale contemporaine » [1]. On voit que la philosophie de la culture est philosophie sociale en ce sens. Son insuffisance viendrait de son incapacité à se justifier autrement que comme une alternative au positivisme, comme une « "autre" vision du monde », un parti dans un conflit [2]. Le « correctif » viendra d'une imbrication dialectique de la philosophie et de la science – la théorie critique – qui ne peut se réaliser que comme « travail de recherche concret sur l'objet » (par exemple sur le groupe des ouvriers qualifiés et des employés en Allemagne), dans le cadre d'une entreprise réellement interdisciplinaire [3].

Mais le « social », n'absorbe pas la « culture ». Ainsi s'agit-il d'interroger le « rapport entre la vie économique de la société, le développement psychique des individus et les transformations dans les régions culturelles au sens strict » (impliquant l'art, la science ou la religion, mais aussi la mode, le style de vie, le sport, etc.) [4] sans réduire aucun de ces « trois processus » l'un à l'autre. Comme philosophie sociale, la théorie critique contient un moment de critique de la culture. Adorno y a consacré un essai en 1947 : « Critique de la culture et société », discuté par Schnädelbach dans notre volume. La théorie critique

---

1. M. Horkheimer, « La situation actuelle de la philosophie sociale et les tâches d'un Institut de recherche sociale », art. cit., p. 72.
2. *Ibid.*, p. 73.
3. *Ibid.*, p. 75, 78.
4. *Ibid.*, p. 77.

démystifie l'« attitude contemplative » qui fait de la culture une « sphère à part » et « l'objective une seconde fois » – c'est-à-dire la fétichise.

> Dès qu[e la culture] se fige elle-même en « biens culturels » et en leur détestable rationalisation philosophique, les prétendues « valeurs culturelles », elle a déjà péché contre sa *raison d'être*. En distillant de telles valeurs, qui ne rappellent pas par hasard le langage de l'échange des marchandises, elle obéit au marché[1].

Mais la critique d'une certaine *Kulturkritik* ne doit pas conduire à une approche réductionniste de la culture en termes d'idéologie ou à une critique sociale qui croit accomplir une tâche éminente en demandant pour chaque production culturelle quel intérêt elle sert[2]. La véritable puissance critique se trouve bien plus du côté de la culture elle-même : « la culture n'est vraie que pour autant qu'elle est implicitement critique ». Lorsque l'œuvre culturelle affirme, par exemple, « la validité du principe d'harmonie dans une société antagoniste, elle ne peut éviter que la société soit confrontée à son propre concept d'harmonie, découvrant ainsi la discordance »[3].

Dans son « contenu spécifique », l'objet culturel médiatise la totalité sociale. Mais il ne fait pas que l'exprimer sans plus et comme un symptôme, il la déborde, la révèle à elle-même, suggère d'autres possibilités. Cela vaut du moins en principe ; tout ce qui se prétend « culturel » ne fait pas montre de cette puissance critique. Celle-ci doit être évaluée – de là, par exemple, la théorie de l'industrie

---

1. Th. Adorno, « Critique de la culture et société », dans *Prismes*, Paris, Payot et Rivages, 2010, p. 7-23 (p. 12).
2. *Ibid.*, p. 23.
3. *Ibid.*, p. 20.

culturelle comme « domestication civilisatrice » de l'art populaire et destruction du « sérieux » de l'art supérieur par le « primat de l'effet »[1] : c'est-à-dire comme destruction des moments critiques des ressources des cultures dites « bourgeoise » et « populaire ».

La philosophie contemplative de la culture neutralise la puissance critique de la culture, parce qu'elle brise la dialectique de la culture et de la société. Mais la critique sociale qui croit pouvoir se passer de la critique culturelle détruit aussi cette potentialité critique. Aussi, « la théorie dialectique est obligée d'accueillir en elle la critique de la culture, qui est vraie dans la mesure où elle porte la non-vérité à la conscience de soi ». Cette « version dialectique de la critique de la culture » est une « critique immanente » qui « éclaire la chose fermée sur elle-même en se tournant vers la société », mais aussi bien « présente à la société la note que la chose refuse de payer »[2]. Or cette critique ne peut s'effectuer que par « l'expérience de l'objet » dont elle suit le « mouvement autonome » :

> Le constat de la négativité de la culture n'a valeur de connaissance qu'en faisant ses preuves dans la démonstration pertinente de la vérité ou de la non-vérité d'une conclusion, du caractère logique ou boiteux d'une pensée, de la cohérence ou de la fragilité d'une œuvre, de la substantialité ou de l'inanité d'une figure de langage[3].

---

1. Th. Adorno, « L'industrie culturelle », *Communications* 3, 1964. p. 12-18.

2. Th. Adorno, « Critique de la culture et société », art. cit., p. 28. Ce point difficile est discuté par H. Schnädelbach, « Culture et critique de la culture », art. cit., *infra*, p. 315-318.

3. *Ibid.*, p. 27.

Il est donc nécessaire, à titre heuristique au moins, de maintenir une distinction et une tension entre « société » et « culture », le second terme désignant des configurations objectives singulières offrant des prises pour la connaissance du tout. « La critique de la culture se fait physiognomonie sociale »[1] ; de là le privilège de l'essai, qui part d'un objet singulier pour conquérir une perspective sur le tout.

Le discours de Horkheimer, « Le concept de culture », traduit et reproduit ici, est exemplaire de la tentative de sauver le moment de vérité du concept de culture dans sa critique même. Si l'idée du façonnement de soi et le culte de l'individu d'une certaine tradition de la *Bildung* annonce la « barbarisation de l'humanité » et la « mauvaise civilisation »[2], une autre conception de la *Bildung* doit être conservée : l'idée d'une culture réciproque du tout et de soi-même par « l'engagement dans un travail objectif » conçu comme lieu de médiation de l'individuel et du tout social[3]. Expérience de l'objet dans sa consistance et son altérité, la culture est résistance au « mauvais universel » d'une socialisation généralisée productrice de « l'individu neutre, non engagé » et de l'humanité comme « formule vide », car sans contenu – et donc sans capacité de résistance aux processus sociaux totalitaires[4]. La *Kultur* bien comprise, comme moment critique immanent au social, est donc inséparable d'une certaine idée de la *Bildung* comme formation réciproque d'une individualité dense et libre et d'un universel concret. En cela, la philosophie sociale contient au moins à titre de moment une philosophie de la culture.

1. *Ibid.*, p. 24.
2. M. Horkheimer, « Le concept de culture », *infra*, p. 208.
3. *Ibid.*, p. 209.
4. *Ibid.*, p. 204, 212.

Philosophie de la culture technique : Simondon.

Les orientations et les styles de la philosophie de la culture se distinguent aussi par les types d'objets qu'elle soumet de préférence à son interrogation critique, en raison de leur richesse symbolique et de leur ambivalence. Parmi ces objets une place particulière revient aux ensembles techniques. De fait, l'émergence de la philosophie de la culture n'est pas sans rapport avec la machinisation liée à l'industrialisation de l'Europe occidentale puis de l'Allemagne. Face à l'allongement des séries techniques s'éprouve en effet avec une particulière intensité la discordance entre validité objective et valeur pour la vie, le renversement téléologique par où le moyen paraît s'ériger en fin. La philosophie de la culture ne saurait cependant rejeter « la » technique prise en bloc, mais interroge les conditions de sa valeur culturelle. Ainsi est-ce en considérant d'abord le rapport du travailleur à la machine que Lazarus interroge la relation entre l'esprit objectif et l'activité spirituelle vivante et personnelle, rejetant à cette occasion la thèse d'une nécessaire atrophie des facultés humaines dans le contact avec la machine[1].

C'est probablement Gilbert Simondon qui est allé le plus loin dans la réflexion sur les formes de relation (ou de non-relation) entre l'homme et l'objectivité technique, d'une manière qui autorise à voir dans son œuvre une « philosophie de la culture technique »[2]. Selon la thèse complémentaire, *Du mode d'existence des objets techniques*, l'enjeu est d'intégrer la technique à « la table des valeurs

---

1. M. Lazarus, « Quelques pensées », art. cit., *infra*, p. 69-70.
2. G. Hottois, *Simondon et la philosophie de la culture technique*, Bruxelles, De Boeck, 1993.

et des concepts faisant partie de la culture »[1]. Reprenant un lexique fort classique, Simondon y désigne la culture comme « ce qui permet de découvrir l'étranger comme humain », c'est-à-dire comme humanisme, « si l'on entend par humanisme la volonté de ramener à un statut de liberté ce qui de l'être humain a été aliéné, pour que rien d'humain ne soit étranger à l'homme »[2]. Il revient dès lors à la philosophie de fonder une technologie, pour intégrer la technique à la culture universelle[3]. Plus largement, la philosophie est « constructive et régulatrice de la culture », conçue comme synthèse symbolique et analogique des divers « modes de relation entre l'homme et le monde »[4].

Dans la « Note complémentaire » de la thèse principale, *L'individuation à la lumière des notions de forme et d'information*, reproduite ici en partie, Simondon décrit la technique comme un « rapport de l'homme au monde » qui s'effectue « de l'individu à l'objet » et non par la médiation communautaire. Conscience d'objet et conscience de l'individuel se développent réciproquement ; le processus d'individuation qu'est l'opération technique brise la logique sociale de la communauté[5]. Dans la cité antique, le guerrier, aussi excellent soit-il, s'identifie avec sa fonction. Il est tout entier pour la communauté et par la communauté. En revanche le médecin, le prêtre, le devin, l'ingénieur, débordent leur fonction sociale : ils sont « détenteurs d'une technique d'ordre supérieur », aptes à une « opération sur un objet caché » qui est capable d'en imposer aux chefs

1. G. Simondon, *Du mode d'existence des objets techniques*, Paris, Aubier, 2012, p. 201.
2. *Ibid.*, p. 9, 144.
3. *Ibid.*, p. 203.
4. *Ibid.*, p. 290, 325-326.
5. G. Simondon, « Note complémentaire », *infra*, p. 222-225.

d'armée. Lorsque la technique devient bien communautaire, objet de procédures généralisées et transparentes, elle perd son caractère technique individuant pour devenir travail[1].

Pour être essentiellement individuelle, l'opération technique n'en est pas moins rigoureusement normée, non pas selon une « normativité sociale », mais selon la « normativité intrinsèque » d'un « schématisme » qui relie ce que l'on appellera par commodité les actes du sujet et l'objet produit[2]. L'activité technique « est valide en tant qu'elle existe véritablement en elle-même et non dans la communauté ». En cela, elle rend possible la « relation transindividuelle, allant de l'individu à l'individu sans passer par l'intégration communautaire garantie par une mythologie collective »[3]. Nous retrouvons des traits attribués à la culture par les programmes que l'on a considérés : validité individuelle et transcendance fonctionnelle par rapport au social. Mais ces qualités sont précaires.

> Vu comme ustensile, l'être technique n'a plus de sens pour l'individu. La communauté se l'approprie, le normalise, et lui donne une valeur d'usage qui est étrangère à son essence dynamique propre. Mais tout objet technique peut être retrouvé par l'individu dont le « goût technique » et la « culture technique » sont assez développés[4].

La culture vient désigner la résistance à la dégradation de la relation technique en détermination communautaire et de l'être technique en objet utilitaire, esclave d'un maître

1. G. Simondon, « Note complémentaire », *infra*, p. 223-225.
2. *Ibid.*, p. 225.
3. *Ibid.*, p. 227.
4. G. Simondon, *L'individuation à la lumière des notions de forme et d'information*, Grenoble, Millon, 2017, p. 344.

qui ne le comprend pas et le méprise – relation brisée qui se retourne aussi bien en soumission de l'homme à ces propres objets. « Culture » est donc le nom d'une complémentarité ; l'homme et la machine « sont mutuellement médiateurs » : l'homme inachevé est complété par la machine tandis que celle-ci ne trouve son sens et sa valeur que par lui, qui l'intègre à l'ensemble du monde technique. Ce faisant, la relation réflexive qu'est la culture ne porte pas seulement sur la relation entre l'homme et l'objet technique au sens étroit, mais bien sur la relation de l'homme et du monde, puisque l'être technique est toujours « médiation entre l'homme et le monde naturel » [1]. Un humanisme renouvelé « doit viser à libérer ce monde des objets techniques qui sont appelés à devenir médiateurs de la relation de l'homme au monde » [2].

> Il peut se développer un goût technique, comparable au goût esthétique et à la délicatesse morale. Bien des hommes se conduisent de manière primitive et grossière dans leur relation aux machines, par manque de culture. La stabilité d'une civilisation qui comporte un nombre de plus en plus grand d'objets techniques ne pourra être atteinte tant que la relation de l'homme et de la machine ne sera pas équilibrée et empreinte de sagesse, selon une mesure intérieure que seule une technologie culturelle pourra donner [3].

Avec le développement des « nouvelles technologies » – qui, précisément, sont rarement soumises à une critique proprement *technologique* – la tâche est plus urgente que jamais. La « politique des technologies de l'esprit »

---

1. G. Simondon, « Note complémentaire », *infra*, p. 236.
2. *Ibid.*, p. 241.
3. *Ibid.*, p. 236.

défendue par l'association *Ars industrialis*, autour de Bernard Stiegler, apparaît comme un prolongement de la philosophie de la culture simondonienne : « Une culture est ce qui cultive un rapport soigneux aux *pharmaka* qui composent un monde humain, et ce qui lutte ainsi contre leur toxicité toujours possible », dans l'horizon d'une éducation et d'une « "capacitation" des individus » [1].

La voie pragmatiste. Philosophie de la culture ordinaire et de l'éducation.

En tant que détermination d'une idée de culture conçue comme individuation et relation féconde aux objectivations culturelles, la philosophie de la culture entretient un lien de principe avec la question de l'éducation. Ce faisant, elle renoue avec une dimension constitutive du discours philosophique qui, dans sa genèse socratique et platonicienne implique que philosopher est toujours « statuer sur un enseignement possible » [2] ; comme le rappelle John Dewey, c'est comme critique des pratiques éducatives des sophistes et de leur prétention à cultiver la vertu que naît la philosophie européenne [3]. En définissant en 1916 la philosophie comme une « théorie générale de l'éducation », Dewey entend refonder ce lien. Il le fait à partir d'un diagnostic et d'une position de problèmes largement partagés avec la *Kultur-philosophie* qui se constitue en Allemagne au même moment.

1. http://www.arsindustrialis.org/le-manifeste, 4.2. et 9.5 et B. Stiegler, *Prendre soin de la jeunesse et des générations*, Paris, Flammarion, 2008, p. 37-69.
2. D. Kambouchner, *L'École, question philosophique, op. cit.*, p. 25. Sur le lien interne entre philosophie, culture et éducation, voir *ibid.*, en part. p. 23-40, 96-102, 134-142.
3. J. Dewey, *Démocratie et éducation*, trad. fr., G. Deledalle, Paris, Armand Collin, 2011, p. 425.

Dewey ne donne pas à son entreprise philosophique le nom de « philosophie de la culture », mais de « philosophie de l'éducation »[1]. L'éducation est un « processus de formation des dispositions fondamentales, intellectuelles et affectives »[2] qui passe par la « reconstruction constante de l'expérience », l'accroissement de sa « signification », au moyen de la perception des relations de toutes sortes qui la constituent[3]. La détermination sociale de l'expérience est cruciale ; l'expérience féconde est une « expérience partagée », une « socialisation de l'*esprit* » qui ouvre à la démocratie véritable[4]. Pour cette raison, Dewey hésite parfois à faire de la culture l'un des concepts régulateurs de son projet ; le mot a pu être chargé d'un individualisme aristocratique et asocial : « l'idée de perfectionner une personnalité interne est un signe certain de divisions sociales »[5]. À première vue, il faudrait donc distinguer deux objectifs de l'éducation : la culture, « développement complet de la personnalité », et l'efficacité sociale ou « capacité de participer à une expérience partagée »[6]. En vérité, cette distinction vaut pour une philosophie dualiste qu'il s'agit de dépasser. Les processus d'individuation et de socialisation convergent, de sorte qu'« il n'y a pas de meilleure définition de la culture que la capacité d'étendre constamment le champ et la précision de notre perception des significations », ce qui est la même chose que « la capacité de participer librement et pleinement à des activités communes »[7]. Culture et éducation sont donc synonymes.

1. *Ibid.*, p. 422.
2. *Ibid.*
3. *Ibid.*, p. 158.
4. *Ibid.*, p. 205. Dewey souligne.
5. *Ibid.*, p. 206.
6. *Ibid.*, p. 205-206.
7. *Ibid.*, p. 208.

Dewey entend répondre à une situation qu'il décrit dans des termes très proches de ceux des fondateurs de la *Kulturphilosophie*. Dans *Individualism. Old and New*, il diagnostique une « crise de la culture » dont le symptôme principal est une « perte de l'individualité »[1]. « La stabilité de l'individualité dépend d'objets stables auxquels une certaine allégeance attache fermement », or, tandis que les anciens liens ont perdu tout crédit, notre époque est « dépourvue d'objets de croyance solides et assurés et de fins de l'action communément admises »[2]. C'est « la tragédie de "l'individu perdu" » : les individus sont « pris dans de vastes complexes d'association », sans que « le sens et l'importance de ces connexions » soient réfléchis dans « l'attitude imaginaire et émotionnelle de la vie »[3]. *L'enjeu est bien de rétablir la relation entre la vie et ses objectivations*, « car la nature humaine ne se possède elle-même que si elle a des objets auxquels elle peut s'attacher »[4].

L'extrait de *Démocratie et éducation* présenté ici interroge le statut des « contenus » de l'enseignement, dans leur relation (ou leur non-relation) à l'élève et à l'éducateur. La « masse prodigieuse » de « matériel accumulé dans des rangées et des rangées d'atlas, d'encyclopédies, d'histoires, de biographies, de livres de voyage, de traités scientifiques » menace de constituer

1. J. Dewey, « Individualism, Old and New » [1929-1930], in *The Later Works*, vol. 5, J. A. Boydston (éd.), Carbondale-Edwardsville, Southern Illinois University Press, 1984, p. 41-123 (99, 70).

2. *Ibid.*, p. 66.

3. *Ibid.*, p. 80-81.

4. *Ibid.*, p. 70. La similitude avec les descriptions de Simmel est frappante ; voir H. Koenig, « Enabling the Individual : Simmel, Dewey and "The Need for a Philosophy of Education" », *in* M. Amat et F. d'Andrea (dir.), *Simmel as Educator* (*Simmel Studies* 23, 1, 2019), p. 109-146.

pour l'élève un « monde étrange », étranger à son expérience ; « l'esprit de l'homme est captif des dépouilles de ses victoires antérieures »[1]. On sortira de ce dualisme en rompant avec l'« idée que l'esprit et le monde des choses et des personnes sont deux royaumes séparés »[2]. De là un principe décisif : « la méthode n'est jamais (…) en dehors du contenu », mais un « arrangement du contenu » constitué progressivement dans un processus expérimental[3]. En dernier lieu, la méthode est « individuelle » : elle est « l'intérêt personnel que porte un individu à un problème, la manière dont il l'aborde et s'attaque à le résoudre »[4]. L'accent mis, ici et ailleurs, sur l'individualité, n'emporte aucun arbitraire subjectif. Les « contenus » imposent eux aussi leurs propres déterminations. Il s'agit de penser « une activité qui inclut ce que l'individu fait et ce que l'environnement fait ». La maîtrise du piano révèle aussi bien les potentialités individuelles que celles de l'instrument[5]. Ce qui est proprement individuel, ce n'est pas l'un des termes de la relation, mais le processus relationnel concret qui unit les deux termes.

« [E]n montrant le rôle que joue l'"esprit objectif" (…) dans la formation des esprits individuels », Hegel a ouvert la voie[6]. Malheureusement, cette pensée « typiquement allemande » du « développement », qui dépasse l'intellectualisme abstrait issu du cartésianisme et l'individualisme de la « pensée anglaise », finit par engloutir les individualités concrètes dans des institutions soutenues par un principe

1. J. Dewey, *Démocratie et éducation, op. cit.*, p. 274, et *infra*, p. 145.
2. *Ibid.*, p. 249, et *infra*, p. 125.
3. *Ibid.*, p. 250, et *infra*, p. 126-127.
4. *Ibid.*, p. 258, et *infra*, p. 136.
5. *Ibid.*, p. 251, et *infra*, p. 128.
6. *Ibid.*, p. 140.

autoritaire [1]. Charge à une conception progressive et démocratique – et cette fois américaine – de l'éducation d'établir la relation la plus féconde entre culture objective et culture individuelle. Cette opération appelle une revalorisation du « cours ordinaire des activités sociales », des activités de chacun en ce qu'elles ont de « familier », et la plus grande méfiance vis-à-vis des tendances de l'enseignement à se faire « purement verbal » [2].

Revenir à l'ordinaire pour se libérer de l'étrangeté aliénante des objets de la culture – notamment dans le langage –, c'est ce que propose Wittgenstein, selon Cavell, et c'est en cela qu'il est un « philosophe de la culture ». On peut trouver chez Wittgenstein les éléments d'une nouvelle conception du « sens anthropologique de la culture », qui permet de repenser, à partir du langage, le « relativisme culturel » [3]. Wittgenstein interroge également le « sens artistique de la haute culture », par ses observations sur la musique, l'architecture ou Shakespeare [4]. Mais si Wittgenstein est un « philosophe de la culture », c'est parce qu'il reformule et résout l'un des problèmes structurant de la « critique de la culture » : la scission de la culture et de la civilisation, telle que Spengler l'a présentée dans *Le Déclin de l'Occident* [5].

1. J. Dewey, *Démocratie et éducation, op. cit.*, p. 390-392.
2. *Ibid.*, p. 268, et *infra*, p. 146.
3. S. Cavell, « Wittgenstein philosophe de la culture », *infra*, p. 276.
4. *Ibid.*, p. 35, 37, et *infra*, p. 273.
5. Sur le rapport de Wittgenstein à Spengler, voir J. Bouveresse, *Essais I. Wittgenstein, la modernité, le progrès et le déclin*, Marseille, Agone, 2000, p. 63-73 et p. 223-238.

« Parler en dehors des jeux de langage » serait ainsi une « forme homologue de ce que Spengler veut dire lorsqu'il décrit le déclin de la culture comme un processus d'extériorisation »[1]. À l'artificialisation des productions dans les cultures avancées, au caractère inorganique de leurs formes de vies, répond, chez Wittgenstein « l'ensorcellement de notre entendement » par un usage métaphysique du langage qui engendre errance et désarroi. Ce diagnostic appelle un moment critique positif : il revient à la philosophie de combattre cet ensorcellement, au moyen d'un « retour vers l'ordinaire », d'un effort pour « ramener les mots de leur usage métaphysique à leur usage quotidien »[2]. Mais cette ambition est humble ; face à la fascination exercée par « notre culture sophistiquée », la thérapeutique philosophique appelle avant tout à une éthique de la pauvreté[3]. On est loin de la grandiose synthèse de Dewey, qui voit converger individuation, science et démocratie. C'est toutefois dans un esprit deweyen que Cavell esquisse, avec toute la modestie requise, l'horizon social et politique de cette « philosophie de la culture » essentiellement négative :

> La vérité, c'est que dans la culture dépeinte dans les *Recherches*, nous sommes tous des enseignants et tous des étudiants – parlant, écoutant, surprenant les mots d'autrui, expliquant ; nous apprenons et nous enseignons sans cesse, sans distinction ; nous sommes tous des adultes et tous des enfants (…)[4].

---

1. S. Cavell, « Wittgenstein philosophe de la culture », art cit., p. 68, et *infra*, p. 282.
2. *Ibid.*, p. 69, et *infra*, p. 284.
3. *Ibid.*, p. 71-72, et *infra*, p. 288.
4. *Ibid.*, p. 77, et *infra*, p. 295.

Les auteurs remercient Léa Jusseau pour son assistance dans la mise en forme des textes.

Première partie

FONDATIONS

Trois des textes réunis dans cette section inaugurent le projet de philosophie de la culture, tel qu'il s'est constitué en Allemagne, dans les années 1900 et dans la décennie suivante autour de la revue *Logos*. Ils sont précédés d'un texte de Moritz Lazarus, seul auteur du XIXe siècle représenté dans ce volume. D'autres auraient pu l'être, à titre de précurseurs ou de références constantes de la *Kulturphilosophie* : Herder, W. v. Humboldt, Hegel, Lotze ou Nietzsche, parmi d'autres. Mais le rôle de Lazarus est non moins important et l'ignorance dans laquelle il reste appelait sa mise en avant.

Moritz (né Moses) Lazarus (1824-1903), né en Prusse orientale (Posen), petit-fils du talmudiste Akiva Eiger, étudie la philosophie et la philologie à l'université de Berlin, où il suit notamment les cours de Karl Heyse et Friedrich Beneke. Il est surtout marqué par la psychologie philosophique de J.-F. Herbart à laquelle il est introduit par son professeur de gymnase, Friedrich Konrad Griepenkerl, lui-même élève de Herbart. Lazarus est nommé professeur de psychologie à Berne en 1859 et enseignera comme professeur honoraire à Berlin à partir de 1873. En 1851, il trace les grandes lignes du programme auquel il consacrera sa vie [1] : la psychologie des peuples, qui prolonge la *Staatspsychologie* de Herbart. L'enjeu est de donner au concept d'« esprit du peuple », utilisé par les historiens, ethnologues, philosophes ou juristes, « la forme de la connaissance scientifique ». À cette condition, la psychologie pourra fournir les bases d'une « histoire culturelle de toutes les nations » mais aussi d'une « pédagogie » au service d'une « culture (*Bildung*) authentique » [2]. Ce programme prend corps dans un organe, la *Zeitschrift für Völkerpsychologie und Sprachwissenschaft* (1859-1890), que Lazarus fonde et dirige avec son beau-frère le philosophe et linguiste humboldtien Heymann Steinthal (1823-1899).

Nous traduisons ici une longue section d'un texte publié en 1865 dans la revue : « Quelques pensées synthétiques sur la psychologie des peuples ». Quinze ans après l'article programmatique de 1851, Lazarus redétermine les bases ontologiques et épistémologiques de la *Völkerpsychologie* comme science et histoire de la culture, à partir du concept d'esprit objectif. Cet esprit objectif structurera la grammaire de la philosophie de la culture, notamment via Simmel, qui reconnaissait en Lazarus et Steinthal « les plus importants » de ses professeurs à Berlin.

Le second texte, « L'essence de la culture », publié par Georg Simmel en 1908 dans l'*Österreichische Rundschau*, est également inédit en français. Outre qu'il offre une

---

1. M. Lazarus, « Ueber den Begriff und die Möglichkeit einer Völkerpsychologie als Wissenschaft », *Deutsches Museum, Zeitschrift für Literatur, Kunst und öffentliches Leben*, vol. 1., 1851, p. 112-126.
2. M. Lazarus, « Ueber den Begriff und die Möglichkeit einer Völkerpsychologie als Wissenschaft », in *Grundzüge der Völkerpsychologie und Kulturwissenchaft*, K. C. Köhnke (ed.), Hambourg, Meiner, 2003, p. 3-26 (3, 9, 24).

entrée particulièrement claire dans la philosophie de la culture de l'auteur, il fonde et justifie la polysémie de la notion de culture en en montrant l'unité analogique. Il prépare le grand essai publié dans *Logos* en 1910, « Le concept et la tragédie de la culture »[1] mais le complète également, notamment par l'articulation des concepts de nature et de culture et la détermination positive de la culture comme processus et état (*Kultiviertheit*).

C'est dans la revue *Logos. Internationale Zeitschrift für Philosophie der Kultur* qu'est formulé explicitement pour la première fois un programme de philosophie de la culture. Ce projet, qui réunit des philosophes, mais aussi des représentants des sciences de la culture – sur la couverture du premier numéro apparaissent, à titre de collaborateurs : « Rudolf Eucken, Otto von Gierke, Edmund Husserl, Friedrich Meinecke, Heinrich Rickert, Georg Simmel, Ernst Troeltsch, Max Weber, Wilhelm Windelband et Heinrich Wölfflin » – est porté et animé par de jeunes docteurs de Wilhelm Windelband et Heinrich Rickert : Sergius Hessen, Richard Kroner, Georg Mehlis, Arnold Ruge et Fedor Steppuhn. Nous proposons ici la traduction de la note éditoriale publiée sous le titre « Logos » en ouverture du premier numéro – non signée, mais vraisemblablement rédigée par Mehlis et Rickert[2] – ainsi que l'un des grands articles programmatiques de *Logos*, déjà traduit par Éric Dufour, « Philosophie de la culture et idéalisme

---

1. G. Simmel, *La Tragédie de la culture et autres essais, op. cit.*, p. 177-215.

2. Lettre de Georg Mehlis à Paul Siebeck du 10.4. 1910 [VA Mohr-Siebeck : Br ; Hs ; 4 S. : 287/11491], in *Briefe und Dokumente zur Geschichte der Zeitschrift Logos*, Universitätsbibliothek Leipzig, Nachlass Köhnke : NL 330/3/1/5.

transcendantal » de Windelband, exposition la plus claire de la philosophie néokantienne de la culture [1].

La section est complétée par un texte de John Dewey presque contemporain, extrait de *Démocratie et éducation* (1916). Nous avons montré dans notre introduction que sa « philosophie de l'éducation », constitue une variété possible de philosophie de la culture ; les échos ne manquent pas, on le verra, avec le texte de Stanley Cavell présenté dans la troisième partie du volume, mais plus encore avec ceux de Simmel et de Lazarus, l'enjeu pour Dewey étant d'animer un esprit qui menace d'être « captif des dépouilles de ses victoires antérieures ». En plus de suggérer d'emblée la possibilité d'un programme pragmatique en philosophie de la culture, ce texte veut symboliser la vocation de la philosophie de la culture à s'étendre en direction d'une philosophie de l'éducation.

1. W. Windelband, « Philosophie de la culture et idéalisme transcendantal », dans *Qu'est-ce que la philosophie et autres textes*, Paris, Vrin, 2002, p. 171-182.

MORITZ LAZARUS

QUELQUES PENSÉES SYNTHÉTIQUES
SUR LA PSYCHOLOGIE DES PEUPLES (1865)[1]

§ 6. *L'esprit objectif*[2].

Nous estimons que l'émergence d'un esprit *objectif*
engendré, créé et subsistant est la réussite la plus significative
de toute la vie spirituelle en commun (*Zusammenleben*)[3].

Là où de nombreux hommes cohabitent depuis toujours,
il résulte nécessairement de leur vie en commun qu'un

1. M. Lazarus, « Einige synthetische Gedanken zur Völkerpsychologie », *Zeitschrift für Völkerpsychologie und Sprachwissenschaft*,
vol. 3, Berlin, 1/1865, p. 41-61 et 78-83 (extraits) [désormais *ZfVP*].
Traduction de Carole Maigné.
2. Un lecteur incisif remarquera aisément que ni cet essai dans son
ensemble, au vu de l'essai précédent « *Über das Verhältnis des Einzelnen
zur Gesammtheit* » (*Du rapport de l'individu à la totalité*), ni ces paragraphes au vu les uns des autres, ne sont destinés à introduire de nouveaux
faits, mais davantage à conquérir de nouveaux points de vue issus d'un
traitement psychologique. On a déjà pris en considération les faits de
l'esprit objectif, nous essayons maintenant conceptuellement de les
distinguer.
3. On verra aisément en suivant la progression de cette présentation
que le concept d'« esprit objectif » n'est pas pris au sens de la classification
de Hegel, où il renvoie au seul esprit pratique, alors que selon notre
acception il se présente tout autant dans les domaines théorique et
artistique.

contenu objectif, spirituel se développe, issu de leur activité spirituelle subjective; il devient ensuite le *contenu*, la *norme* et l'*organe* de leur activité subjective ultérieure. C'est ainsi qu'un langage objectif surgit de l'activité subjective de la parole lorsque celle-ci est effectuée par de nombreux individus partageant les mêmes impulsions et conditions, de sorte qu'ils se comprennent. Ce langage objectif se tient alors face aux individus comme un contenu objectif pour les actes de parole ultérieurs. Il devient par-là en même temps la norme, la forme donnée et légitime des pensées, et même l'organe du développement ultérieur de l'activité de la parole chez tous. Grâce à l'activité de tous les individus nés depuis la nuit des temps, le contenu spirituel s'érige en fait accompli, dépassant des individus qui lui sont maintenant soumis et qui doivent s'adapter à lui. Le langage apparaît comme un étant permanent à côté des actes éphémères de la parole effective, il est l'universel face à l'activité individuelle du particulier.

La nécessité avec laquelle des proches (*Genossen*) parlent un langage, quel qu'il soit, comme ils le parlent (liant certaines pensées à certaines formes sonores), n'est plus cette nécessité première et originelle par laquelle, selon des lois psychophysiques, ils ont développé ces formes déterminées du langage; cette nouvelle nécessité qui émane du langage parlé objectivement existant entre en contact avec la première et la surpasse très vite.

Afin de prévenir des malentendus et de saisir la proposition au sein du tout, on pourrait résumer ainsi ces pensées : *la nécessité physique cède à la nécessité historique*, la loi spirituelle remplace la loi naturelle.

La manière dont la légalité physique (à savoir physiologique et psychologique) agit de concert avec la légalité historique (à savoir historico-psychologique), notamment dans l'appropriation et le développement du langage, la manière dont cette dernière agit en impulsant mais aussi en freinant la première, c'est là une recherche particulière à mettre pour l'instant de côté.

Des tentatives avortées de toutes sortes pour fonder ce moment de la *nécessité* dans l'essence du langage n'ont pas cessé. Face à elles, il convient de noter ici encore qu'il en va avant tout d'une différenciation psychologique précise entre cette nécessité originelle et la nécessité historique. C'est ainsi que l'on parviendra à connaître en quoi et jusqu'où la légalité historique d'une époque historique, ou *la légalité issue de conditions historiques*, domine celle dont les conditions sont naturelles.

Il faut expressément remarquer que ce point de vue est de la plus haute importance, non seulement pour l'essence du langage, mais aussi pour toutes les opérations (*Betätigung*) de l'esprit qui doivent leur forme, leur subsistance et leur développement à la médiation de l'esprit objectif produit [1].

Car de fait, dans tous les domaines de l'existence spirituelle, l'émergence de l'esprit objectif résulte nécessairement de la vie en commun, de sa manière d'être et de sa nature particulière, mais conditionne aussi toute vie et toute action ultérieures des esprits.

Nous cherchons donc à répondre plus précisément aux questions : qu'est-ce que l'esprit objectif ? Comment agit-il ?

---

1. Des analyses psychologiques précises, au sens que l'on vient de voir, permettront seules de dépasser également les pénibles hésitations quant à l'opposition du droit naturel et du droit rationnel face au droit historique.

§ 7. *L'esprit objectif comme masse.*

La vie de tout esprit individuel consiste en un cercle d'intuitions, de représentations, d'idées, de motifs, de réflexions, de préférences, de souhaits, de sentiments, etc. Projetons-nous par-delà la substance des personnes singulières dans une association (*Genossenschaft*), quelle qu'elle soit (par exemple un peuple), par-delà celui qui porte tout ce contenu multiple et qui l'unifie jusqu'à devenir une personnalité : nous accédons alors à la masse entière de toute activité spirituelle qui se déploie dans un peuple, sans se préoccuper de sa répartition ni de son usage personnels. On peut dire que l'esprit objectif est cette somme de tous les événements psychiques d'un peuple, sans considération des sujets.

C'est là une représentation de l'esprit objectif de toute évidence très imparfaite, pour partie grossière, mais simple et importante pour la suite.

§ 8. *L'esprit objectif comme système.*

Envisageons maintenant l'esprit objectif d'un peuple comme le produit de toute son activité, comme un produit achevé, comparable à d'autres et saisi en lui-même comme lié, au sens où l'on dit : ceci ou cela se trouve dans tel esprit d'un peuple, ceci ou cela lui correspond (ou non). Alors, selon une activité qui ne cesse aussi de s'étendre, la simple somme du paragraphe précédent prend forme en un *système cohérent* d'intuitions, de représentations, de concepts et d'idées, par quoi cet esprit du peuple objectif se différencie de tous les autres.

Si nous envisagions la manière dont la langue d'un peuple est entièrement déposée dans son lexique et sa grammaire (plus précisément dans la majorité de ses lexiques et de ses grammaires dialectaux et provinciaux), comme le sont aussi toutes les vues juridiques, ce qui est le plus souvent le cas, mais aussi toutes les vues de la nature et de son essence, de l'homme, de sa disposition spirituelle, de ses aspirations morales, religieuses et esthétiques, de tous ses efforts pratiques et industrieux et la voie pour les accomplir : si nous envisagions en effet tout ceci comme pleinement exhibé et en même temps codifié, alors, on exposerait adéquatement l'esprit objectif et on le donnerait à saisir (à défaut de le connaître encore !).

§ 9. *L'incarnation (*Verkörperung*) de l'esprit.*

Si nous nous interrogeons sur la manière dont l'existence de cet esprit objectif est donnée dans un peuple, nous constatons d'emblée qu'elle y est double en plusieurs domaines. D'une part, le contenu spirituel n'existe que comme simple pensée ou comme tout autre élément spirituel (sentiment, volonté etc.) chez les porteurs vivants de l'esprit du peuple, en tant qu'acte réellement accompli ou réalisable de la vie psychique – c'est-à-dire dans les esprits individuels *au dedans ou au dehors* de leur conscience [1]. D'autre part, toutefois, ce contenu apparaît informé dans un support matériel de la pensée. Comme nous devons parler plus en détails du premier aspect, jetons d'abord un œil sur le dernier et sur les transitions qui lient l'un et l'autre.

L'esprit objectif d'un peuple trouve son expression persistante dans des livres et des écrits de toutes sortes, dans l'architecture et les monuments, dans les œuvres d'art et les produits de l'artisanat et de l'industrie, dans les outils (et dans les outils pour produire des outils), dans les moyens

---

1. Il me faut, je crois, attirer l'attention sur l'importance de cette distinction que je discuterai plus loin.

de communication sur terre et sur mer, l'organisation du commerce et des moyens généraux d'échange, les armes et les matériels de guerre, les jouets et le matériel de l'artiste, bref, dans l'instauration de toutes ces choses corporelles qui ont un usage symbolique ou réel.

§ 10. *Machine et outil.*

Il faut tout particulièrement mettre en avant la machine. Nulle part peut-être le manque profond de considérations psychologiques n'a été aussi notable que dans les discours passe-partout sur l'essence de la machine. Bien des gens de bonne volonté se disent : « ce que les hommes devaient faire sera fait par la machine »[1]. On ne comprend pas très bien si par là on se plaint des choses faites ou des personnes qui les font. À l'inverse, on souligne souvent le seul avantage matériel – quoique ce que l'on nomme matériel dans un tel contexte, soit loin de n'être que matériel. Le point de vue qui suit, que je recommande aux économistes d'approfondir, est de la plus haute importance tant pour le lien économique que psychologique. On a l'habitude de caractériser le travail *machinique* par opposition au travail *manuel* : mais cela ne rend compte que d'une partie de la différence essentielle et la différence psychologique n'est pas saisie. Car que ce soit les bras d'un homme ou le levier en fer qui dirigent le marteau : dans les deux cas, ce sont des forces physiques qui sont au service de forces psychiques. La différence plus profonde et essentielle réside donc en ceci :

---

1. Croire, comme on le faisait avant la mise en place de faits statistiques précis, que les hommes perdent leur travail parce que les machines le leur prennent, est contredit justement par ces faits. Le nombre d'employés a augmenté progressivement avec l'introduction des machines.

– Il y a dans la machine un esprit objectif. C'est bien la pensée devenue objective qui, tel un esprit vivant, dirige les forces matérielles ;

– Dans le travail manuel, ce ne sont pas seulement des mains humaines qui agissent, mais une tête humaine, un esprit vivant, personnel, et c'est grâce à son activité spirituelle que cet esprit limite la force en mouvement à deux mains.

Ce qui prime et importe le plus ici est ceci : ce que la machine épargne, – et peut transformer de manière productive, – ce n'est pas la seule force physique des bras, mais les forces de l'esprit vivant actif. Quand une locomotive d'une puissance de cent chevaux permet à des personnes et des biens de faire en deux heures un trajet qui prenait autrefois un jour entier, ce sont 50 paires de chevaux qui auraient assuré la même mise en mouvement et 50 cochers qui auraient consacré pendant une journée entière toute leur intelligence avec une attention soutenue. La locomotive n'exige qu'un conducteur et un chauffeur pour deux heures. L'emploi d'une force spirituelle active se trouve ainsi dans les deux moyens de transport dans un rapport de 1/150 [1]. À cette proportion quantitative, il faut en ajouter une deuxième, *qualitative*, presque aussi essentielle. Il faut que chaque machine soit utilisée par des hommes, donc par des forces spirituelles personnelles, car la force matérielle est toujours mise en mouvement par la force spirituelle. Mais ceci ne se fait pas simplement en fonction

---

1. Il conviendrait que les statisticiens précisent ce chiffre. Une énorme différence dans l'usage de la force psychique en résultera toujours. Pour contrer tout de suite un argument facile, je remarque que s'il est vrai que l'on a besoin de conducteurs, de garde-barrières, etc. dans les chemins de fer, il faudrait plus de conducteurs postaux et de cantonniers pour les mêmes transports et les mêmes trajets.

du degré ni *du* type d'esprit que possède l'homme qui conduit la machine. C'est plutôt l'esprit incomparablement plus élevé et fin de son inventeur qui a trouvé, par une configuration objective, la forme adéquate à l'étroitesse d'un esprit simple. Les esprits de James Watt, de tous ses prédécesseurs et de tous ceux qui ont amélioré une machine, travaillent dans chaque machine à vapeur. Ils interviennent entre les forces purement physiques d'une part et les forces spirituelles du conducteur de machine d'autre part. Leurs pensées donnent des ailes à son esprit lourd, ils livrent, domptées en sa main, les grandes masses des forces naturelles.

Dans le travail manuel par contre, le mécanisme du corps humain n'est mis en branle que par l'esprit personnel et le degré de son instruction.

On en conclut là encore que les dimensions quantitative et qualitative de la différence se répètent et s'intensifient toutes deux, que la différence entre travail machinique et travail manuel se poursuit, et que l'esprit objectif persistant et hérité dans le premier rend possible un perfectionnement progressif. Dans le travail manuel, qui n'est guidé que par l'esprit personnel, l'esprit doit travailler en repartant toujours du tout début, à chaque génération et à chaque individu, si bien qu'un développement progressif est difficile et rare.

L'habileté est une possession personnelle, non héritée, et qui disparaît avec la personne. La pensée mécanique objective persiste et rend possible l'amélioration et la reproduction.

Deux choses sont à remarquer encore. Il existe aussi pour le travail artisanal un certain esprit objectif : dans les prescriptions méthodiques du travail et dans les ficelles du métier (les « privilèges »). Et ces privilèges ont une haute signification pour caractériser les différents esprits du peuple dans leur travail. Mais, en les comparant avec l'esprit objectif dans la machine, on peut facilement remarquer, à quel point, là on engage la faible mesure de la force corporelle propre accompagnée d'un cercle étroit d'outils, alors qu'ici, ce sont des forces en masses étendues et puissantes, mises en mouvement par la pensée ; là, une trouvaille étroite et limitée, alors qu'ici se forme et agit en se formant la force puissante de toutes les sciences se comprenant réciproquement et se densifiant ; là, l'essentiel, l'habileté propre, est accompagnée d'une faible perfectibilité résolument personnelle et même d'une régression facilement possible, alors qu'ici, dans l'existence et l'histoire de l'invention, l'aiguillon et la méthode sont donnés simultanément [1].

On a souvent estimé au contraire, que la machine, par l'excès de sa puissance spirituelle, rabaisse jusqu'à un certain point l'homme qui s'en sert. Si dans certains cas cela doit être un mal réel, on ne peut accorder que ce soit un mal nécessaire. On doit faire effort, avec méthode et bonne volonté, pour procurer au travailleur une connaissance, si ce n'est scientifique, du moins technique et précise de la machine avec laquelle il travaille, et ainsi partout on

---

1. Un mystère semble se résoudre, à savoir le fait que les Chinois, un des peuples les plus ingénieux et les plus habiles de la Terre, se soient singularisés par leur culture depuis près de 3000 ans et pourtant sans progrès remarquables. Il faut ajouter que c'est précisément dans l'apprentissage de l'adresse personnelle, dans l'émulation à renouveler ce que les générations antérieures ont créé avec tant d'art et de pertinence, dans ce déploiement constant et cet investissement de *l'esprit subjectif*, *personnel* dans les objets dont la pensée est incarnée de mille manières, c'est là qu'il y a une fascination qui entrave et rend bornées les générations suivantes, alors qu'à l'inverse la pensée *objective achevée* des machines *libère* les esprits et invite à d'autres progrès subjectifs.

constatera ce qui se voit déjà en des cas particuliers, à savoir que la fréquentation de l'œuvre d'un esprit supérieur élève l'esprit du travailleur lui-même. La prise en mains de la machine à coudre exige et développe autant d'intelligence que l'usage d'une simple aiguille. Guider une excavatrice à vapeur est un travail plus noble que de creuser par sa propre force physique. Et un conducteur de locomotive n'est-il pas bien plus haut placé qu'un cocher conduisant un convoi ? Sans parler du fait que de nos jours, dans tout pays cultivé d'Europe, vu la diffusion de la machine, il y a autant de techniciens scientifiquement formés pour la maintenir et la conduire qu'il y a eu autrefois de serruriers.

Une considération psychologique exige, deuxièmement, d'examiner le rapport de la machine à l'outil. Nous avons insisté dans le premier numéro de ce journal, p. 18, sur la signification de l'outil. Partout où l'homme doit agir sur la nature extérieure, il lui faut se créer, par la mise en forme de forces physiques étrangères, des bras efficaces plus durables, plus solides et plus adaptés, mais aussi plus précis. Cela se produit car l'esprit n'habite pas les choses extérieures et n'agit pas sur elles seulement dans l'immédiateté de son corps propre, mais aussi médiatement. En plongeant son esprit configurateur (*gestaltend*) non seulement dans le corps mais aussi dans les choses extérieures, il ne se contente pas d'étendre la force physique de son organisme mais, là où il le peut, il la remplace. L'homme doit avant tout travailler avec son esprit. L'invention et la science lui ont appris comment opérer avec des forces étrangères comme avec les siennes propres et, ainsi, à agir avec plus de force et de précision.

Voilà la signification de l'outil, mais tous les outils ne se ressemblent pas. Le rouet est plus intelligent que la fileuse, le tour de potier est un élément si essentiel à la création d'un pot qu'il n'est pas seulement un auxiliaire du potier mais semble faire de celui-ci l'auxiliaire du tour ; il en va de même des systèmes de roues du cordier et du tourneur. Alêne et poinçon accomplissent bien moins que le cordonnier, ciseaux et aiguille bien moins que le tailleur. Et le crayon et le pinceau du peintre, le ciseau et le marteau du sculpteur semblent néant pour eux. À l'inverse, le cordeau et l'équerre sont les yeux du charpentier, et le fil à plomb l'œil du maçon.

La mesure pleinement accomplie de la valeur d'un outil se trouve de toute évidence dans *la mesure, comme pensée objective,* manifeste et active en lui, *qui réduit, remplace et assure le travail subjectif spirituel de celui qui opère.* C'est ici la *croisée psychologique des chemins entre art et industrie.*

On comprend ici fort bien que la machine ne soit rien d'autre que l'outil le plus accompli qui surpasse tous les autres en tant que réussite d'un esprit plus large et plus profond, qui domine la nature non seulement par son habileté mais aussi par sa connaissance. Il prend en outre en charge des masses bien plus importantes et avec une sécurité plus grande sans avoir à engager de manière significative l'aptitude d'un sujet personnel. Il ne peut néanmoins être question d'une séparation absolue entre outil et machine – ce à quoi les détracteurs de la machine devraient songer – car bien des inventions, parmi les plus anciennes et même originelles, cohabitent dans leur valorisation spirituelle avec les machines. Le tour de potier, le métier à tisser, les moulins à eau et à vent, le bateau à voile sont de ce type.

En relèvent aussi la domestication des animaux et leur emploi au service ou en remplacement des forces du corps humain. Ce sont des machines vivantes, qui libèrent, en les remplaçant, les forces spirituelles et corporelles de l'homme. Nous ne voyons plus aujourd'hui dans leur élevage, dans le dressage et la manière de les guider, un quelconque moment de l'esprit objectif. Or, guider un cheval valait comme un art noble qui provoquait l'émulation de l'esprit public. Le mandarin chinois ne se contente pas de conduire quatre chevaux mais il se laisse conduire dans sa chaise à porteurs ; et sur les latifundia romaines, ne pesaient pas seulement les corps épuisés des esclaves, mais aussi leurs esprits en jachère, ferment de décomposition.

§ 11. *Le type psycho-physique.*

On ne peut passer sous silence, puisqu'il s'agit des modes d'existence de l'esprit objectif, ceux qui se trouvent au cœur du mouvement personnel de l'esprit et de son action réciproque avec le corps. Toutes ces performances psycho-physiques, que l'on peut rassembler sous le nom d'exercices et d'habiletés, nous devons les considérer par différence d'une part avec les pensées et les formes de pensées existant objectivement dans l'esprit, et par différence d'autre part avec les incarnations de la pensée dans les choses objectives. Certes, chacune de leurs réalisations est liée à l'activité subjective, personnelle des individus. Il ne s'agit pas seulement, au-delà de l'activité momentanée, de la capacité persistante et existante de l'esprit dans son action sur le corps, mais de la manière dont elle se forme jusqu'à caractériser les esprits nationaux différents, de la manière dont les esprits des individus maîtrisent leur corps, agissent par lui et sur lui, jusqu'à un type déterminé, relativement stable.

Ce type, placé dans toute la diversité des individus et que ces derniers présentent dans leur activité subjective, est aussi, dans cette mesure même, persistant ; c'est en ce sens que nous y découvrons un trait de l'esprit devenu public objectivement.

Même le langage, dans son aspect phonétique, contient des moments de cette manière d'être de l'esprit objectif. La manière de maîtriser l'organe de la voix, la préférence de l'un sur l'autre, la formation du système des sons en usant de diverses voyelles et consonnes, de sons chuintés ou de claquements de langue, mais aussi la façon de parler, plus ou moins rapide ou lente, plus ou moins claire ou obscure, et les gestes virulents ou doux : tout ceci manifeste les propriétés caractéristiques de l'esprit national objectivé. – Le mouvement et l'agilité du corps, dans leur diversité, sont ici, au sens le plus large, fondés anthropologiquement : la vivacité des Français, la raideur des Anglais, la *grandezza* des Espagnols et la dignité des Turcs, la lourdeur des Hollandais, la solennité des Allemands, les différentes modalités de la grâce chez les femmes, enferment des traits caractéristiques de l'esprit objectif. Ces traits s'individualisent d'une part à nouveau dans les différentes souches des peuples, mais gagnent de l'autre une valeur particulière dans les diverses extériorisations de la vie, par exemple une aptitude plus grande à l'agression ou à l'endurance dans la guerre, à servir sur terre ou sur mer, à coloniser, etc.

Il faut y inclure aussi la dextérité et l'adresse données par nature, ou acquises artificiellement et devenues seconde nature ; elles trouvent leur expression dans la gymnastique en temps de paix ou dans des exercices en temps de guerre ou encore dans des jeux spécifiques. Partant du présupposé que la manière d'apparaître et d'agir est devenue habituelle, et qu'elle présente en outre, au-delà de l'individualité de l'être singulier, une généralité déterminée indissociable de tous les autres, elle forme un caractère de l'esprit objectif. Cela s'avère clair et sans conteste, si nous remarquons que cela inclut même les arts mimétiques et musicaux : les différents modes et degrés dans le penchant ou dans le talent à pratiquer ces arts sont caractéristiques des différentes nations.

§ 12. *Les institutions de la société et les formes de la sociabilité.*

Nous approchons à nouveau manifestement de l'existence purement spirituelle qui réside dans le contenu théorique, les formes de pensée, les opinions et les modalités du sentir en évoquant maintenant, par différence, cette forme d'existence spirituelle où prédomine le contenu et la signification internes mais qui se rattachent ou trouvent leur symbole dans des choses matérielles. Les écoles par exemple et toutes les institutions d'art et d'enseignement, mais aussi les établissements administratifs, les associations locales bourgeoises ou religieuses, les associations libres avec des normes, des conditions et des résultats publics, tout ce que l'on décrit comme des institutions publiques constitue aussi une configuration objective fortement marquée de l'esprit. Les formes de sociabilité, leurs motifs éthiques et esthétiques, en font partie. Dans la succession même où nous les présentons ici, on remarque aisément que le mode d'existence de l'esprit objectif est très peu dissocié et indépendant de l'intervention active et personnelle des sujets impliqués ; son maintien est bien plutôt constamment conditionné par eux.

§ 13. *Tableau d'ensemble de l'esprit objectif.*

Nous pouvons à présent tenter de projeter une image précise de l'ensemble des modes d'existence et d'action de l'esprit objectif en général, où sont donnés tous les moments caractéristiques des différentes associations et leur esprit objectif.

Comme nous l'avons vu, l'esprit objectif est cette teneur (*Gehalt*) spirituelle qui surgit, se déploie et s'installe à partir de l'activité personnelle (subjective) des individus, et se tient donc en fait face aux personnes, en tant que contenu (*Inhalt*) et forme de la vie spirituelle. Les deux phénomènes extrêmes dans lesquels se manifeste cet esprit objectif sont les suivants. D'une part, là où se tiennent des éléments purement spirituels : intuitions, convictions, opinions, formes de pensée et modalités du sentir etc. Ce sont des éléments de l'esprit *objectif,* dans la mesure où, dans le peuple, ils sont répandus, persistants et caractéristiques comme ce qui existe face à l'esprit individuel et comme ce qui agit sur lui. Ces éléments trouvent toutefois leur existence, le lieu et le mode de leur être dans les sujets personnels, dans les esprits individuels ; ils sont contenus dans leur activité subjective, comme le général l'est de manière concrète dans l'individuel.

D'autre part, l'esprit objectif est là où se tiennent des incarnations réelles ou symboliques de la pensée : œuvres d'art, documents, écrits, construction de tous ordres, produits de l'industrie destinés à un usage déterminé. Ils contiennent au sens le plus strict l'esprit objectivé et déposé dans un objet, dont la relation à l'activité subjective des personnes réside seulement en ceci : l'activité subjective qui se saisit des objets, doit intervenir afin que ces objets prennent vie en tant que pensée objectivée. Aux objets eux-mêmes revient de stimuler cette activité subjective et de pousser à leur connaissance, à mesure de la détermination de la pensée déposée en eux[1].

Entre ces extrêmes, se tiennent d'un côté les machines et les outils, et tous les instruments scientifiques où l'esprit est objectivé, de telle manière qu'à leur simple *persistance* s'ajoute leur *efficacité* durable, aussi efficace que dure la connaissance de leur usage. D'un autre côté, les institutions évoquées au § 12 constituent au contraire une subsistance et une action vivantes de la pensée, qui gagne en fermeté et en objectivité en se liant à des choses et des rapports matériels.

Dans l'équilibre le plus abouti des différents éléments qui servent le phénomène (*Erscheinung*) de l'esprit objectif, on retrouve enfin sa mise en forme (*Gestaltung*) sur un sol anthropologique, développée au § 11. Esprit et nature, âme et corps, transmission et présent, général et particulier apparaissent étroitement mêlés dans la dextérité et l'adresse caractéristiques des habitudes et des nations, dans les formes et les manières nationales, dans les artifices (*Kunstübungen*) et les présentations de soi.

1. Des incarnations purement symboliques de la pensée restent pleinement dépendantes de la continuité de la compréhension, à savoir de l'activité subjective. Les écrits hiéroglyphes sont restés de vraies momies de la pensée, du décès de leurs connaisseurs jusqu'au déchiffrage récent, qui leur insuffla par son génie combinatoire un nouveau souffle de vie, comme si les germes des momies avaient reçu la force d'une nouvelle pulsion. Les œuvres classiques de la sculpture furent muettes pour un siècle entier, faute d'un organe pour les comprendre. – Paul Heyse, dans sa nouvelle *Am Tiberufer*, a peint de manière magistrale l'action des œuvres classiques sur un esprit doué de sens artistique mais inculte, et a expliqué de manière convaincante la nécessité de saisir ces œuvres les plus significatives de l'esprit objectif à partir de leur tout ; il a livré là un bel exemple pour la théorie de l'aperception.

L'activité personnelle de l'organisme psycho-physique dans son entier apparaît comme le véhicule nécessaire du maintien de cette manifestation de l'esprit objectif. Pourtant elle se présente aussi comme un élément de l'esprit devenu objectivement, poussant jusqu'au phénomène un type déterminé et universel, dont la *cause*, le *contenu* et le *mode de transmission* est essentiellement de type spirituel.

Nous pouvons donc brièvement rassembler les différentes manifestations de l'esprit objectif dans la liste qui suit. Il existe en tant que :

1. pensée qui persiste et se reconnaît dans une incarnation ;

2. pensée qui n'est pas seulement reconnue dans cette incarnation mais y agit ;

3. pensée manifeste et agissante dans l'organisme psycho-physique de l'homme [1] ;

4. pensée organisée par ancrage dans des rapports matériels – mais aussi pensée organisant le comportement des esprits les uns avec les autres ;

5. pensée vivante et constituante de la vie spirituelle (des individus comme de l'ensemble) en tant que contenu essentiel et forme directrice.

§ 14. *L'esprit subjectif et l'esprit objectif.*

La forme la plus haute, à savoir purement spirituelle de l'esprit objectif, a son existence dans l'ensemble des esprits individuels, où la vie et l'agir spirituel de l'esprit objectif vit et s'accomplit. Néanmoins, les esprits individuels

---

1. Il faut rappeler, pour ce numéro mais aussi d'une manière générale pour tous, qu'il ne s'agit pas de l'esprit en un sens étroit mais tout aussi bien d'actes de volonté et de manières de sentir particuliers ou liés à lui, et donc qu'avant tout, il s'agit d'éléments spirituels.

ne sont pas les créateurs de l'esprit objectif mais en sont les porteurs, ils ne le produisent pas, ils le maintiennent seulement ; leur agir spirituel n'est pas tant sa cause que son effet. Les individus (jusqu'aux exceptions du § 24) apprennent leur activité à partir de ce qui est donné et l'accomplissent précisément parce que de ce qui est donné, ils ne peuvent se défaire. Ils n'agissent pas grâce à la force de leur subjectivité individuelle, mais grâce à la puissance de l'objectivité, où ils naissent et demeurent. Il nous faut clarifier encore le rapport de l'esprit subjectif, de l'activité subjective de l'esprit individuel à l'esprit donné, objectif.

On peut déceler avec clarté, en procédant avec ordre, deux directions de toute vie spirituelle, l'une admettant le monde existant objectivement (y compris le soi propre) comme contenu dans l'esprit et l'autre se mouvant dans le monde activement, entreprenant et mettant en forme.

La signification de l'esprit objectif relève, eu égard à l'activité subjective de l'esprit, de ce qui suit :

1. L'homme, quelle que soit l'époque historique où il s'inscrit et prend place dans la vie, *trouve dans l'esprit objectif, outre le monde de la nature objectivement donné, un deuxième monde, un monde de la pensée.*

Selon la nature de l'objet, le contenu et la valeur d'une activité spirituelle créatrice d'objet – pour une même quantité d'énergie et de dépense de force spirituelle – diffèrent, car la réussite de la pensée dépend de la force et de la détermination, de la richesse et de la dignité de l'objet suscitant la pensée. Quand je saisis un objet artistique, mon activité subjective d'intuition est une condition essentielle pour que l'image de cet objet devienne contenu de mon âme. En ce sens, l'existence de cette image pensée en mon esprit dépend de mon activité ; l'image ne s'inscrit pas par sa propre stimulation active en mon âme passive (pensée passivement) mais c'est l'action active de mon esprit qui la constitue. Dans l'œuvre d'art, la valeur spécifique et le contenu me sont toutefois donnés, je n'en ai produit ni la pensée, ni la pensée de l'artiste, je l'ai simplement re-produite pour moi, je ne l'ai pas formée mais imitée. La stimulation née de la pensée objective a touché juste en moi, je me la suis appropriée – et non créée – subjectivement. C'est ainsi que l'on peut mesurer l'influence écrasante de la vie spirituelle en commun. Car ce type de pensées imitatives déborde en un surnombre tel que les pensées vraiment créatives, dont la valeur et le contenu sont issus de notre activité subjective et enrichissent ainsi l'esprit objectif dont il sera question plus bas, apparaissent comme une petite portion évanescente de notre activité spirituelle. On remarque encore que nos pensées créatives elles aussi sont composées d'éléments copiés, elles renvoient toujours et encore à la puissance et à l'influence de l'esprit objectif.

Il faut insister en outre sur une différence essentielle entre ce deuxième monde, celui de l'esprit objectif et le premier, celui de la nature. Ce dernier se comporte comme l'objet naturel de l'esprit, avec une discrétion pour ainsi dire exagérée, presque tout à fait passive ; il enveloppe si bien l'esprit humain simple par la magie de son apparition, qu'au lieu de l'inciter à la connaître, elle le sature bientôt et le détourne d'une saisie énergique et active. L'empire de l'esprit au contraire – les hommes et leurs œuvres –, s'impose, dans tout état de culture donné, à chaque nouveau-né avec l'insistance ravie et la violence de ceux qui n'ont pas seulement recouvert de leur toile toute la surface de la nature mais s'adressent à voix haute et distincte, en mille langues, à chaque homme nouveau. En un sens bien plus large que celui où on l'entend

habituellement, l'*éducation* (*Erziehung*), représentante de
l'histoire et de l'esprit objectif, oppose son existence, dès
la première heure, à l'activité de l'épigone ; elle l'embrasse,
non seulement pour se présenter comme l'objet nécessaire
de chacune de ses extériorisations libres, mais aussi pour
inviter la jeune âme à cette activité, en usant de toutes les
séductions [1].

2. C'est plus tardivement et plus difficilement que s'est
développée l'idée que, dans l'esprit objectif, l'homme ne
reçoit pas simplement un second monde d'objets, mais
que dans l'esprit transmis sont également donnés la forme
et l'organe par quoi l'individu saisit aussi la nature qui se
tient immédiatement face à lui.

Chez Locke et Kant, chez Spinoza et Fichte, les exposés
sur l'activité et le développement de l'entendement humain
rapportent encore tous leurs moments immédiatement à
l'individu. C'est presque à titre d'exceptions fugaces qu'y
apparaissent des renvois aux conditions *historiques*. Or en
fait, du point de vue d'une culture développée, même la
connaissance de la nature apparemment la plus simple
s'accomplit dans un processus psychique. Dans ses segments
les plus essentiels, il est constitué de formes de pensée et
de méthodes qui résultent d'une accumulation lente et du
progrès des contenus de pensées donnés. Certes le
développement de l'esprit s'effectue partout et en tout
temps selon des lois psychologiques générales. Mais on
se trompe sur le sens de cette pensée vraie quand on néglige
le fait que les *conditions* de ce processus réglé, ses *éléments*

---

1. La naissance tardive de la véritable science naturelle s'explique
par ce rapport contrasté de la nature et de l'esprit l'un envers l'autre, par
ce voile de beauté et de secret dont la nature se pare et par ces toiles des
pensées transmises dont l'homme, de son côté, enveloppe tout esprit né
après lui.

et ses présupposés sont tout à fait différents pour les individus selon les époques et les peuples différents, si bien que des événements psychiques tout à fait nouveaux surgissent et avec eux leurs lois correspondantes (voir *infra* § 25). Car à l'activité naturelle de l'esprit s'ajoute une activité artificielle, à l'activité involontaire une activité intentionnelle, à l'activité contingente une activité méthodique. Les résultats de ces processus artificiels, intentionnels et méthodiques, fixés dans l'esprit objectif, attachent l'individu à venir à des éléments sédimentés qui agissent en lui comme des éléments naturels. On ne devrait même pas avoir à répéter que la culture de l'homme aussi appartient en un sens plus large à sa nature ; mais uniquement à sa nature d'homme historique vivant, non à sa nature individuelle, isolée. On peut bien alors voir le développement de la culture comme un processus naturel, mais il ne faut pas parler de l'homme individuel, sortant de la main de la nature, mais de l'homme comme membre d'une société. En elle, l'activité naturelle-spirituelle est devenue objective et, en tant qu'élément transmis et historique, elle entre dans le développement *naturel* de l'individu ultérieur[1].

1. Il est extraordinairement instructif de remarquer comment deux erreurs opposées sont la plupart du temps commises pour décrire et analyser la vie spirituelle, erreurs dont nous savons aujourd'hui qu'elles ont une source unique. D'un côté on a écarté, ainsi que nous l'avons remarqué plus haut, les présuppositions historiques, et, ce qu'on a trouvé analytiquement dans l'esprit, on l'a attribué à l'homme individuel comme provenant de sa seule nature ; on a ainsi parlé d'entendement, de raison etc. sans référence à l'histoire. D'un autre côté, quand on parlait de la transmission du contenu spirituel, comme celui de la langue ou des mœurs, on a envisagé un simple échange entre un donneur (actif) et un récepteur (passif). Comme si les catégories de l'esprit et les idées de la raison n'étaient pas le résultat d'une médiation, d'une collecte et d'un progrès, en un mot d'une sédimentation historique et d'une activité pleine et entière de l'esprit. Comme si cette médiation et cette transmission ne

Le contenu propre, le trésor d'intuitions, de représentations et d'idées aussi bien que les formes de pensée
– au sens strict –, qui sont contenues dans l'esprit objectif,
influent de manière déterminante sur l'activité de l'esprit
individuel et conséquemment sur l'ensemble des individus
de la lignée suivante, en transmettant les organes de l'activité
et de son orientation.

L'unité et la puissance pressante de l'esprit objectif ne
se manifestent pas seulement dans le maintien et la répétition du déjà donné, dans la transformation et le déploiement
de ce qui existe déjà comme achevé, tels la langue, les
mœurs, l'édifice du droit, etc. Cette unité se manifeste
avant tout là où une création de l'esprit, telle une connaissance, ne peut se faire jour que dans la série des siècles.
Là où le travail spirituel progresse de générations en
générations de manière si sûre et homogène, quelle
constance dans le cheminement de l'esprit d'un peuple,
quelle persévérance de son intérêt, quelle fidélité et quelle
conscience du sens idéal, comme un penseur unique avance
de seconde en seconde dans son activité des prémisses à
la conclusion, de l'observation au résultat! Ce qui est
indéterminé est conservé par les générations antérieures
afin que les générations futures l'élèvent à la détermination.

« Connaître les sept sphères, fonder toutes les
représentations astronomiques de l'univers présuppose de

prenaient pas toujours le pas, alors qu'en elles les formes et les éléments
donnés prennent la place de celles et ceux qui sont purement naturels et
originels. Tout ceci en raison de l'origine de l'activité subjective mais
aussi de l'action réelle des individus. La *nature* de l'activité spirituelle
est *historique*. Voir *Leben der Seele*, II 1, chapitre 3 et la condensation
dans le volume II du journal [Lazarus fait référence à son ouvrage *Das
Leben der Seele*, Berlin, 1855-1857 et à son article « Verdichtung des
Denkens in der Geschichte. Ein Fragment », *ZfVP*, vol. 2, 1862, p. 54-62,
N.d.T.].

déterminer les temps de parcours sidéraux. Mais l'observation même ne pouvait les conquérir que progressivement, des siècles furent nécessaires et une transmission de lignée en lignée pour que, de la première méthode frustre d'observation et du lent mouvement des planètes supérieures, on obtienne cette détermination » (Apelt, *Epochen*)[1].

3. L'influence la plus claire et de ce fait la plus connue, est celle de l'esprit donné, objectif, sur ce qui relève de l'activité pratique de l'individu. La préservation des choses et des liens, la détermination des valeurs, le choix des fins, la formation (*Bildung*) de motifs et de raisons, qui guident l'agir, tout ceci s'enracine presque entièrement dans l'esprit que transmet la société à l'individu qui s'y trouve.

(…)

§ 23. *Contenu (*Gehalt*) et forme.*

Poursuivons ici nos considérations commencées plus haut (§ 14, 2) et au point 4 du paragraphe précédent[2]. Nous y avons découvert l'importance – ici du point de vue du progrès et du développement de l'esprit, là du point de vue de sa subsistance et de sa conservation – de la méthode, de la forme de la vie de l'esprit, c'est-à-dire des représentations qui deviennent les *organes* de l'activité spirituelle.

Deux lois de la psychologie individuelle s'imposent prioritairement :

---

1. Ernst F. Apelt, *Die Epochen der Geschichte der Menschheit. Eine historisch-philosophische Skizze*, vol. 1, Jena, 1845. [*N.d.T.*]

2. Au § 22, al. 4, Lazarus souligne l'importance de distinguer, parmi les conquêtes de l'esprit objectif, un simple « contenu positif » et un « nouvel organe » (par exemple un fait nouvellement connu d'une part, une nouvelle méthode d'autre part). [*N.d.T.*]

1. la loi du transfert d'une région à une autre au sein du processus psychique.

C'est sur elle que se fonde une grande partie des intuitions hissées de la région de la sensibilité à celle de la représentation, quand l'aperception d'une région de l'intuition l'est par une autre, quand des sons le sont par exemple par des couleurs et inversement. De là le domaine formel très étendu de l'analogie dans la pensée, laquelle participe le plus souvent de l'explication mais parfois aussi de la confusion. C'est là-dessus que repose l'efficace d'une éducation solide, d'une formation dans *un* seul cercle de pensée, sur tous les autres cercles ou sur l'homme tout entier. – C'est sur la base de cette loi seule que nous attendons de la mathématique une formation (*Zucht*) générale à la nécessité et des langues classiques un ordonnancement général et limpide de la pensée. L'ordre et la probité corporels et spirituels, la certitude et la solidité des séries des pensées théoriques, la légalité et la stabilité des pensées éthiques, et avec elles deux le sens esthétique pour les groupements ordonnés et la clôture achevée se tiennent ainsi dans une relation réciproque.

2. Cette loi aux multiples ramifications se fonde pourtant de manière essentielle sur ce qui est le plus simple, à savoir *la reproduction* (et de ce fait aussi l'aperception et les processus supérieurs) *des représentations en fonction de l'égalité ou de la ressemblance, non seulement du contenu des représentations, mais aussi de la forme implicite donnée avec cette représentation et de la relation que celle-ci entretient avec celle-là*[1].

---

1. Par exemple, lors du récit d'une anecdote caractéristique, ce qui est rappelé à notre souvenir, ce n'est pas seulement les représentations singulières de contenus semblables, mais davantage la forme de leur contraste avec une anecdote au contraste semblable, dont les représentations

Il en découle ce qui suit : la formation de l'individu et ses modalités sont conditionnées de manière essentielle par l'esprit collectif (*Gesammtgeist*) qui fixe pour chaque individu la forme déterminée par laquelle il saisit les objets pensés ; et c'est lui qui détermine l'avantage d'un tel acte et d'un tel événement psychique d'où résulte une nouvelle condition *formelle* de la vie spirituelle [1].

Quand une langue est développée, à savoir quand en elle le sujet, le prédicat et leurs déterminations sont grammaticalement décrits avec précisions, la pensée y est pleinement articulée. Toute nouvelle perception, toute nouvelle observation, toute réflexion sera nécessairement reconduite à une telle articulation formelle, même sans qu'en soit dépliée tout à fait la présentation linguistique.

Il n'y a pas que ce qui est déduit et pensé pour soi-même, mais aussi les mœurs saisies dans l'usage, l'institution éthique existant dans la réalité, la règle esthétique appréhendée par son application, et que l'esprit collectif (*Gesammtgeist*) transmet à chaque individu, avec l'ensemble des rapports de la vie et de ses manifestations : toutes deviennent des *organes* pour le mouvement propre et libre de l'esprit individuel, des formes prêtes à assimiler tout nouveau contenu et à lui imprimer une figure.

Ce n'est qu'en revenant à la source ultime de toute culture spirituelle, à l'origine des mœurs, à l'institution

---

sont pourtant bien différentes quant au contenu. – Le grammairien retrouve dans sa mémoire des exemples successifs de règles *syntaxiques*, qui n'ont quant au contenu rien en commun, mais sont rapprochées par une *forme* identique.

1. Il est particulièrement intéressant de voir combien Herbart frôle les tâches de la psychologie des peuples, mais la manque toujours ; il en dévie notamment dans ses considérations métaphysiques, lire attentivement le volume 9, p. 185 et suivantes de ses œuvres, et comparer avec les derniers paragraphes [Lazarus cite ici l'édition Hartenstein, *N.d.T.*].

du langage et à l'éveil du sens esthétique, donc bien en deçà de la limite de toute époque historique effective que nous pouvons prétendre trouver un fondement de la création d'un processus de pensée identique et synchrone : dans la similitude des conditions chez tous les individus, des rapports climatiques jusqu'à l'organisation du corps (et probablement de la disposition de l'esprit), avec toutes les relations et les besoins objectifs qui les accompagnent, donc dans les conditions purement objectives, avant même de présupposer une activité subjective déjà accomplie.

Mais nous ne pouvons guère remonter très loin, car tout acte spirituel donné et accompli devient aussitôt esprit objectif ; il n'est pas une entrave qui freine le progrès mais bien plutôt règle et ligne directrice selon lesquelles conduire le mouvement suivant ; il est norme et forme là où il façonne le processus du singulier. Ce n'est pas, dis-je, une entrave, cette forme trouvée dans un acte et qui agit sur le suivant ; car quelle que soit la manière dont cette forme lie, elle devient la condition essentielle du progrès pour deux raisons. D'une part, le contenu obtenu – une intuition de la nature, un élan éthique, un sentiment esthétique – est ainsi fixé et son retour à la conscience facilité [1] ; d'autre part, chaque contenu nouveau à conquérir est plus sûrement et plus rapidement acquis. La disposition de l'homme à la parole offre l'exemple le plus clair, dans le contexte des formes internes de la langue, de ce pouvoir de la forme qui ne fait pas que pénétrer le contenu mais permet aussi le plus souvent de le conquérir.

Quand le progrès de l'esprit humain, médiatisé et conditionné par la forme, est porté à un certain degré d'accomplissement, quand un type d'intuition de la nature

---

1. M. Lazarus, *Ursprung der Sitten*, p. 20 et ce journal, vol. 1, p. 456.

et d'intuition du monde s'est formé de telle sorte que des représentations religieuses enrichissent l'existence sensible, que des mœurs organisent la vie, et que dans ses parures, dans l'habillement et dans les ustensiles, un certain goût s'épanouit – on se demande si ces formes de la vie spirituelle ne sont pas trop étroites, si elles n'entravent pas la vie intérieure au lieu de la guider, si la règle ne devient pas contrainte, si par là le moyen ne devient pas la fin, et si la fin n'en devient pas inaccessible. N'en souffrent pas seulement les peuples maintenus ainsi à un bas niveau de culture, confrontés à la violence d'une forme négatrice de la vie, les formes s'opposant à tout nouvel élan de la vie et l'enfermant dans ses bras de fer, barrant toute voie à ce qui ne se soumet pas ; c'est aussi en des époques plus tardives et à des niveaux de culture plus élevés, c'est dans le temps historique en tant que tel que nous éprouvons cette même victoire tragique de la forme : la mise en forme (*Gestaltung*) devient rigidité (*Verhärtung*), et la formation (*Bildung*) pétrification (*Versteinerung*).

Cela se produit parfois quand la signification profonde et essentielle de la forme est reconnue en une conscience distincte, mais par cela même aussi méconnue, quand elle est estimée pour elle-même mais aussi, de ce fait, surestimée ; il est cependant plus fréquent et plus essentiel que la forme ne soit justement pas reconnue comme forme.

Dans les deux cas, d'un côté le langage (et les représentations qui lui sont attachées) et de l'autre les mœurs et les habitudes de la vie, y compris le culte religieux, la forme et le pouvoir formateur ne sont pas séparés du contenu, auquel ils se rapportent, pour des raisons en partie identiques, en partie différentes. Si les formes du langage et de la vie sont toutes deux semblables dans leur rigidité, car elles naissent avec leur contenu et leur contenu avec elles, elles sont différentes en ce que le langage n'apparaît pas comme forme mais comme contenu de pensée : le pain est vraiment le pain et cela doit être vrai, sinon on n'aurait rien à en dire. Longtemps après que la spéculation ait atteint une telle hauteur que l'on pouvait décrire le monde de l'existence multiple comme pure apparence, à côté de quoi seul serait vrai l'être un et pur, ou au contraire ne reconnaître le vrai que dans le pur flux du devenir, alors que ce qui est et persiste ne serait que simple illusion, – on n'avait encore aucune idée des formes grammaticales nécessaires pour exposer ces pensées pressantes dans toute la profondeur des problèmes. Pour la conscience, avant et hors de la grammaire, parler est comme penser, tous deux sont un seul *logos*[1]. Le langage, en tant que pensée exprimée, tient pourtant au moins sa réalité des objets, des choses qui sont pensées.

Dans les mœurs, les habitudes de vie, etc., où les élans et les motivations de l'idée vivent en tant que contenus et acquièrent une figure, ce contenu reste comme il est, purement intérieur et subjectif, sans être connu comme spécifique. Ils sont tous deux si profondément et intimement soudés, que le zèle mis à être digne de l'idée pure et à la réaliser dans sa forme individuelle et partiellement externe (car même du point de vue intime, les mœurs sont déjà forme d'un contenu éthique, comme l'est la forme linguistique pour les pensées), croît jusqu'au fanatisme. Le plus haut échelon de culture que l'on puisse aujourd'hui atteindre, accessible aux seuls individus, est le suivant : considérer les mœurs et les formes religieuses en tant que telles comme un langage pour le pur contenu de pensée

---

1. H. Steinthal, *Geschichte der Sprachwissenschaft* [*bei den Griechen und Römern*, Berlin, Dümmler, 1863].

du religieux et de l'éthique, comme une figure pour les idées, qui en préserve l'ouverture afin que le religieux et l'éthique puissent se développer et s'approfondir librement. Les mœurs souffriront-elles si l'on reconnaît leur signification formelle ? Guère ; seul leur contenu, la moralité, peut et doit croître. Le linguiste, le philosophe ne visent pas non plus à penser sans langue, mais à se libérer des entraves que les mots imposent aux concepts, à se libérer par la connaissance de leur nature d'entraves. De même, l'éthique doit être connue dans sa figure et son essence la plus pure, afin d'être ensuite exercée selon les formes les plus dignes et les plus pures. Plus le contenu éthique est pur et profond, plus ses formes sont nobles, à savoir libres et fermes ; ferme dans l'accomplissement, libre dans la création.

GEORG SIMMEL

L'ESSENCE DE LA CULTURE (1908)[1]

Le concept de nature enveloppe une telle confusion
que l'on parle parfois, à l'époque de l'exactitude empirique
et des idéaux mathématiques de connaissance, de la
« nature » comme d'un pouvoir unitaire qui « produit »
les phénomènes particuliers, comme le « véritable incon-
ditionnel », dont les lois « imposent » leur exécution. À
divers titres, le concept de nature a endossé le rôle mystico-
mythologique du concept ancien de Dieu. Cet abus me
semble reposer sur le fait que la nature vaut comme une
essence absolue, plutôt que comme une *catégorie*, sous
laquelle les contenus de l'être peuvent être considérés et
ordonnés ; de même que ces contenus forment un empire
de la nature, ils forment un empire de l'art, de la religion,
de la systématique conceptuelle. Certains aspects des
phénomènes, certaines possibilités de les ordonner en séries
unitaires sont saisis par des concepts hégémoniques ; le
concept de nature – constitué d'éléments tels que la
causalité, les substances, les énergies, les formes de l'espace
et du temps, etc. – n'est que l'un de ces concepts. Il ne

1. G. Simmel, « Vom Wesen der Kultur », *Österreichische Rundschau*,
Vienne, 1 er avril 1908, p. 36-42. Traduction de Matthieu Amat.

peut donc être compris en son essence unitaire qu'à partir de son opposition ou de sa relation avec les autres concepts qui forment d'autres complexes avec le même matériau. Le domaine de notre vie est entièrement recouvert par l'ensemble de ces concepts, dont la vie ne s'approprie et n'éprouve cependant que des parties fragmentaires et changeantes. Que chacun de ces complexes ne soit qu'une manière de voir et de mettre en forme des contenus identiques ou une partie de ces contenus, sans jamais les monopoliser pour lui en tant qu'existence absolue, est lié au fait que chacun trouve son sens spécifique et les limites de sa légitimité d'abord par sa relation avec les autres – et réciproquement; c'est seulement lorsque le même contenu est soumis à l'une et à l'autre de ces catégories que la signification de chacune apparaît sans équivoque. C'est seulement ainsi que se découvre la pluralité de concepts couverts par le concept de nature. Lorsqu'une religion parle de la nature comme de l'œuvre du diable et du lieu de l'impureté, parce qu'elle s'oppose ici à l'idée d'un royaume divin, il en va de tout autre chose que de *la* nature, que l'artiste moderne célèbre comme incarnation de ses valeurs, en l'opposant à telle ou telle forme d'art plus ou moins arbitrairement imaginée ou préconçue. La nature entendue par Kant comme le monde de nos représentations, le produit de nos sens et de notre entendement, est chose tout à fait différente de la nature que l'éthique pose comme ce qui doit être surmonté en nous ou comme l'idéal indiquant la voie à suivre dans nos actions. Et c'est une nouvelle fonction de la nature qui apparaît lorsque lui est opposée la catégorie de culture, qui de son côté ne déploie sa signification qu'à partir de cette opposition.

Toutes les séries d'événements soutenues par l'activité humaine peuvent être vues comme nature, c'est-à-dire comme un développement déterminé causalement, en lequel chaque stade actuel doit être explicable à partir de la configuration et des rapports de force de la situation précédente. En ce sens, il n'est pas nécessaire de faire une distinction entre nature et histoire. Ce que nous nommons histoire, considéré simplement en tant que cours des événements, prend place dans le tissu de relations naturelles du monde et peut être connu causalement. Toutefois, dès que de quelconques contenus de ces séries sont rassemblés sous le concept de culture, le concept de nature prend une signification beaucoup plus étroite et pour ainsi dire locale. Le développement des séries est alors « naturel » jusqu'à un point déterminé, en lequel il devient culturel. Le poirier sauvage donne des fruits filandreux et acides. C'est là le terme du développement auquel sa croissance sauvage peut le mener. En ce point sont intervenus la volonté et l'intellect humain qui, par tout un tas d'influences, ont conduit l'arbre à produire des poires comestibles : l'arbre a été « cultivé ». De la même manière, le développement du genre humain permis par son organisation psycho-physique, l'hérédité et l'adaptation, conduit à des formes et des contenus d'existence déterminés. Des processus téléologiques peuvent ensuite prendre le relais et élever les énergies ayant atteint ce stade à une hauteur impossible à atteindre par les possibilités de développement précédentes. Le point où a lieu cette substitution de forces de développement par d'autres indique la frontière entre l'état de nature et l'état de culture. Toutefois, ce dernier a bien des conditions « naturelles », dont il est dérivable causalement. Cela montre d'abord que nature et culture ne sont que deux

manières différentes de voir un seul et même processus,
ensuite que la nature prend ici deux significations
différentes : elle est d'un côté le complexe universel des
phénomènes liés par la succession des causes et des effets,
de l'autre une période de développement du sujet – celle
du déploiement des forces pulsionnelles données avec le
sujet, période qui s'achève aussitôt qu'une volonté
intelligente, disposant de *moyens*, se saisit de ces forces
et conduit le sujet à des états qu'il n'aurait pu atteindre
s'il avait été laissé à elles seules.

Le concept de culture semble ici se confondre avec
l'activité humaine finalisée en général ; il faut procéder à
une restriction pour saisir son essence spécifique. Lorsqu'un
élève en fait trébucher un autre et que ses camarades rient,
il y a à l'évidence une action téléologique et une exploitation
des données naturelles par la volonté et l'intellect. On ne
considérera pourtant pas cela comme relevant de la culture.
L'usage de ce concept repose sur un certain nombre de
conditions – opérant, si l'on veut, inconsciemment – qui
ne peuvent apparaître qu'au terme d'une analyse complexe.

Le processus de culture [*Kultivierung*] présuppose que
soit donné quelque chose se trouvant d'abord dans un état
non cultivé – l'état « naturel ». Il présuppose ensuite que
le changement à l'œuvre dans le sujet soit présent à l'état
latent *dans sa structure naturelle et ses forces pulsionnelles*,
quoique ne pouvant se réaliser, précisément, que par la
culture, et non par ces forces seules. Le processus de culture
conduit son objet à un accomplissement prédéterminé par
les tendances véritables et profondes de son être. Le poirier
nous apparaît cultivé parce que le travail du jardinier ne
développe finalement que les possibilités dormant dans
les dispositions organiques de sa forme naturelle, et conduit
l'arbre au déploiement le plus achevé de sa propre nature.

Lorsqu'en revanche un mât est construit à partir d'un tronc d'arbre, c'est bien sûr un travail culturel, mais pas pour autant une « culture » du tronc, car la forme qui lui est donnée par le travail ne correspond pas à une tendance propre et essentielle ; elle est bien plutôt imposée de l'extérieur, à partir d'un système de fin étranger à ses dispositions propres. Le processus de culture, entendu au plein sens du terme, est donc non seulement le développement d'un être au-delà de la forme atteignable par sa simple nature, mais également un développement en accord avec un noyau intérieur originel, un accomplissement de l'être selon, pour ainsi dire, la norme de sa signification propre, de ses orientations pulsionnelles les plus profondes. Cet accomplissement n'est pas atteignable au stade dit naturel, celui du développement purement causal des forces inhérentes données d'emblée ; il provient de l'action conjuguée de celles-ci avec une intervention téléologique nouvelle, s'orientant toutefois à partir des dispositions de l'être, de telle sorte que l'on puisse parler de *sa* culture. Il s'ensuit qu'au sens strict l'homme est le seul véritable objet de culture, car il est l'unique être que nous connaissions avec lequel est donnée d'emblée l'exigence d'un accomplissement. Ses « possibilités » ne se réduisent pas à l'existence d'énergies à l'état latent ou aux réflexions et transformations idéelles d'un observateur – à la manière dont les poires horticoles sont des « possibilités » vues dans le poirier sauvage – mais ont pour ainsi dire déjà une langue. Ce en quoi l'âme peut se développer réside toujours déjà en elle en tant qu'aspiration impérieuse, comme une esquisse tracée à l'aide de lignes invisibles. C'est un être-orienté positif, quoique son contenu soit le plus souvent réalisé de manière obscure et fragmentaire ; ce développement accompli est inséparablement donné avec l'être de l'âme humaine, à titre de devoir et de pouvoir. Elle seule contient des possibilités de développement dont les buts résident dans la téléologie de son propre être. Néanmoins ces buts ne sont pas atteints par cette simple croissance de l'intérieur, que nous nommons naturelle, mais requiert jusqu'à un certain point une technique, une procédure volontairement dirigée. Aussi, lorsque nous parlons d'une culture des organismes inférieurs, des plantes et des animaux – l'usage exclut déjà l'application du terme aux êtres non-organiques – ce n'est visiblement qu'un transfert permis par une analogie faite entre l'homme et les autres organismes. Si l'état auquel la culture mène de tels êtres est préfiguré dans leur organisation et atteint au moyen de leurs propres forces, il n'appartient jamais à la signification propre de leur existence, n'apparaît pas comme une sorte d'activité donnée avec l'état naturel, comme c'est le cas de l'accomplissement que peut viser l'âme humaine.

Une nouvelle limitation du concept est toutefois nécessaire. Si la culture est un accomplissement de l'homme, il s'en faut de beaucoup que tout accomplissement soit culture. Il y a des développements que l'âme accomplit purement à partir d'elle-même, ou bien en rapport avec des puissances transcendantes, ou encore par un type de relation éthique, érotique ou affective avec d'autres personnes, et qui ne sauraient être inclus dans le concept de culture. Les élans religieux, le don de soi, l'orientation de la personnalité vers le mode d'existence et les tâches qui sont proprement *les siennes* – ce sont là des valeurs que l'âme reconnaît à partir d'un génie instinctif ou d'un travail sur soi. Elles peuvent satisfaire entièrement ce concept d'accomplissement : avec elles les dispositions de la personne sont développées depuis un stade dit naturel à un niveau plus élevé, préfiguré dans l'orientation la plus propre et l'idée de la personne, mais qui ne peut cependant être atteint que par l'intervention des énergies de l'âme les plus élevés – et pourtant ceci ne relève pas du concept de culture. Le développement désigné par celui-ci implique que l'homme se rapporte à *quelque chose qui est extérieur à lui*. Être cultivé [*Kultiviertheit*] est certes un état de l'âme, mais c'est un état tel qu'il ne peut être atteint que par l'usage d'*objets* formés de manière appropriée. Cette extériorité et cette objectivité ne doivent pas être comprises en un sens seulement spatial. Les formes du savoir-vivre, le raffinement du goût manifesté dans les jugements critiques, la formation du tact qui font de l'individu un membre agréable de la société – sont des formes de culture [*Kulturformationen*] par où l'accomplissement de l'individu le conduit au-delà de lui-même, dans des domaines réels et idéaux. Cet accomplissement n'est pas un processus purement immanent mais s'effectue au moyen d'un équilibre et d'un entremêlement téléologique singuliers entre le sujet et l'objet. Là où il n'y a aucune prise en compte de formations objectives dans le processus de développement de l'âme subjective, là où celle-ci ne revient pas à elle-même au terme d'un accomplissement dont ces formations constituent des moyens et des étapes, des valeurs éminentes peuvent bien être réalisées en soi ou hors de soi, mais ce n'est pas là le chemin de la culture en son sens spécifique. Cela explique que les natures très introverties, abhorrant l'idée que l'âme puisse chercher son propre accomplissement par le détour de choses extérieures à elles-mêmes, puissent concevoir une véritable haine pour l'idée de culture.

La nécessaire dualité des éléments du concept de culture n'apparaît pas moins du côté de l'objet. Nous sommes habitués à voir dans les grandes séries de la production artistique, éthique, scientifique ou économique des valeurs culturelles. Il se peut qu'elles le soient toujours à un certain degré ; mais en aucun cas elles ne le sont en raison de leur signification objective, autochtone pour ainsi dire, et en aucun cas la signification culturelle d'un produit isolé ne correspond exactement à la signification qui est la sienne en tant que membre d'une série déterminée par un concept et un idéal objectifs. Une œuvre d'art est soumise à des hiérarchisations et des normes tout à fait différentes quand elle considérée en tant que membre d'une série esthétique ou de l'histoire de l'art et quand ce qui est en question est sa valeur culturelle. Chacune de ces grandes séries peut valoir comme fin en soi. Chacun de ses membres isolés apparaît alors doté d'une valeur manifestée par la consistance dont il fait montre et la jouissance immédiate que l'on en a. Il en va tout autrement s'ils sont inscrits dans la série culturelle, c'est-à-dire considérés du point de vue de leur signification pour le développement global des individus isolés ou de leur ensemble. Sur leur propre sol, toutes ces valeurs résistent à leur inscription dans la série culturelle : l'œuvre d'art n'appelle qu'à sa perfection, estimée selon des exigences purement artistiques, la recherche scientifique l'est par la rigueur de ses résultats, le produit économique, par l'utilité de sa production et la rentabilité de son exploitation. Toutes ces formations, intérieures ou extérieures, sont développées téléologiquement, au-delà de la mesure permise par leur développement « naturel ». Elles acquièrent certes par là la possibilité de fonctionner comme des valeurs culturelles. Toutefois, considérées du point de vue de leur objectivité autonome, elles ne *sont* pas encore de telles valeurs, mais relèvent d'idéaux et de normes dérivés de leur contenu objectif et non des exigences du centre unitaire de la personnalité. Ce qu'elles apportent au développement de la personnalité, c'est-à-dire leur valeur culturelle, est une autre question; leur valeur de ce point de vue ne correspond en rien à leur valeur du point de vue d'exigences liées à des intérêts spécifiques qui ne relèvent à chaque fois que d'un aspect objectif de notre être. Elles peuvent servir excellemment nos fins particulières tout en ayant une très faible fécondité pour notre existence globale, pour le foyer de notre moi aspirant à son développement. Et inversement, elles peuvent être imparfaites et faiblement signifiantes objectivement, techniquement, selon la logique de leur domaine spécifique, mais offrir ce dont notre être a besoin pour l'harmonie de ses parties et son unité mystérieuse, au-delà de tous ses besoins et ses forces particulières. L'« unité » ne se présente toutefois à nous que comme action réciproque, comme entremêlement, structuration et équilibre dynamiques d'une multiplicité. Aussi, ce point unitaire en nous, dont le sens et la force propres s'accomplissent, dans le processus de culture, par la relation à des objets spirituels et achevés, pourra être décrit ainsi : les aspects particuliers de notre être se tiennent dans une étroite action réciproque, équilibrant et échangeant harmonieusement leur vitalité, chacun supportant et étant supporté par les autres. C'est pourquoi nous ne sommes pas encore cultivés lorsque nous connaissons ou pouvons ceci ou cela, c'est pourquoi la spécialisation, aussi haut qu'elle puisse élever ses contenus objectifs, n'est pas encore culture. Celle-ci n'est produite que lorsque ces perfections unilatérales s'ordonnent dans un état global de l'âme, lorsque les dissensions entre leurs éléments sont dépassées par leur élévation à tous, en bref, lorsqu'elles contribuent à perfectionner le tout comme unité. Ainsi ne faut-il pas confondre le critère déterminant le rang de chacune de nos activités ou capacités réceptives en fonction des catégories de leur série spécifique et objective, avec le critère qui

permet d'évaluer les mêmes contenus à partir de la catégorie
de culture, c'est-à-dire en fonction du développement de
notre *totalité* intime.

Cette scission éclaire ce fait en apparence paradoxal
que face aux prestations les plus élevées dans divers
domaines, particulièrement ceux où la personnalité est le
plus en jeu – l'art, la religion, la spéculation – la considération
de la valeur *culturelle* soit relativement secondaire. Les
œuvres et les pensées les plus admirables nous imposent
si vigoureusement leur être en et pour soi, selon la mesure
propre au domaine dont elles ressortent, que leur signification
culturelle se trouve recouverte et qu'elles refusent, pour
ainsi dire, de participer à l'évolution de notre être global.
Elles sont trop souveraines dans leur province pour se
soumettre au rôle de facteur culturel, de moyen de formation
d'une totalité unitaire spirituelle. Cela est particulièrement
clair dans le cas des produits culturels en lesquels une vie
personnelle s'exprime immédiatement. Plus un produit est
séparé de l'âme subjective de son créateur et appartient à
un ordre objectif et valide en soi, plus spécifique est sa
signification culturelle, plus il est susceptible d'être appro-
prié en tant que moyen de formation par de nombreuses
âmes individuelles. Il en va ici comme avec le « style »
d'une œuvre d'art. Nous nous posons à peine la question
du style pour l'œuvre véritablement grande, en laquelle
une âme souveraine trouve une expression qui n'est propre
qu'à elle. Le style est une forme d'expression *générale*,
commune à de nombreuses extériorisations, idéellement
séparable du contenu qui est à chaque fois le sien. Dans
l'œuvre éminente en revanche, la généralité du fond et les
détails de la mise en forme constituent une manifestation
unitaire et ce qu'elle a en commun avec d'autres est à peine
considéré ; elle exige d'être appréciée comme un étant

pour soi, et non comme l'exemple d'une loi stylistique générale. De la même manière, le très grand et le très personnel, quoiqu'il puisse avoir une puissance culturelle très considérable, ne trouve pas dans cette catégorie son lieu le plus significatif, le plus révélateur de sa valeur. Cette catégorie s'impose plus adéquatement aux produits d'une nature plus générale et impersonnelle, objectivés à une plus grande distance du sujet et plus à même par là de constituer des étapes pour un développement spirituel.

La culture situe d'une manière tout à fait singulière les contenus de la vie au point d'intersection du sujet et de l'objet. Ceci autorise à en donner deux concepts. Par culture objective, on peut désigner les choses qui dans leur élaboration, leur élévation, leur perfectionnement peuvent conduire l'âme à son propre accomplissement ou indiquent les voies menant l'individu ou le groupe à une existence plus élevée. Par culture subjective, j'entends le degré de développement ainsi atteint par la personne – culture objective et subjective sont ainsi des concepts coordonnés, à condition d'entendre le premier en un sens figuré : il attribue en effet à des choses une impulsion propre à la perfection, un devoir de se développer au-delà de leurs limites naturelles, d'après une idée. Les forces humaines nécessaires à ce mouvement apparaissent dès lors comme de simples moyens. Parler d'une culture des choses et de contenus objectifs de la vie, c'est renverser l'ordre du véritable processus de culture, qui n'a lieu qu'en l'homme. C'est, par un genre de parabole, faire comme si le développement des choses était un processus téléologique par soi, le diviser en un moment naturel et un moment culturel, et tenir ce dernier pour un processus auto-suffisant et définitif, tirant à lui l'agir humain, pour en faire un support ou un moyen de son élévation.

En un sens plus exact, les deux usages du concept de culture ne sont pas analogues : la culture subjective est le but final capital, et sa mesure est la mesure de la participation du processus spirituel vivant à ces biens et perfections objectives. Il est manifeste qu'il ne saurait y avoir de culture subjective sans culture objective, parce qu'un développement ou état du sujet n'est culture qu'à condition que son chemin passe par la rencontre avec de tels objets. La culture objective, d'un autre côté, peut acquérir une autonomie relative – jamais complète – vis-à-vis de la culture subjective, dans la mesure où sont produits des objets « cultivés », c'est-à-dire des objets potentiellement cultivant, mais dont la valeur sur ce point n'est utilisée que de manière incomplète par les sujets. Dans les époques très développées et soumises à une haute division du travail, les conquêtes de la culture atteignent un degré par où elles en viennent à constituer pour ainsi dire un royaume subsistant par soi. Les choses se perfectionnent, se spiritualisent, se développent suivant en quelque sorte les fins d'une logique objective et intérieure, sans que la culture véritable, celle des sujets, croisse dans la même proportion – sans qu'elle *puisse* de toute façon le faire, étant donné la gigantesque extension de ce royaume objectif des choses, et l'extrême division du travail qu'elle implique. Le développement historique conduit au minimum à élargir le fossé entre les prestations culturelles concrètes et objectives et le niveau global de culture des individus. Les dissonances de la vie moderne – manifestes en particulier dans la profonde insatisfaction qui accompagne les progrès de la technique dans tous les domaines – proviennent en grande partie de ce que les choses sont toujours plus cultivées tandis que dans le même temps les hommes ne sont capables qu'à un faible degré de conquérir, sur la perfection des objets, une certaine perfection de la vie subjective.

« LOGOS »[1]
(1910)

Ce que veut ce journal est déjà indiqué sur sa page de titre. Aussi renonçons-nous à une présentation détaillée de notre programme. Quelques phrases suffiront à éclairer le titre et à caractériser ses objectifs.

Notre époque ne se tient pas sous la domination d'un grand système de philosophie. Sa signification se trouve plutôt dans la **diversité** et la précision de travaux philosophiques partiels, qui ne peuvent néanmoins dévoiler leur signification dernière qu'au sein de la formation d'un grand système. En vue de cette tâche et afin de constituer son matériau, nous avons besoin d'une pénétration philosophique des domaines de la culture les plus divers, en particulier de la science, de l'art, de la vie social-éthique, des formes juridiques, étatiques et nationales de la vie, de la religion, etc. Cette compréhension doit élever à la conscience philosophique les motifs agissant dans l'ensemble de la culture et veiller à faire droit à toutes les nuances de la réflexion philosophique sur les problèmes culturels. C'est pourquoi *Logos* se désigne comme un journal de philosophie de la *culture*. S'il veut accomplir ses tâches,

1. « Logos », in *Logos. Internationale Zeitschrift für Philosophie der Kultur*, G. Mehlis (éd.), Tübingen, Mohr Siebeck, vol. I 1910/11, p. I-IV. Traduction de Matthieu Amat.

il ne peut se passer d'un contact étroit avec les sciences de la culture particulières et nomme ainsi expressément parmi ses collaborateurs des représentants de la théologie, du droit, de l'histoire politique, de l'économie politique et de la science de l'art.

Notre époque aspire à raison au développement des cultures nationales particulières. Ce faisant, elle ne doit toutefois pas oublier que le but final de la philosophie ne peut être atteint que par une mise en commun supranationale des résultats. Ainsi a-t-elle besoin aussi bien de la compréhension réciproque des peuples que de l'intelligence de la valeur propre de chaque culture nationale. Un supranationalisme ainsi compris se distingue aussi bien du cosmopolitisme qui croit pouvoir sauter par-dessus les spécificités des développements historiques et se retrouve par là dans le vide, que d'un nationalisme étroit qui ne reconnaît pas la valeur d'une culture de l'humanité dans son unité. C'est en ce sens que *Logos* entend être un journal *international* et espère réunir penseurs et chercheurs de différents pays.

En ce point se manifeste aussi le caractère *non dogmatique* du *Logos*. Ce journal ne représente aucun mouvement philosophique déterminé et aucune école. En attestent les noms des représentants de la philosophie qui figurent comme collaborateurs sur la page de titre, aux côtés des représentants des sciences de la culture particulières, et qui s'engagent à soutenir *Logos* par leurs conseils et leurs contributions. Les orientations les plus différentes de la philosophie seront ici représentées, à condition qu'elles voient dans la culture en général un problème de la philosophie. D'autre part, *Logos* n'est pas une archive destinée à accueillir un matériau présenté au hasard, et il ne publiera pas d'exposés de nature scientifique purement spécialisée, en particulier dans des domaines qui sont trop souvent représentés dans les revues philosophiques aujourd'hui. Parmi ces domaines, nous comptons l'histoire de la philosophie, lorsqu'elle procède de manière purement historique, et la psychologie qui se limite par principe à l'observation du factuel. La philosophie de la culture doit chercher partout la *raison* dans la culture et c'est pourquoi le journal a reçu le nom « Logos ».

Le terme est équivoque et doit l'être pour englober toutes les directions et tous les domaines. Mais il n'est pas équivoque au point de ne rien vouloir dire. Seule la raison donne à la vie culturelle, que les sciences particulières étudient dans sa factualité, un sens et une signification. Ce n'est qu'en la présupposant que le travail philosophique spécialisé peut espérer préparer un système de la philosophie. Sans la croyance en un « Logos » sous quelque forme que ce soit, à l'extérieur ou à l'intérieur de la vie, aucune philosophie qui mérite ce nom n'est possible.

Le but systématique et le caractère supranational doivent conférer au journal une solide unité. Celle-ci n'exclut cependant pas la grande variété du matériau traité, et au contraire l'appelle. Outre les travaux de nature scientifique purement spécialisée, nous rejetons les tentatives de restauration et les polémiques dogmatiques. On ne trouvera pas non plus l'habituelle section des comptes rendus. De brèves notes sur des livres récents peuvent suffire. Tout au plus des œuvres tout à fait remarquables et caractéristiques du développement global devront être considérées dans leur signification culturelle générale et leur contenu philosophique. Au reste, nous nous fixons des limites dans la mesure du possible et, bien que notre travail appartienne à l'avenir et notre aspiration à un pays nouveau, seront bienvenus également des exposés qui soumettent le passé à une considération *historico-philosophique* afin de déterminer ses contributions à la formation d'un nouveau système. L'intégration des phénomènes modernes à l'ensemble du développement historique sera ainsi rendue possible, en même temps qu'une communication réciproque plus profonde des différentes traditions culturelles. Qui aspire à aller de l'avant dans la science fera bien d'observer les chemins empruntés par ses voisins de droite et de gauche mais aussi de jeter de temps en temps le regard en arrière, car c'est précisément ainsi qu'il éprouvera le plus sûrement s'il va vraiment de l'avant.

WILHELM WINDELBAND

PHILOSOPHIE DE LA CULTURE
ET IDÉALISME TRANSCENDANTAL (1910)[1]

On peut parler de philosophie de la culture en des sens très différents. Beaucoup attendront peut-être d'une philosophie de la culture l'établissement d'un idéal d'une culture à venir ou bien la fondation d'une norme universellement valide permettant d'apprécier les cultures effectives. Plus particulièrement, tous ceux qui se sont laissés persuader que la tâche de la philosophie consiste, non pas à chercher ou à comprendre les valeurs, mais à les créer et à les produire, peuvent être tentés d'attendre de la philosophie l'esquisse d'une culture *revendiquée* et *proposée* par le philosophe.

Là contre, la philosophie de la culture peut être limitée à la compréhension de la culture qui est historiquement *découverte* et *donnée*. Il est vrai que cette compréhension ne deviendra une philosophie que si les considérations génétiques relevant d'une analyse psychologique, d'une

1. W. Windelband, « Kulturphilosophie und transzendentaler Idealismus », *Logos*, vol. 1, 2/1910-1911, p. 186-196, trad. fr., É. Dufour, « Philosophie de la culture et idéalisme transcendantal », dans W. Windelband, *Qu'est-ce que la philosophie et autres textes*, trad. fr., Paris, Vrin, 2002, p. 171-182.

comparaison sociologique et d'une évolution historique servent simplement de matériel pour découvrir la structure fondamentale de toutes les activités culturelles, qui se trouve dans l'essence intemporelle et supraempirique de la raison elle-même.

Il y a toutefois, entre ces deux espèces de philosophie de la culture, un grand nombre de médiations. L'image à venir d'une culture proposée dépend évidemment d'une manière plus ou moins consciente de la conception de la culture donnée : cette dépendance est inconsciemment plus décisive lorsque le contraste entre d'une part cet idéal et d'autre part le passé et le présent est plus grand – et, en fin de compte, la question qui surgit pourtant toujours est celle de savoir par quel travail cet idéal peut s'incarner dans l'état présent donné. D'un autre côté, ce qui surgira nécessairement, avec la conquête de la compréhension philosophique de la culture donnée, c'est l'anticipation de son futur développement, dans la mesure où, précisément, la culture présente, qui est toujours saisie au sein d'un déploiement historique, renvoie toujours au-delà d'elle-même.

L'opposition entre ce qui est donné et ce qui est proposé apparaît à nouveau dans toutes les médiations : elle est liée aux distinctions principielles de la méthode philosophico-historique. Celui qui traite le développement historique à la manière du développement mathématique et du développement conceptuel, dans lesquels c'est nécessairement en vertu de la connaissance de la loi de la série qu'on peut construire, pour chaque membre de la série, celui qui le suit – pour un tel homme, c'est en vertu de la loi du progrès que le but lui-même peut être considéré comme principiellement donné et comme devant être anticipé au moyen d'un examen correct. Celui qui, en revanche, pense que l'essence véritable d'un développement historique se trouve précisément dans le fait que ce développement consiste en la formation progressive d'un événement temporel effectif, indéterminable du point de vue conceptuel – pour un tel homme, c'est seulement à partir de la compréhension du passé et du présent qu'on pourra travailler à la réalisation des tâches de la culture future, et la mesure de sa confiance en l'avènement de celle-ci ne peut plus dans ce cas être l'affaire de la connaissance, mais seulement celle de la conviction et d'une certaine conception du monde [*Weltanschauung*].

Il ne serait pas difficile de construire, en partant de ces principaux traits et en les combinant, les types fondamentaux possibles de la philosophie de la culture et, partant, de caractériser leurs principaux représentants, de Rousseau et Condorcet jusqu'à aujourd'hui. Il me semble toutefois plus important d'attirer l'attention sur ce que ces types ont de commun, c'est-à-dire sur la tâche qu'il leur faut nécessairement tous accomplir s'ils prétendent effectivement être une philosophie de la culture, une science conceptuelle. Indépendamment de la question de savoir s'il s'agit d'une culture donnée ou proposée, leurs fondements doivent être exhibés dans l'essence la plus profonde de toute activité rationnelle. Car la compréhension philosophique ne commence qu'après la mise en évidence, d'ordre psychologique ou historique, d'un état de chose effectif, et elle répond à la *quaestio juris* à l'aune d'aucun autre point de vue que ceux de la nécessité objective immanente. Voilà ce qui toutefois est et demeure, pour moi, la méthode critique de Kant, et la conception fondamentale qui en résulte et permet de comprendre toutes les fonctions culturelles est l'idéalisme transcendantal.

Dans la présentation que, dans mon *Histoire de la philosophie moderne*, j'ai donnée de la « culture du temps présent », le système critique est caractérisé comme une philosophie englobante de la culture : je voudrais particulièrement montrer que cette caractérisation s'applique, non pas à la position du problème qu'on trouve chez le Kant historique, mais à ce qui résulte, pour la vie spirituelle aujourd'hui, de la signification propre à la théorie kantienne. Il est tout à fait indubitable que Kant, dans toutes ses analyses critiques, est toujours parti de la question de savoir de quel droit sont possibles, dans la conscience individuelle résultant de l'expérience, des jugements synthétiques *a priori*, c'est-à-dire des fonctions de la raison qui doivent valoir d'une manière universelle et nécessaire pour toute expérience : c'est en cela que consistait ce qu'on a ultérieurement appelé le caractère subjectif de son idéalisme. Il est néanmoins tout aussi indubitable que c'est à titre de résultat de la critique qu'est apparue partout l'exhibition des fondements rationnels des configurations majeures de la culture – à partir de la *Critique de la raison pure* est apparue la structure fondamentale de la science telle que Kant l'a trouvée et conçue, à partir de la *Critique de la raison pratique* et de la métaphysique des mœurs bâtie sur elle le règne des fins rationnelles dans la morale et le droit, à partir de la *Critique de la faculté de juger* l'essence de l'art et de la configuration esthétique de la vie : et c'est seulement ensuite qu'a pu surgir la question de savoir, au sens de la méthode critique, dans quelle mesure ces valeurs culturelles provenant de la simple raison peuvent être contenues dans la forme religieuse de vie de la société.

Cette voie ouverte par Kant, qui mène de la position du problème à son résultat, c'est le progrès accompli par la philosophie du XVIIIe siècle au XIXe siècle, des Lumières jusqu'au Romantisme. Ce fut, du point de vue objectif, le progrès accompli de l'homme naturel jusqu'à l'homme historique et, du point de vue méthodologique, la substitution de l'histoire à la psychologie à titre d'*organon* de la critique. Ce fut cette même voie qu'a emprunté le développement de la philosophie postkantienne de Fries à Hegel.[1]

Mais – car c'est ici ce qui importe – quel a été le point essentiel de ce développement ? Ce fut l'apport immortel de Kant : la découverte de la conscience synthétique. Depuis la *Critique de la raison pure*, il est une fois pour toutes exclu qu'une conscience philosophique parvenue à sa maturité puisse penser, à la manière de la conscience naïve, que le monde est « donné » et se réfléchit en elle. Dans tout ce qui nous semble être « donné » se cache déjà le travail de notre raison, et notre droit à connaître les choses repose seulement sur le fait que nous commençons d'abord par les construire pour nous. Qu'il nous faille nécessairement d'abord nous approprier le monde que nous devons vivre [*erleben*], cela repose sur le fait que nous ne pouvons jamais vivre qu'un choix qui, lui-même, ne peut jamais être vécu qu'au sein d'un contexte ordonné, et que les principes de ce choix comme de cet ordre ne peuvent être cherchés que dans la structure de notre conscience. Le monde que nous vivons est le résultat de notre action. Il n'y a pas, jusqu'ici, de sagesse plus haute et nouvelle. Qu'il n'y ait, de l'immensité du monde, qu'un petit extrait qui entre dans la conscience empirique, et que celui-ci prenne une forme particulière au sein de chaque individu en fonction de la préhistoire de son vécu, on a depuis toujours décliné cette idée en tous les sens – et on

---

1. Voir mon discours à l'Académie Heidelbergienne des Sciences « Die Erneuerung des Hegelianismus » [« Le renouveau de l'hégélianisme »].

n'avait pas besoin de Kant pour la trouver. Cependant, la signification, possédant une longue portée, de son principe critique, repose pourtant sur une conclusion simple, étonnante en elle-même, tirée de ce fait psychologique. S'il doit donc y avoir en général des jugements universellement valides et nécessaires qui constituent effectivement l'« expérience », ceci n'est possible que dans la mesure où règne, au sein des associations et aperceptions empiriques, une synthèse transcendantale, une connexion des éléments qui est fondée dans la chose même et qui est indépendante des développements de la conscience empirique. Ces connexions sont les formes de l'« aperception transcendantale », et la théorie selon laquelle il n'y a pas d'autres objets que ceux produits par cette synthèse universellement valide est l'idéalisme transcendantal.

Il est absolument nécessaire, non pas seulement pour atteindre le but de cette recherche, mais aussi pour continuer à asseoir et à développer l'idéalisme transcendantal, de montrer toujours à nouveau, d'une part, que le concept kantien de « conscience en général » ne doit pas être interprété en un sens psychologique ou métaphysique, mais qu'il faut simplement le rapporter aux présupposés *objectifs* des jugements universellement valides, et, d'autre part, de fournir une clarté totale et exempte d'ambiguïté sur la relation qu'entretient l'aperception transcendantale avec les activités rationnelles *humaines*. Nous ne trouvons pas véritablement une telle clarté chez Kant, du moins dans la lettre du texte, et nous touchons ici la question vitale la plus difficile du criticisme. Car il y a, comme on le sait, des interprétations complètement divergentes sur la question de savoir si et dans quelle mesure ces formes *a priori* de la raison doivent être conditionnées par l'essence de l'homme. Dans la philosophie théorique, Kant a explicitement conservé jusqu'à la fin la théorie, établie dans la dissertation inaugurale, selon laquelle l'espace et le temps sont les formes spécifiquement humaines de l'intuition. Et, de même qu'il en avait originairement dérivé, d'une manière psychologique, leur validité apriorique pour toute « notre » expérience, il fonda, même dans la *Critique de la raison pure*, la limitation des catégories aux « phénomènes » simplement sur le fait que, pour l'homme, la diversité soumise à la synthèse catégorielle n'est donnée que dans l'espace et le temps : en elles-mêmes, les catégories devraient aussi s'appliquer d'une manière valide à d'autres espèces d'intuition, de même que, de l'autre côté, il faut reconnaître que les formes de la pensée analytique ont, dès le début, une validité rationnelle pour n'importe quel contenu et pour toute pensée en général. Ce qui reste problématique, c'est de savoir si l'on peut conserver le rapport de l'espace et du temps à « notre intuition humaine » tel qu'il est ici conçu-et de savoir si Kant lui-même a, en dernière instance, voulu fonder les vérités mathématiques, qui doivent pourtant reposer sur ce rapport, sur une telle base anthropologique. Ce qui est certain, c'est que la déduction des « principes synthétiques » ne peut parvenir à la structure systématique de la *science*, à l'intelligence de cette configuration fondamentale qu'est la culture théorique, que par l'application des catégories et leur limitation à la diversité donnée intuitivement dans l'espace et le temps à l'homme.

On retrouve la même chose dans la philosophie pratique, à cette seule différence : l'exposition de Kant emprunte ici la voie inverse[1] Alors que, dans l'analyse du savoir, il

1. Voir à ce sujet la dissertation de A. Ruge, *Die Deduktion der praktischen und der moralischen Freiheit* [« La déduction de la liberté pratique et morale »], Heidelberg, 1910.

progresse de l'élément anthropologique, de la sensation et de l'intuition, jusqu'à l'élément rationnel universel, les catégories, il commence dans la *Critique de la raison pratique* (certes en suivant le travail analytique préparatoire constitué par les *Fondements*) par la loi du vouloir pur, qui vaut pour « tout être raisonnable », mais il ne conquiert ensuite la caractéristique qui fait de cette loi l'impératif catégorique qu'au moyen du rapport à la double nature de l'homme – celle d'être en même temps un être sensible et un être suprasensible –, et le développement des devoirs particuliers dans la métaphysique des mœurs qu'au moyen du rapport de ce commandement fondamental au soubassement empirique de la vie individuelle et sociale de l'homme. Ici aussi, la structure des importantes configurations culturelles constituées par la moralité et le droit est donc comprise à partir d'un monde rationnel universel qui pénètre la vie rationnelle humaine et s'y mêle.

C'est de cette manière de voir, dont la justesse du principe, me semble-t-il, ne saurait être contestée, que résulte, pour la philosophie transcendantale, un principe méthodologique clairement déterminé : ce qui importe, c'est d'établir par une analyse scientifique, en vertu de la découverte des présupposés des activités rationnelles, qui valent universellement et sur lesquels repose en fin de compte tout ce qu'on nomme « culture », ce qui, dans cette culture, est déterminé par les conditions proprement humaines, au sens le plus large empiriques, et de mettre ainsi en évidence tout ce qui est fondé dans des nécessités rationnelles universelles qui s'y mêlent. Cet *a priori* absolu est la validité en soi au sens que Lotze donne au ὄντως ὄν : dès qu'il entre dans la conscience empirique, il reçoit non seulement une coloration qui fait qu'il devient la norme pour une fonction qui veut connaître, agir et produire des configurations esthétiques, mais aussi une spécification qui dépend de la détermination de la conscience empirique – et cette spécification elle-même passe, au sein d'une gradation continue descendante, d'une création de formes propre à l'espèce humaine à une création de formes individualisée par l'espace et le temps. Dans cette création individualisée, nous vivons à titre d'individus tout ce qui, de la raison universelle, entre dans notre conscience finie – et c'est à partir de celle-ci qu'il nous faut progressivement chercher à reconquérir ce qui vaut universellement par un mouvement ascendant qui exclut les éléments individuels.

Il est permis d'expliquer ces relations en rapport à une question fort discutée de la logique. Il me semble clair que, pour une pensée absolue, qui serait toujours vraie et adéquate (au sens de Spinoza), la négation (au sens de la qualité du jugement) n'aurait aucun sens : c'est en vain qu'on peut chercher la négation dans les catégories constitutives, dans les rapports réels des objets. Cependant, dès que nous entrons dans la sphère de la pensée qui veut connaître et qui, pour cette raison, est susceptible de se tromper, la négation et sa relation à l'affirmation conquièrent une signification essentielle – on sait d'ailleurs que d'importantes découvertes concernant la légalité logique sont conditionnées par ce point. Mais une telle extension jusqu'à la négation vaut pour toute conscience finie prise dans un développement, sans dépendre d'ailleurs des particularités de la pensée humaine. Ces particularités ne surgissent qu'avec certaines formes langagières de la négation, l'expression de la distinction (A n'est pas B), le jugement d'exclusion (aucun S n'est P), ce qu'on appelle le concept négatif (non-A), etc. Si on ne séparait pas d'une manière principielle ces sphères de signification, la théorie de la négation tomberait dans un nœud inextricable et incompréhensible.

J'ai déjà en partie anticipé, uniquement avec ces indications concernant le développement méthodologique du principe de la philosophie transcendantale, la mise en évidence de l'affinité profonde qui existe entre cette philosophie et le problème de la philosophie de la culture. Car, par culture, nous n'entendons en fin de compte rien d'autre que l'ensemble du travail que la conscience humaine accomplit, en vertu de sa détermination rationnelle, à partir du donné : et la source de la philosophie transcendantale se trouve dans la conception de Kant selon laquelle il y a déjà, dans ce que nous avons coutume déprendre pour donné dès que cela se présente comme une expérience universellement valide, une synthèse d'après les lois de la « conscience en général », d'après des formes rationnelles qui se mêlent et possèdent une validité objective. Cette conception, Kant l'a conquise au moyen de sa critique de la science, qui lui tenait par-dessus tout à cœur à cause de son besoin métaphysique. C'est là-dessus qu'il a construit le rejet de la métaphysique dogmatique et la fondation de la métaphysique des phénomènes sous la forme de la « pure science de la nature » : et le principe, avec lequel il a montré quel savoir est impossible et quel savoir est possible, se révèle être le fondement permanent de toute théorie de la connaissance, dans la mesure où il permet également de délimiter, du point de vue méthodologique, les sciences particulières les unes par rapport aux autres, à l'aune des différentes manières dont elles produisent leurs objets selon leurs principes propres de choix et d'ordre.

Néanmoins, cette activité rationnelle, qui signifie à titre de science une recréation du monde à partir de la loi de l'intellect, possède exactement la même structure que tous les procédés pratiques et esthétiques de la culture humaine. Partant, l'unité scientifique de l'idéalisme transcendantal à titre de philosophie de la culture se trouve dans cette communauté de structure – et si l'on a dit qu'il y a en elle un primat de la raison pratique, c'est seulement au sens où, dans la vie quotidienne, il n'y a pas d'autre domaine que celui pratique dans lequel la production des objets par la loi de la conscience est aussi manifeste et fréquente. En effet, que l'action morale soit tournée vers le but consistant à faire du monde donné à titre de nature (au sens le plus étendu, qui inclut aussi la vie humaine relevant des pulsions et des sentiments), au moyen d'un choix et d'un ordre qui relèvent d'un commandement du vouloir rationnel, une configuration nouvelle et supérieure, voilà un fait tellement évident qu'il n'a besoin d'aucune explication. Et, de même, le droit crée, à partir de la conscience rationnelle, un nouvel ordre de relations de la vie humaine, dont le sens ultime, consistant à garantir la liberté de la personnalité dans la sphère de son activité sociale, résulte principiellement de l'impératif catégorique. Cependant, les formes fondamentales consistant dans la sélection de certains éléments et dans la recréation synthétique ne règnent pas moins dans toute l'étendue de la vie esthétique. Toute création artistique produit ses objets à partir de l'activité de la conscience que Kant a reconnue comme la faculté d'imaginer du génie qui, bien qu'elle soit originale et exemplaire, peut être l'objet d'une communication universelle. Même là où l'impressionniste pense ne reproduire qu'un simple donné, l'aspect créateur de son activité, qui consiste à opérer un choix et à introduire un ordre, se manifeste dans la détermination du sujet et dans la manière dont il a « vu » ce « donné ». Néanmoins, toute jouissance prise à l'œuvre d'art n'est rien d'autre que le fait de revivre cette sélection et cette recomposition que l'artiste a originairement accomplies. Même la jouissance prise au beau naturel montre, dans le choix du point de vue, dans la recherche de lignes et de relations qui produisent un effet, tous les éléments particuliers qui interviennent dans la production synthétique de l'objet. En ce qui concerne enfin la religion, ce qui s'applique à la science, à la moralité, au droit et à l'art s'applique aussi à elle, mais d'une manière différente. Car la religion ne possède pas de domaine propre de valeurs rationnelles [1] : ce qu'elle renferme de valeurs rationnelles appartient à l'un des trois domaines du vrai, du bien ou du beau. Elle trouve sa caractéristique empirique, à titre de forme culturelle, dans l'extension sociologique de la vie spirituelle, au-delà du lien des sujets empiriques, jusqu'aux forces mythiques qui sont vécues de différentes manières selon l'état de développement, de l'animisme primitif jusqu'au supranaturalisme théologique ou au mysticisme ineffable. Ses fonctions particulières, dans la mesure où elles trouvent leur fondement rationnel dans des contenus logiques, éthiques ou esthétiques, participent à leur être transcendantal, et l'unique fondement rationnel qui appartient proprement à la religion dans son autonomie se trouve dans le postulat consistant à vivre la totalité de toutes les valeurs rationnelles en une unité absolue qui ne peut être saisie par aucune des formes de notre conscience.

Voilà les raisons objectives qui ont poussé Kant, à côté du schématisme formel propre à sa manière de poser les problèmes, à appliquer progressivement le principe de la synthèse, après l'avoir découvert à titre de fondement de toute science, à toutes les autres configurations de la culture : ainsi est-ce une nécessité interne, propre à la chose

---

1. Voir mon écrit « Das Heilige » [« Le sacré »], Präludien, tome II.

même, qui a conduit le criticisme, dont la méthode fut découverte en rapport au problème de la science, à devenir malgré lui, dans son apport, une philosophie de la culture – la philosophie de la culture. C'est dans la conscience de la synthèse créatrice que la culture est parvenue à la connaissance d'elle-même – car elle n'est, dans son essence, rien d'autre que cette synthèse créatrice.

Ce qui restera toujours remarquable, c'est que cet examen, qui embrasse et éclaire ainsi jusque dans son fond ultime la vie culturelle dans toute sa vaste étendue, trouve son origine dans un homme aussi simple et d'apparence aussi ordinaire que le sage de Königsberg. On a bien parfois posé la question, propre à notre époque contemporaine, de savoir quel a pu être le vécu personnel qui a fait de Kant ce philosophe dont la singularité est si importante, ce penseur qui écrase tout, qui vient à bout de tout et qui reconstruit tout – mais je pense qu'il n'y a pas à examiner davantage la question. Si jamais un philosophe a fait l'expérience de cette force créatrice de la raison dans sa propre intériorité, puissamment concentrée sur ellemême, c'est bien Kant. Dans son développement riche de « renversements », il a réussi, avec peu d'incitation et de soutien de la part des savants, au moyen de recherches les plus personnelles et avec un génie évident, à venir à bout de tous les points de vue philosophiques – il a construit un système, l'a détruit pour le reconstruire à nouveau, et ce n'est pas en vain qu'il a toujours mesuré la création des concepts philosophiques à celle des concepts mathématiques, pour laquelle il est possible de produire purement ses objets, les grandeurs, à partir de la faculté d'imaginer productive. S'il s'est alors arrêté, en fin de compte, à la thèse selon laquelle même toutes les autres sciences ne connaissent le monde que pour autant qu'elles créent leurs

propres objets d'après la loi de la raison, ce qui a profondément caractérisé son vécu de penseur, c'est d'avoir
observé la manière dont il formait les objets à partir de
son propre fond – non pas à titre de professeur Emmanuel
Kant, mais plutôt d'abord à titre d'homme conscient de sa
destination rationnelle et surtout ensuite à titre d'« être
pensant en général ».

La lumière qui est ainsi sortie du travail le plus interne
à l'acte de philosopher même a éclairé avec une clarté
surprenante toute l'étendue de la vie culturelle de l'homme :
elle est précisément devenue ainsi la source de la conception
moderne du monde – de la conception du monde de l'esprit.
Ce qui constituait la limite de la conscience antique, c'était
de se savoir seulement réceptrice, seulement un miroir
auquel l'objet suprême comme celui le plus insignifiant,
l'idée comme la sensation, devaient être donnés. Désormais,
à partir de sa grande expérience de la vie cognitive, l'esprit
moderne, sous la figure du penseur si modeste à son propre
égard, ose dire fièrement : c'est l'entendement qui prescrit
ses lois à la nature.

Cette conscience de soi propre à la synthèse créatrice
est nécessairement le centre de l'organisation de la
conception du monde que notre culture d'aujourd'hui, qui
est si morcelée et exempte d'unité, cherche et dont elle a
besoin, si elle doit assembler et achever les résultats de
son travail spirituel et trouver une communauté durable et
féconde en eux. Une telle conception du monde ne peut
toutefois jamais être simplement tirée de toute la masse
des éléments particuliers qui consistent dans les connaissances, les intérêts, les activités, les institutions, les résultats
et tendances de la culture. En effet, la culture s'est trop
étendue et diversifiée pour que cela soit possible : elle
s'étend aujourd'hui aux planètes, elle est et est en toute

conscience une culture qui s'étend à tout – ou bien elle prétend l'être. Avec le progrès rapide de la civilisation technique, le XIXe siècle a engendré les conditions externes permettant de réaliser l'idéal humaniste du XVIIIe siècle. Cependant, cet idéal ne se trouve plus pour nous dans l'unité confuse du cosmopolitisme rationaliste, mais dans la différenciation la plus forte des cultures nationales particulières : et si nous espérons que cette opposition des forces nationales engendrée par le même siècle remplacera avec toujours plus d'assurance et de manière de plus en plus complète les formes brutes de la rivalité contre des formes supérieures, ces formes culturelles différenciées propres aux peuples doivent pourtant tout autant persister que celles propres aux individus, ayant le même devoir et donc le même droit qu'elles. Cependant, même la culture de tout peuple particulier abrite en elle une multitude d'activités et d'états, de formes de vie externes et internes. Qui pourrait prétendre aujourd'hui être capable de toutes les embrasser et de les lier, au sein d'une conscience unitaire, en un tout ? Ce tout ne se trouve plus dans une unité actuelle. Divisé en régions culturelles et profession-nelles particulières, il présente seulement un continuum de liens fonctionnels en vertu des nombreux points dans lesquels ces régions se touchent continuellement. Néanmoins, ce serait une entreprise vaine que de tenter d'accéder à une totalité objective à partir de tous ces contenus de vie. Déjà le monde constitué par notre savoir ne pourra plus jamais être maîtrisé par un seul esprit, et la philosophie qui verse dans la compilation et les morceaux choisis, prétendant recueillir ce que les diverses ramifications du savoir possèdent de plus universel, est une entreprise aussi vaine qu'elle est ennuyeuse. Et si l'on a pu jadis espérer unir les résultats du savoir aux besoins de l'esprit en un tout pleinement harmonieux, il apparaît, pour nous aujourd'hui, que cette confusion des images du monde ne peut nous fournir que des contours indéterminés et difformes.

À cet égard, nous avons appris à nous contenter de peu. Et ce dont nous avons besoin, étant donné que tout travail culturel équivaut à une organisation consciente de la vie, c'est en fin de compte pourtant d'une conviction unitaire. Celle-ci n'est pas pour autant nécessairement consciente, d'une manière actuelle, dans tout travail culturel. C'est aussi le cas pour toute activité de la vie individuelle : celle-ci, avec ses fonctions particulières, se rapporte et s'abandonne à la matière – s'il est impossible et nullement nécessaire de rapporter en toute conscience, à chaque moment, une activité particulière à l'unité de la tâche personnelle de la vie, il faut pourtant que, sous cette activité, si tant est qu'elle doive posséder une valeur, ce rapport se cache et cette unité existe. De même, toutes les fonctions culturelles, différentes à l'infini, s'accomplissent toujours en rapport à leurs contenus particuliers, et ceux qui les accomplissent ne connaissent d'elles que cet élément particulier. Néanmoins, leur valeur ultime ne se trouve pourtant que dans leur connexion en un système unitaire qui trouve nécessairement sa consistance dans une conscience culturelle, dans une conception du monde.

Une telle unité consciente ne peut, pour cette raison, être cherchée que dans la compréhension de l'essence de la fonction même qui constitue l'élément commun à toutes les activités culturelles particulières, bien qu'elles se règlent sur leur contenu. Et cet élément commun ne peut être rien d'autre que la conscience de soi de la raison qui produit ses objets et, en eux, le règne de sa validité. Voilà précisément ce qui constitue l'enseignement fondamental de l'idéalisme transcendantal.

Cette philosophie de la culture est une conception immanente du monde, dans la mesure où, dans son essence, elle rend compte de ce que nous vivons comme notre action. Toutes les configurations culturelles, la science, l'ordonnance de la vie, l'organisation artistique, sont pour elle un extrait rationnellement déterminé, un choix et une réorganisation effectués à partir de l'effectivité infinie elle-même : toutes présentent à ce titre une espèce de « phénomène » qui ne réside dans ce choix et cette composition que pour une conscience rationnelle, laquelle a ainsi produit son « objet » – et le lien ultime de tous ces « phénomènes » demeure insondable. Cependant, ce lien ultime n'est rien d'autre que le tout constitué, dans les configurations partielles particulières, par les mondes rationnels du savoir, de l'organisation de la vie, de la création artistique, accessibles à notre activité. Il existe quelque chose qui reste indicible, il existe une unité qui se développe d'une manière vitale, là où nous ne trouvons que des morceaux séparés, ne renvoyant qu'occasionnellement les uns aux autres. C'est toutefois une consolation pour nous de savoir que chacun des morceaux que nous réorganisons en nous est, en vérité, précisément subordonné à ce lien tout-puissant. En ce sens, l'idéalisme transcendantal n'a également plus besoin d'un « autre monde » analogue à celui que Kant, dès le début, a voulu trouver d'une manière nécessaire dans le concept de « chose en soi » – Kant nous y a même, ensuite, accoutumé par la raison pratique, et il a ainsi à nouveau déplacé les frontières.

Cependant, il faut, toujours et encore, avant tout parer aux contresens intentionnels et non intentionnels auxquels a donné lieu cette théorie : il ne faut jamais que l'individu puisse s'imaginer qu'il est, comme tel, la force créatrice qui produit les objets – car, dans cette production, nous agissons toujours, pour autant qu'il s'agit de véritables valeurs culturelles, non pas à titre d'individus ni même à titre d'exemplaires du genre humain, mais à titre d'êtres abritant et portant en eux des fonctions rationnelles transcendantes qui s'incarnent en eux et qui sont, pour cette raison, objectivement fondées dans l'essence des choses elles-mêmes. Seules ces fonctions déterminent les « objets » qui valent d'une manière nécessaire et universelle. Cette participation à un monde transcendant de valeurs rationnelles qui constituent pourtant le sens de tous les ordres sur lesquels se construisent nos petits mondes du savoir, du vouloir et de l'organisation [artistique], cette insertion de notre vie culturelle consciente dans des ordres rationnels qui nous dépassent largement et dépassent toute notre existence empirique, voilà le secret incompréhensible de toute activité spirituelle. Cependant, tout le processus de la culture humaine, l'affermissement et l'extension au sein de l'histoire de ses apports pleins de valeurs nous renforcent toujours davantage dans l'idée selon laquelle notre vie s'élève en participant à des ordres rationnels qui signifient plus que nous-mêmes.

JOHN DEWEY

DÉMOCRATIE ET ÉDUCATION (1916)[1]

CHAPITRE XIII. NATURE DE LA MÉTHODE

1. *Unité du contenu et de la méthode.*

Les trois grands thèmes de l'enseignement sont : les matières, les méthodes et l'administration. Nous nous sommes occupés des deux premiers dans les derniers chapitres. Il nous reste à les dégager du contexte dans lequel nous les avons abordés et à expliciter leur nature. Nous commencerons par la méthode, car c'est un sujet qui ne nous éloigne pas trop des considérations développées dans le dernier chapitre. Avant d'entrer dans le vif du sujet, peut-être est-il bon, toutefois, d'attirer expressément l'attention sur une implication de notre théorie : le lien qui unit le contenu et la méthode. L'idée que l'esprit et le monde des choses et des personnes sont deux royaumes séparés et indépendants – théorie que l'on appelle en philosophie le dualisme – entraîne la conclusion que la méthode et le contenu des études sont des choses séparées. Le contenu devient donc une classification systématisée

1. J. Dewey, *Démocratie et éducation*, trad. fr., G. Deledalle, Paris, Armand Collin, 2011, chap. XIII, p. 249-261 et chap. XIV, p. 267-276.

toute faite des faits et des principes du monde de la nature et de l'homme. La méthode porte donc sur les façons les meilleures dont ce contenu peut être présenté et imposé à l'esprit, ou sur les façons dont l'esprit peut être amené de l'extérieur à influencer le sujet de manière à en faciliter l'acquisition et la possession. En théorie, tout au moins, on pourrait déduire d'une science de l'esprit considéré comme une chose existant en soi, une théorie complète des méthodes d'enseignement, sans connaître les sujets d'étude auxquels ces méthodes doivent s'appliquer. Puisque beaucoup d'enseignants qui sont, en fait, fort compétents dans diverses branches du contenu de l'enseignement, ignorent tout de ces méthodes, cet état de choses permet de répondre que la pédagogie, définie comme la science supposée des méthodes de l'esprit dans l'enseignement, est futile – simple écran pour masquer la nécessité dans laquelle l'enseignant se trouve de connaître en profondeur et avec précision le sujet qu'il enseigne.

Mais, puisque la pensée est le mouvement dirigé d'un contenu vers une fin qui le parachève et puisque l'esprit est la phase délibérée et intentionnelle de ce processus, l'idée d'une séparation de cette sorte est radicalement fausse. Le fait que la matière d'une science soit organisée est la preuve qu'elle a déjà été soumise à l'intelligence ; elle a, pour ainsi dire, été méthodisée. La zoologie en tant que branche systématique de la connaissance représente les faits bruts et éparpillés de notre connaissance ordinaire des animaux, qui ont été soumis à un examen minutieux, intentionnellement complétés et réorganisés de manière à faire ressortir les rapports qui faciliteront l'observation, la mémorisation et la recherche ultérieure. Au lieu de fournir un point de départ à l'enseignement, ils marquent un aboutissement. La méthode est cet arrangement du contenu qui rend son utilisation plus commode. La méthode n'est jamais quelque chose en dehors du contenu.

Qu'est-ce que la méthode du point de vue d'un individu qui étudie le contenu ? Là encore, la méthode n'est pas quelque chose d'externe. C'est simplement une manière efficace de traiter le contenu – efficace signifiant que ce traitement utilise le contenu (lui donne une fin) avec le minimum de perte de temps et d'énergie. Nous pouvons distinguer une façon d'agir et la discuter en soi, mais cette façon d'agir n'existe que comme façon-de-traiter-un-contenu. La méthode ne s'oppose pas au contenu ; elle dirige efficacement le contenu vers les résultats désirés. Elle s'oppose à l'action faite au hasard ou irréfléchie – irréfléchie signifiant inadaptée. L'affirmation suivant laquelle la méthode signifie le mouvement dirigé du contenu vers des fins est formelle. Un exemple lui donnera corps. Tout artiste doit avoir une méthode, une technique pour faire son travail. Jouer du piano, ce n'est pas frapper des touches au hasard. C'est une façon ordonnée de les utiliser, et l'ordre n'est pas quelque chose qui existe tout fait dans les doigts ou le cerveau du musicien avant toute activité en rapport avec le piano. L'ordre se trouve dans la disposition des actes qui utilisent le piano et les doigts et le cerveau de façon à obtenir le résultat voulu. C'est l'action du piano dirigée pour accomplir la fin du piano, instrument de musique. Il en va de même pour la méthode « pédagogique ». La seule différence est que le piano est un mécanisme construit à l'avance pour une seule fin, tandis que le contenu des études est susceptible d'utilisations indéfinies. Mais, même à cet égard, notre exemple peut s'appliquer si nous considérons l'infinie variété de genres de musique qu'un piano peut produire et la diversité des techniques requises pour obtenir les différents résultats musicaux. La méthode n'est en tout cas qu'un moyen efficace d'employer un contenu en vue d'une fin.

Nous pouvons généraliser ces considérations en faisant un retour sur la conception de l'expérience. L'expérience, en tant que perception du lien existant entre quelque chose d'essayé et quelque chose de subi en retour, est un processus. En dehors de l'effort requis pour contrôler le cours que prend le processus, on ne distingue pas le contenu de la méthode. Il y a simplement une activité qui inclut ce que l'individu fait et ce que l'environnement fait. Un pianiste qui posséderait la maîtrise parfaite de son instrument n'aurait pas l'occasion de distinguer sa contribution de celle du piano. Dans toute fonction, pourvu qu'elle soit bien formée, bien rodée et bien huilée – skier, parler, écouter de la musique, admirer un paysage – il n'y a pas place pour une prise de conscience de la séparation de la méthode de la personne et du contenu. Il en va de même pour tout jeu ou travail auquel on se donne de tout cœur.

Quand nous réfléchissons à l'expérience au lieu de l'avoir simplement, nous établissons inévitablement une distinction entre notre propre attitude et les objets à l'égard desquels nous adoptons cette attitude. Quand un homme mange, il mange de la *nourriture*. Il ne divise pas son acte en manger *et* nourriture. Mais s'il analyse scientifiquement son acte, cette distinction est la première chose qu'il fera. Il examinera, d'une part, les propriétés de la nourriture et, d'autre part, les actes de l'organisme qui l'absorbe et la digère. Cette réflexion sur l'expérience donne naissance à la distinction entre l'objet de l'expérience et l'action de faire l'expérience. Quand nous donnons des noms à cette distinction, nous retrouvons les termes de contenu et de méthode. Il y a la chose vue, entendue, aimée, haïe, imaginée et il y a l'acte de voir, d'entendre, d'aimer, de haïr, d'imaginer, etc.

Cette distinction est si naturelle et si importante dans certains cas que nous n'avons que trop tendance à la considérer comme une séparation dans les choses et non comme une distinction de la pensée. Nous opposons alors le moi et l'environnement ou le monde. Cette séparation est la racine du dualisme de la méthode et du contenu. Autrement dit, nous assumons que connaître, sentir, vouloir, etc. sont des choses qui appartiennent en propre au moi ou à l'esprit qui peut les appliquer à des objets indépendants. Nous assumons que les choses qui appartiennent en propre au moi ou à l'esprit ont leurs propres lois opératoires entièrement indépendantes des modes d'énergie active des objets. Nous supposons que les lois fournissent la méthode. Il ne serait pas moins absurde de supposer que les hommes peuvent manger sans manger quelque chose ou que la structure et les mouvements des mâchoires, des muscles de la gorge, des activités digestives de l'estomac, etc. sont ce qu'ils sont indépendamment de ce que les hommes mangent. En fait, tout comme les organes du corps sont en continuité avec le monde même dans lequel se trouve la nourriture et dont ils font partie, les facultés de voir, d'entendre, d'aimer, d'imaginer sont intrinsèquement liées aux objets du monde. Il est plus exact de dire qu'elles sont les façons dont l'environnement entre dans l'expérience et y remplit son rôle que de dire qu'elles sont des actes indépendants qui s'exercent sur les choses. En bref, l'expérience n'est pas une combinaison de l'esprit et du monde, du sujet et de l'objet, de la méthode et du contenu, mais une interaction continue unique d'un grand nombre (incalculable, en fait) d'énergies.

Dans le but de *contrôler* le cours ou la direction que prend l'unité d'expérience en mouvement, nous distinguons mentalement la nature de l'expérience et la manière dont elle se réalise. Bien qu'il n'y ait aucun *moyen* de marcher, de manger ou d'apprendre en dehors des actes réels de marcher, de manger ou d'apprendre, il y a certains éléments dans ces actes qui donnent la clef permettant de les mieux contrôler. En accordant une attention plus particulière à ces éléments, on les perçoit plus facilement (en reléguant temporairement les autres facteurs à l'arrièreplan de la conscience). Avoir une idée de la *manière* dont l'expérience procède permet de connaître les facteurs à maintenir ou à modifier pour que l'expérience puisse se poursuivre avec succès. Ce n'est qu'une façon quelque peu élaborée de dire que si un homme surveille soigneusement la croissance de plantes, dont certaines se développent bien et d'autres moins bien ou pas du tout, il peut déceler les conditions dont dépend le bon développement d'une plante. Ces conditions, énoncées dans un ordre donné, constitueraient la méthode, la manière ou la façon dont la plante croît. Il n'y a pas de différence entre la croissance d'une plante et le bon développement d'une expérience. (…)

[S]ous l'influence de la conception de la séparation de l'esprit et de la matière, la méthode tend à se ramener à une routine figée, à suivre mécaniquement des démarches prescrites. Personne ne dira le nombre de salles de classe où les enfants qui récitent de l'arithmétique ou de la grammaire le font en répétant des formules verbales toutes faites au nom d'une prétendue méthode. Au lieu de les encourager à aborder des sujets directement, d'expérimenter des méthodes qui semblent prometteuses et d'apprendre à établir des distinctions en fonction des conséquences qui en découlent, on leur laisse croire qu'il n'y a qu'une seule méthode fixée à suivre. On suppose naïvement aussi que si les élèves donnent à leurs énoncés et à leurs explications une certaine forme « analytique », leurs habitudes mentales s'y conformeront avec le temps. Rien n'a causé plus de tort à la théorie pédagogique que le fait de croire qu'elle consiste à remettre aux enseignants des recettes et des modèles qu'il leur suffit d'appliquer dans leur enseignement. Souplesse et initiative dans le traitement des problèmes sont les caractéristiques de toute conception pour laquelle la méthode est un moyen d'organiser un matériel de telle sorte qu'il conduise à une conclusion. La rigidité mécanique est l'inévitable corollaire de toute théorie qui sépare l'esprit de l'activité motivée par une fin.

2. *Méthode générale et méthode individuelle.*

En bref, la méthode de l'enseignement est la méthode d'un art, d'une action intelligemment dirigée par des fins. Mais la pratique d'un art est loin d'être affaire d'inspirations improvisées. L'étude des actions et des résultats de ceux qui, dans le passé, ont obtenu de grands succès est essentielle. Il y a toujours une tradition ou des écoles artistiques suffisamment marquantes pour impressionner les débutants et souvent même pour les captiver. Les méthodes des artistes dans toutes les branches dépendent d'une connaissance parfaite de matériaux et des outils : le peintre doit connaître sa toile, ses couleurs, ses pinceaux et la technique de la manipulation de tous ses instruments. Pour parvenir à cette connaissance, il faut accorder une attention soutenue et concentrée aux matériaux. L'artiste étudie la progression de ses propres tentatives pour voir celles qui réussissent et celles qui échouent. L'idée qu'il n'y a pas d'alternative entre suivre des règles toutes faites et s'en remettre à ses

dons naturels, à l'inspiration du moment et au « dur labeur »
non dirigé est contredite par les procédés de tous les arts.
La connaissance du passé, des techniques courantes, des
matériaux, des façons dont on a obtenu soi-même les
meilleurs résultats, etc., fournit la matière de ce que l'on
peut appeler la méthode générale. Il existe un ensemble
de méthodes suffisamment stables d'obtenir des résultats,
ensemble sanctionné par l'expérience passée et l'analyse
intellectuelle et qu'un individu ignore à ses risques et
périls. Comme nous le faisions remarquer dans la discussion de la formation des habitudes, il y a toujours le risque
que ces méthodes deviennent mécaniques et rigides et
s'imposent à l'agent au lieu d'être l'instrument des fins
recherchées par ce dernier. Mais il est également vrai que
l'innovateur qui réalise quelque chose de durable et dont
l'œuvre est plus qu'une sensation fugitive, utilise des
méthodes classiques plus qu'il ne paraît à lui-même et à
ses critiques. Il les consacre à de nouveaux usages et, ce
faisant, les transforme.

L'éducation a, elle aussi, ses méthodes générales. Si
l'application de cette remarque est plus évidente dans le
cas du maître que dans celui de l'élève, elle est tout aussi
réelle dans le dernier cas. Une part très importante de
l'acquisition du savoir consiste pour lui à maîtriser les
méthodes qui, d'après l'expérience des autres, sont plus
efficaces dans des cas semblables pour acquérir la
connaissance.[1] Ces méthodes générales ne s'opposent en
aucune façon à l'initiative et à l'originalité individuelles
– aux façons personnelles de faire les choses. Au contraire,
elles les renforcent. Car il y a une différence radicale entre

---

1. Nous développons ce point plus loin quand nous discutons de ce
qu'on appelle respectivement les méthodes psychologique et logique.

la méthode, même la plus générale, et une règle prescrite. Celle-ci est un guide direct pour l'action, celle-là opère indirectement grâce à la lumière qu'elle fournit quant aux fins et aux moyens. Autrement dit, elle opère grâce à l'intelligence et non en se conformant à des ordres imposés de l'extérieur. L'habileté à utiliser, même avec maîtrise, une technique établie ne garantit nullement un travail artistique, car ce dernier dépend aussi de l'idée qui l'anime.

Si la connaissance des méthodes utilisées par les autres ne nous dit pas directement ce que nous devons faire, ni ne nous fournit des modèles tout faits, comment opère-t-elle ? Que veut-on dire quand on dit qu'une méthode est intellectuelle ? Prenons le cas d'un médecin. Aucun mode de comportement n'exige plus impérativement que le sien, la connaissance des modes de diagnostic et de traitement reçus. Mais, après tout, les cas sont *semblables*, mais non identiques. Pour être utilisées intelligemment, les pratiques existantes, aussi autorisées soient-elles, doivent être adaptées aux exigences des cas particuliers. Par suite, les procédés reconnus indiquent quelles recherches entreprendre, quelles mesures *essayer*. Ce sont des points de vue à partir desquels il peut mener ses investigations et qui lui épargnent un examen complet de tous les aspects d'un cas particulier en suggérant les choses qu'il faut particulièrement examiner. Les propres attitudes personnelles du médecin, ses propres façons (méthodes individuelles) de traiter une situation qui le concerne, ne sont pas subordonnées aux principes généraux de la méthode, mais ceux-ci servent à les orienter. Cet exemple peut servir à montrer à l'enseignant la valeur d'une connaissance des méthodes psychologiques et des procédés empiriques qui se sont avérés utiles dans le passé. Quand ils entravent l'action de son bon sens personnel, quand ils se mettent entre lui et la situation dans laquelle il doit agir, ils sont pires qu'inutiles. Mais s'il les utilise comme des auxiliaires intellectuels pour l'aider à prendre la mesure des besoins, ressources et difficultés des expériences uniques dans lesquelles il est engagé, alors ils ont une valeur constructive. En dernier ressort, précisément parce que *tout* dépend de ses propres méthodes de réponse, *beaucoup* dépend de la question de savoir jusqu'où il peut utiliser, dans ses propres manières de réagir, la connaissance qui découle de l'expérience des autres.

Comme nous l'avons déjà donné à entendre, chaque mot de cet exposé s'applique directement aussi à la méthode de l'élève, à sa façon d'apprendre. Supposer qu'on puisse fournir à ceux qui étudient, que ce soit à l'école primaire ou à l'université, des modèles de méthode à suivre pour acquérir et exposer un sujet, c'est se faire des illusions dont les conséquences sont lamentables. On doit, en tout cas, réagir d'une manière personnelle. Les indications fournies par les méthodes générales ou vulgarisées, utilisées dans des cas semblables par les autres – parallèlement par ceux qui sont déjà experts – sont valables ou nuisibles selon qu'elles rendent les réactions personnelles plus intelligentes ou qu'elles conduisent les gens à se dispenser d'exercer leur propre jugement.

Si ce que nous avons dit plus haut concernant l'originalité de la pensée semble outré, parce que cela exige de l'éducation plus que les capacités de la nature humaine moyenne ne le permettent, la difficulté vient de ce que nous sommes victimes d'un mythe. Nous avons posé la notion de l'esprit en général, de la méthode intellectuelle qui est la même pour tous. Puis nous considérons les individus comme différents par la *quantité* d'intelligence qu'ils possèdent. On s'attend donc à ce que les personnes ordinaires soient ordinaires. L'originalité n'est permise qu'aux êtres exceptionnels. La différence entre l'étudiant moyen et le génie se mesure à l'absence d'originalité chez le premier. Mais cette notion de l'esprit en général est une fiction. Comment les capacités d'une personne supportent-elles quantitativement la comparaison avec les capacités d'une autre personne ce n'est pas l'affaire de l'enseignant. Cela n'a rien à voir avec son travail. Ce qui est requis, c'est que tous les individus aient l'occasion d'utiliser leurs propres capacités dans des activités qui ont une signification. L'esprit, la méthode individuelle, l'originalité (ce sont des termes convertibles) sont le signe de la *qualité* de l'action intentionnelle ou dirigée. Si nous agissons en étant convaincus de cela, nous obtiendrons plus d'originalité, même selon les règles conventionnelles, qu'il ne s'en produit maintenant. Imposer une méthode générale supposée uniforme à tous engendre la médiocrité chez tous, sauf chez quelques êtres vraiment exceptionnels. En outre, le fait de mesurer l'originalité à la différence par rapport à la masse engendre l'excentricité chez ces êtres exceptionnels. Ainsi, étouffons-nous la qualité distinctive du grand nombre et, sauf dans quelques, cas (celui de Darwin, par exemple), nous contaminons les rares génies en leur attribuant une qualité malsaine.

3. *Caractéristiques de la méthode individuelle.*

Nous avons décrit les traits les plus généraux de la méthode de la connaissance dans notre chapitre sur la pensée. Ce sont les traits de la situation réflexive : problème, recueil et analyse des données, projection et élaboration des suggestions ou idées, application et mise à l'épreuve expérimentale, conclusion qui en résulte ou jugement. Les éléments spécifiques d'une méthode ou d'une façon d'attaquer un problème propre à un individu se trouvent, en dernière analyse, dans ses tendances spontanées et ses habitudes et intérêts acquis. La méthode de l'un différera de celle d'un autre (et différera *grandement*) comme diffèrent ses capacités instinctives originelles, comme diffèrent ses expériences passées et ses préférences. Ceux qui ont déjà étudié ces questions sont en possession d'informations qui aideront les enseignants à comprendre les réponses d'élèves différents et leur permettront de guider ces réponses de manière à les rendre plus efficaces. L'étude de l'enfant, la psychologie et une connaissance de l'environnement social apportent un complément à la connaissance personnelle à laquelle l'enseignant est parvenu. Mais les méthodes restent l'intérêt personnel que porte un individu à un problème, la manière dont il l'aborde et s'attaque à le résoudre, et aucun catalogue ne pourra jamais en épuiser la diversité de formes et de nuances.

(…)

CHAPITRE XIV. NATURE DU CONTENU DE L'ENSEIGNEMENT

1. *Le contenu pour l'éducateur et pour l'élève.*

En ce qui concerne la nature du contenu en principe, il n'y a rien à ajouter à ce qui a été dit. Il comprend les faits qu'on a observés et lus, ceux dont on se souvient et dont on parle et les idées suggérées au cours du développement d'une situation ayant une fin. C'est ce qu'il nous faut préciser en le rattachant aux matières d'enseignement, aux études qui constituent le programme scolaire. Quelle est la portée de notre définition, si on l'applique à la lecture, à l'écriture, aux mathématiques, à l'histoire, à la botanique, au dessin, au chant, à la physique, à la chimie, aux langues étrangères, etc. ?

Revenons sur deux des points établis au début de notre discussion. Le rôle de l'éducateur dans l'entreprise éducative est de fournir l'environnement qui provoque les réponses et dirige la démarche de l'élève. En dernière analyse, tout ce que l'éducateur peut faire est de modifier les stimuli, de sorte que la réponse aura aussi sûrement que possible pour résultat de former des dispositions intellectuelles et affectives valables. Il est évident que les études, c'est-à-dire le contenu du programme, sont étroitement liées à la tâche qui consiste à fournir cet environnement. L'autre point est que l'environnement social est nécessaire pour donner une signification aux habitudes formées. Dans ce que nous avons appelé l'éducation inorganisée, le contenu est situé directement au cœur des relations sociales. C'est ce que les personnes avec qui l'on est associé font et disent. Ce fait permet de comprendre le contenu de l'enseignement organisé ou délibéré. Il y a un lien profond qui unit les récits, les traditions, les chants et les liturgies qui accompagnent les actions et les rites d'un groupe social primitif. Ils représentent l'ensemble des significations, sorte de précipité de l'expérience antérieure, auquel le groupe attache un si grand prix qu'il l'identifie à sa propre conception de la vie collective. Comme, de toute évidence, ils ne font pas partie des aptitudes requises dans les occupations quotidiennes : manger, chasser, faire la guerre et la paix, tisser des couvertures, façonner des poteries, fabriquer des paniers, etc., ils sont consciemment inculqués aux jeunes – souvent au cours de cérémonies d'initiation, avec une intense ferveur émotionnelle. On se donne même consciemment davantage de peine pour perpétuer les mythes, les légendes et les formules sacrées du groupe que

pour transmettre les coutumes indispensables au groupe,
parce que justement ils ne peuvent pas s'acquérir, comme
ces dernières, dans le cours ordinaire des activités sociales.

Au fur et à mesure que le groupe social devient plus
complexe, qu'il fait appel à un plus grand nombre de
techniques acquises qui dépendent, en fait ou selon la
croyance du groupe, des idéaux forgés au cours de
l'expérience passée, on en vient à formuler d'une manière
plus précise le contenu de la vie sociale afin de l'enseigner.
Comme nous l'avons fait remarquer antérieurement, il est
probable que la raison principale pour laquelle on insiste
consciemment sur la vie du groupe social dont on extrait
les significations considérées comme les plus importantes
en les ordonnant systématiquement en un tout cohérent,
est justement la nécessité dans laquelle on se trouve
d'instruire les jeunes pour qu'ils perpétuent la vie du
groupe. Une fois que l'on a pris cette voie de la sélection,
de la formulation et de l'organisation, il n'y a plus de limite
déterminée. L'invention de l'écriture et de l'imprimerie
donne à l'opération un nouvel élan. Finalement, les liens
qui unissent le contenu des études scolaires aux habitudes
et aux idéaux du groupe social sont déguisés et dissimulés.
Ils deviennent si lâches qu'il semble parfois qu'il n'y en
a pas, comme si le contenu pouvait exister simplement en
tant que connaissance à son profit exclusif et comme si
l'étude était simplement l'acte de le maîtriser pour lui-
même, indépendamment de toute valeur sociale. Puisqu'il
est tellement important, pour des raisons pratiques, de
réagir contre cette tendance, le but essentiel de notre
discussion théorique est de mettre en lumière ce lien que
l'on perd si souvent de vue et de montrer avec quelque
détail que les éléments constitutifs essentiels du cours des
études ont un contenu social et une fonction sociale.

Ces deux aspects demandent à être examinés du point de vue de l'enseignant et de celui de l'élève. Pour le premier, l'intérêt de la connaissance d'un sujet, qui dépasse la connaissance présente des élèves, est de lui fournir des critères précis et de lui révéler les possibilités des activités élémentaires de l'être qui n'a pas encore atteint sa maturité. 1) La matière des études scolaires traduit en termes concrets et détaillés les significations de la vie sociale courante qu'il est souhaitable de transmettre. Elle présente clairement à l'enseignant les éléments essentiels de la culture qu'il doit perpétuer, sous une forme si organisée qu'elle lui évite les efforts inconsidérés qu'il ne manquerait pas de faire si les significations n'avaient pas été uniformisées. 2) La connaissance des idées qui ont été réalisées dans le passé et qui sont le résultat de l'activité, place l'éducateur dans une position favorable pour percevoir la signification des réactions apparemment impulsives et désordonnées des jeunes et pour fournir les stimulants nécessaires pour les diriger afin qu'elles acquièrent un sens. Plus l'éducateur connaît la musique, plus il peut percevoir les possibilités des impulsions musicales rudimentaires des enfants. Le contenu organisé représente le fruit d'expériences comme la leur, expériences intervenant dans le même monde, et des capacités et besoins semblables aux leurs. Il ne représente pas la perfection ni la sagesse infaillible, mais il est le meilleur dont on dispose pour promouvoir de nouvelles expériences qui peuvent, à certains égards tout au moins, surpasser les réalisations incorporées dans la connaissance et les œuvres d'art existantes.

En d'autres termes, du point de vue de l'éducateur, les diverses études représentent la matière avec laquelle travailler le capital disponible. Le fait qu'elles soient fort éloignées de l'expérience des jeunes n'est pas seulement apparent, mais bien réel. Les matières de l'élève ne sont pas et ne peuvent pas être, par conséquent, identiques à celles de l'adulte qui sont formulées, cristallisées, systématisées et que l'on trouve dans les livres et les œuvres d'art, etc. Celles-ci représentent les *possibilités* de ceux-là, non leur état existant. Elles entrent directement dans les activités de l'expert et de l'éducateur, non dans celles du débutant, de celui qui apprend. C'est parce qu'on n'a pas tenu compte de la différence de contenu des points de vue du maître et de l'élève, que l'on est responsable de la plupart des erreurs commises en utilisant les manuels et autres expressions de la connaissance préexistante.

2. *Le développement du contenu de l'enseignement chez celui qui apprend.*

Il est possible, sans faire violence aux faits, de distinguer trois étapes assez caractéristiques du développement du contenu de l'enseignement dans l'expérience de l'élève. La connaissance existe d'abord comme contenu de la capacité intellectuelle – le pouvoir d'agir. Cette sorte de contenu, les matériaux connus, s'exprime dans la familiarité avec laquelle on manipule les choses. Puis, progressivement, la communication des connaissances ou des informations les surcharge et les approfondit. Ils prennent enfin de l'ampleur et des formes et se transforment en matériaux rationnellement ou logiquement organisés – en matériaux de celui qui est, relativement parlant, expert du sujet.

1) La connaissance que l'on acquiert d'abord et qui demeure au plus profond de l'être est la connaissance de *comment faire les choses* : comment marcher, parler, lire, écrire, patiner, rouler à bicyclette, faire marcher une machine, calculer, monter à cheval, vendre des marchandises,

diriger les gens, et ainsi de suite indéfiniment. La tendance populaire à considérer les actes instinctifs qui sont adaptés à une fin comme une sorte de connaissance miraculeuse, bien qu'indéfendable, est une preuve de la tendance marquée à assimiler le contrôle intelligent des moyens d'action avec la connaissance. Quand l'éducation, sous l'influence d'une conception scolaire de la connaissance qui ignore tout ce qui n'est pas faits et vérités formulés scientifiquement, ne reconnaît pas que son contenu premier ou initial est toujours affaire d'action effective, impliquant l'usage du corps et la manipulation de matériaux, l'objet de l'enseignement se trouve automatiquement isolé des besoins et des fins de celui qui apprend et n'est plus que quelque chose à apprendre par cœur et à répéter sur commande. En revanche, la prise de conscience du cours naturel du développement commence toujours par des situations où l'acquisition du savoir se fait au travers de l'activité. Les arts et les métiers constituent l'étape initiale du programme, car ils correspondent à savoir comment parvenir à des fins.

Le vocabulaire populaire se rapportant à la connaissance a toujours maintenu l'idée d'un lien avec la capacité d'action, ce que n'a pas fait le langage philosophique. *Ken* (connaître) et *can* (pouvoir) sont en anglais des mots de même famille *. Faire attention signifie se soucier d'une chose, dans le sens à la fois affectif et actif *Mind* en anglais signifie à la fois : mettre en pratique des instructions [un enfant *minds* : obéit à sa mère] et s'occuper de quelque chose [la gouvernante *minds* : s'occupe du bébé]. *To be thoughtful* signifie à la fois être réfléchi et avoir des égards pour les autres. Appréhender signifie craindre des conséquences indésirables et saisir intellectuellement.

---

* Dans certaines régions de France, « savoir » a le sens de « pouvoir ». « Savoir » a la même racine que saveur ; « savoir », c'est « goûter ».

Avoir du bon sens ou du jugement, c'est savoir quelle conduite adopter dans une situation donnée. Avoir du discernement, ce n'est pas établir des distinctions pour le plaisir – c'est-à-dire couper les cheveux en quatre – mais faire preuve de perspicacité dans une affaire qui se rapporte à l'action. La sagesse a toujours été associée avec l'idée de donner à la vie la direction qui convient. C'est seulement dans l'éducation, jamais dans la vie du fermier, du marin, du commerçant, du médecin, ou du savant dans son laboratoire, que la connaissance signifie d'abord un bagage d'informations isolé de l'action.

Traiter les choses d'une manière intelligente fait naître la connaissance, ou familiarité. Les choses que nous connaissons le mieux en ce sens du mot connaissance sont celles que nous utilisons le plus souvent – les chaises, les tables, la plume, le papier les habits, la nourriture, les couteaux et les fourchettes, au niveau de la banalité quotidienne, et les objets plus particuliers des métiers que les gens pratiquent. La connaissance des choses en ce sens intime et affectif que suggère le mot familiarité vient de ce que nous les utilisons dans un but déterminé. Nous avons utilisé ces choses si souvent que nous prévoyons la manière dont elles agiront ou réagiront – tel est le sens de connaissance, ou familiarité. Nous nous attendons à une chose familière; elle ne nous prend pas au dépourvu ni ne nous joue de tours inattendus. Cette attitude s'accompagne d'un sentiment d'entente amicale, de facilité et de clarté – alors que les choses auxquelles nous ne sommes pas habitués paraissent étranges, étrangères, froides, lointaines, « abstraites ».

2) Selon toute vraisemblance, des explications élaborées concernant cette première étape de la connaissance risqueraient de nuire à sa compréhension. Elle inclut pratiquement

tout ce qui, dans notre connaissance, ne résulte pas d'une étude technique délibérée. Les modes d'action intentionnelle incluent les actions qui nous mettent en contact avec les autres hommes aussi bien qu'avec les choses. Il faut adapter nos instincts de communication et nos habitudes de comportement dans les relations humaines pour maintenir de bons rapports avec les autres. Ainsi s'accumule un capital énorme de connaissance sociale. Grâce à cette intercommunication, chacun apprend beaucoup des autres. Ceux-ci nous font part de leurs expériences et des expériences dont on leur fait part. Dans la mesure où ces communications nous intéressent ou nous concernent, elles deviennent une partie de notre propre expérience. Nos relations actives avec les autres constituent une partie si intime et si vitale de nos préoccupations qu'il est impossible de leur fixer des limites déterminées qui permettraient de dire : « Ici finit mon expérience, là commence la vôtre ». Dans la mesure où nous sommes des partenaires dans une entreprise commune, les choses que les autres communiquent et qui résultent de leur propre participation à l'entreprise se fondent immédiatement dans l'expérience résultant de nos propres actions particulières. L'oreille est autant un organe de l'expérience que l'œil ou la main ; l'œil permet de lire des rapports sur ce qui se passe au-delà de son horizon. Les choses éloignées dans l'espace et le temps affectent le résultat de nos actions tout autant que les choses que nous pouvons sentir et manipuler. Elles nous concernent réellement et, par conséquent, tout ce qui s'y rapporte et qui nous aide à aborder les choses qui sont à notre portée, entre dans le champ de notre expérience personnelle.

On donne d'ordinaire le nom d'information à ce genre de connaissance. La place de la communication dans nos actions personnelles nous fournit le critère nécessaire pour

apprécier la valeur des informations reçues à l'école.
Découlent-elles naturellement d'une question qui intéresse
l'élève ? S'adaptent-elles à ses connaissances familières
les plus immédiates au point d'en accroître l'efficacité et
d'en approfondir la signification ? Si elles répondent à ces
deux exigences, elles sont éducatives. Peu importe la
somme d'informations entendues ou lues – plus il y en a,
mieux cela vaut, *à condition* que l'élève en ait besoin et
les applique à une situation qui lui est propre.

Mais, il est plus difficile de remplir ces conditions en
pratique que de les énoncer en théorie. Aujourd'hui,
l'étendue du domaine de l'intercommunication, l'invention
d'appareils permettant d'entrer en contact avec les parties
les plus éloignées des cieux et de connaître des événements
de l'histoire la plus reculée, le prix peu élevé de dispositifs,
comme l'imprimerie, pour enregistrer et distribuer
l'information – vraie ou supposée – ont créé une masse
considérable de matériaux communiqués. Il est plus facile
d'en submerger l'élève que de les utiliser pour qu'ils entrent
naturellement dans ses expériences. Trop fréquemment,
ils forment simplement un autre monde étrange qui ne fait
que se superposer au monde de ses connaissances familières
personnelles. Le seul problème de l'élève est d'apprendre
les différents éléments de ce monde étrange, dans un but
scolaire, dans le but de répéter ce qu'il a appris et d'avoir
de bonnes notes. Il est probable que l'idée qui vient
aujourd'hui à l'esprit de beaucoup quand on prononce le
mot « connaissance » est celle d'un ensemble de faits et
de vérités établis par d'autres, le matériel accumulé dans
des rangées et des rangées d'atlas, d'encyclopédies,
d'histoires, de biographies, de livres de voyage, de traités
scientifiques, sur les rayons des bibliothèques.

La masse prodigieuse de ces matériaux a inconsciemment influencé l'idée que les hommes se font de la connaissance elle-même. Les énoncés des propositions dans lesquelles la connaissance résultant de l'intérêt actif porté à des problèmes s'est déposée, sont considérés comme étant eux-mêmes la connaissance. L'enregistrement de la connaissance, indépendamment de la place qu'il occupe comme résultat de la recherche et moyen d'une recherche ultérieure, est considéré comme *étant* la connaissance. L'esprit de l'homme est captif des dépouilles de ses victoires antérieures ; ce sont ces dépouilles, non les armes et les actions de la bataille contre l'inconnu, qui déterminent d'ordinaire la signification de la connaissance, du fait et de la vérité.

Si cette identification de la connaissance avec les propositions exprimant des informations s'est attachée aux logiciens et aux philosophes, il n'est pas surprenant que le même idéal ait dominé presque entièrement l'enseignement. Le « programme d'études » comprend surtout des informations réparties en diverses branches d'étude, chaque étude étant ellemême subdivisée en leçons présentant une portion graduée de la totalité du fonds. Au XVIIe siècle, le fonds était toujours suffisamment petit pour que les hommes conçoivent l'idéal d'acquérir la maîtrise encyclopédique du savoir. Il est maintenant si énorme qu'il est évident qu'aucun homme ne peut en prendre possession. Mais l'idéal de l'éducation ne semble pas avoir changé pour autant. L'acquisition d'une petite portion d'information dans chaque branche du savoir ou tout au moins dans un groupe de branches choisies, reste le principe de l'élaboration du programme, de l'école primaire à l'université, les portions les plus faciles étant assignées aux premières années, les plus difficiles aux dernières.

Les critiques formulées par les éducateurs qui reprochent à l'enseignement de ne pas former le caractère ni affecter la conduite, les protestations contre le travail de mémorisation, contre le bourrage de crâne, contre la concentration terre à terre sur les « faits », contre les distinctions tirées par les cheveux et les règles et principes mal compris, tout cela découle de cet état de choses. La connaissance qui est surtout une connaissance de seconde main, la connaissance d'autres hommes, tend à devenir purement verbale. Il n'y a pas d'objection à ce que les informations soient coulées dans des mots ; la communication se fait nécessairement par l'intermédiaire des mots. Mais, dans la mesure où le savoir communiqué ne peut pas entrer dans l'expérience existante de celui qui apprend, il est *purement* verbal et demeure à l'état de purs *stimuli* sensoriels sans signification. Il ne suscite alors que des réactions mécaniques ; il ne met en œuvre que la capacité d'utiliser les cordes vocales pour répéter des énoncés ou la main pour écrire ou faire des additions.

Être informé, c'est être affecté à un poste de commandement permettant d'utiliser les objets dont on dispose pour aborder efficacement un problème et donner une signification accrue à la recherche de la solution et à la solution elle-même. La connaissance découlant de l'information est le support sur lequel on peut s'appuyer dans une situation douteuse, car elle est donnée, établie, assurée. C'est pour l'esprit une sorte de pont permettant de passer du doute à la découverte. Elle fait fonction d'intermédiaire intellectuel. Elle condense et enregistre sous une forme disponible les résultats des expériences antérieures de l'humanité et permet d'accroître la signification de nouvelles expériences. Quand on nous dit que Brutus assassina César ou que la longueur de l'année est de trois cent soixante-cinq jours un quart ou que le rapport de la circonférence au diamètre du cercle est de 3,1416, nous recevons ce qui, en vérité, est connaissance pour les autres, mais qui, en ce qui nous concerne, nous incite à connaître. Notre acquisition de la *connaissance* dépend de notre manière de réagir à ce qui nous est communiqué.

Deuxième partie

APPROPRIATIONS

Cette section réunit des textes rédigés entre la fin des années 1920 et la fin des années 1950. Cassirer y représente ce que l'on pourrait nommer le moment classique de la philosophie de la culture : sa *Philosophie des formes symboliques*, rédigée tout au long des années 1920, constitue une ample synthèse en même temps qu'une nouvelle systématique, qui reformule le programme de *Logos* en des termes fonctionnels et symboliques forgés à l'École de Marbourg, intègre des éléments simmeliens et renforce la collaboration avec les sciences de la culture (notamment avec l'ethnographie, faisant le plus grand cas de la diversité des cultures, mais sans abandonner un concept transcendantal de culture). Les autres auteurs ne revendiquent pas explicitement un programme de philosophie de la culture, mais pour tous – comme nous le montrons en introduction – la culture constitue un foyer problématique structurant, ce qui autorise à voir dans leurs œuvres une orientation de la philosophie de la culture selon un concept large, ou au moins à reconnaître en elles un moment irréductible de philosophie de la culture.

À la fin des années 1920, Cassirer entreprend la rédaction d'une *Métaphysique des formes symboliques* qui devait constituer le quatrième volume de sa *Philosophie des formes symboliques* (1923-1929). Il s'agit de préciser le statut des catégories fondamentales de la philosophie de la culture, au moyen d'une confrontation avec certaines des orientations contemporaines de la philosophie : la métaphysique de la vie (à partir de Bergson), la philosophie de la vie et des formes de Simmel, l'ontologie fondamentale (Heidegger) et l'anthropologie philosophique (Plessner). Le volume ne paraîtra pas, mais les brouillons sont publiés dans le *Nachlaß*, notamment ce qui devait constituer le premier chapitre : « Geist und Leben ». Nous proposons une traduction partielle de ce chapitre. Interrogeant la notion de culture à partir de la tension entre la vie et ses objectivations, ce texte constitue une forme de réponse aux problèmes soulevés par Lazarus puis Simmel dans les textes présentés dans la section précédente et constitue une introduction aux enjeux métaphysiques de la philosophie de la culture.

Qu'il faille partir de la vie plutôt que de l'esprit ou même du symbole pour déterminer ce que signifie exactement la culture, c'est la conviction de Helmut Plessner, dont le programme d'anthropologie philosophique se présente comme une logique des formes de vie. Le texte présenté ici, traduit par Pierre Osmo, est extrait de son œuvre maîtresse *Les étapes de l'organique et l'homme. Introduction à l'anthropologie philosophique*, publiée en 1928 en Allemagne [1]. Il s'agit de la première sous-section de la section 3 du dernier chapitre de l'ouvrage : « La

1. H. Plessner, *Die Stufen des Organischen und der Mensch. Einleitung in die philosophische Anthropologie*, Berlin-Lepizig, De Gruyter, 1928.

sphère de l'homme ». « Artificialité naturelle », la culture y apparaît comme l'expression d'une « loi anthropologique fondamentale », qui à la fois symbolise et réalise la forme excentrique de la vie humaine.

C'est dans une direction théorique et pratique fort différente, et médiatisée par une théorie critique du social, que Horkheimer interroge le concept de culture – comme *Bildung* – dans le texte que nous traduisons ici. La déconstruction critique du *topos* « culture contre civilisation » mène à l'actualisation de ce que conserve d'émancipateur et de réellement individuant l'idée classique de culture. Cette opération s'accomplit à nouveau par une réflexion sur les formes d'objectivation de l'esprit. « Le concept de culture » est un discours prononcé à l'adresse des étudiants francfortois lors de la rentrée 1952, tandis que Horkheimer est recteur de l'Université – manière de souligner à nouveau le lien nécessaire entre détermination philosophique de la culture et horizon éducatif.

La « Note complémentaire sur les conséquences de la notion d'individuation », rédigée par Simondon vraisemblablement en 1957 ou 1958, interroge elle aussi la relation « de l'individu à l'objet », mais en partant d'une problématisation de l'opération technique. La symbolisation culturelle de cette opération doit participer de la constitution d'un nouvel humanisme qui favorisera les processus d'individuation dans un monde hautement technique. Comme nous l'avons rappelé dans l'introduction, *Du mode d'existence des objets techniques* pose clairement son problème dans les termes d'une philosophie de la culture ; la chose est moins nette pour *L'individuation à la lumière des notions de forme et d'individuation* qui se situe d'emblée sur le plan de l'ontogenèse. La « Note complémentaire » dont nous reproduisons de larges passages, retirée de la thèse principale juste avant la soutenance mais réintégrée par Simondon en 1989, confirme la fécondité d'une lecture de l'œuvre orientée vers la détermination d'une idée régulatrice de culture. À ce propos, l'importance prise par le concept de valeur, autour duquel on a vu se constituer les premiers programmes de philosophie de la culture, est tout à fait significative – la première version de la « Note » s'ouvrait même par la question « Que peut-on entendre par valeur ? » [1].

---

1. G. Simondon, *L'individuation à la lumière des notions de forme et d'information, op. cit.*, p. 331.

ERNST CASSIRER

ESPRIT ET VIE
(1930)[1]

Au bout du long chemin que notre réflexion a parcouru,
alors que nous jetons un regard en arrière pour comparer
et réunifier les aspects pluriels qui se sont présentés à nous
à différents stades, *tenter* cette unification se heurte d'emblée
à une difficulté conditionnée par le problème et la méthode
de notre recherche elle-même. Là résidait bien l'idée, qui
s'est imposée toujours plus au fil de notre recherche : le
tout du sens (*das Sinn-Ganze*), que nous avons pour habitude
de décrire comme notre « monde » théorique, inclut en soi
des tensions et des divisions plus grandes que ce que nous
acceptons communément. Il ne possède pas cette certitude
simple et par là cette cohérente construction intellectuelle
que nous lui accordons habituellement. Certes, quand nous
confrontons le monde théorique à l'*ensemble* du monde
moral ou du monde de l'art – dans cette confrontation, il
apparaît comme une forme en soi apaisée et pleinement
fermée sur soi, comme une singularité d'un caractère
incontestable et irremplaçable. Les lignes fixes de

1. E. Cassirer, « Geist und Leben », *Nachgelassene Manuskripte
und Texte*, Bd. 1, *Zur Metaphysik der symbolischen Formen*, Hambourg,
Meiner, 1930, p. 3-16 et p. 27-32 (extraits). Traduction de Carole Maigné.

délimitation qui ressortent ici, ce sont celles que Kant a dégagées avec une parfaite maîtrise critique et analytique. Du domaine de l'« être » se détache avec rigueur et clarté le domaine du « devoir » : le monde de la « nature » est face au monde de la « liberté ». Entre les deux, à la fois lié aux deux et séparé d'eux, se trouve l'empire du « beau » dans sa modalité spécifique : comme indépendant et signifiant pour lui-même. Dans cette triple unité de donation de sens théorique, pratique et esthétique, le cosmos de la « raison » se dévoile dans son découpage et sa spécificité, comme dans son universalité et sa corrélation systématique. Mesurées à cet ordre fondamental, les différences de structure, telles qu'elles se manifestent *au sein* de ces principaux domaines, apparaissent comme peu pertinentes. Car aussi importantes que soient ces différences quant au pur contenu, la réflexion philosophique, qui s'ouvre non pas au contenu du monde mais bien plutôt à sa pure forme, semble devoir néanmoins s'en détourner et regarder au-delà. La pure forme du théorique, de la morale et de l'esthétique ne peut être divisée en elle-même à nouveau. Elle est par essence une : elle ne consiste en rien d'autre qu'en l'exercice d'une légalité constante et strictement homogène, en un principe *a priori* d'une rigoureuse nécessité et universalité. L'analyse critique pointe ce principe – non en suivant les chemins tortueux et insaisissables en leur multiplicité que l'esprit suit en se développant, mais en mettant sous les yeux l'issue de ce développement et son résultat le plus élevé et le plus abouti. C'est en lui et en lui seul qu'un fondement déterminant se fait visible pour chaque forme du monde particulière, que des catégories s'établissent sur lesquelles chacune repose comme sur ses « conditions de possibilité ». Le chemin que prend la division de la connaissance théorique au sein de la « critique de la raison pure » commence par l'« expérience » ; elle semble au début le prendre au sens d'une « donnéité » (« *Gegebenheit* ») immédiate – sans jamais se reporter à cette donnéité en tant que telle, mais bien plutôt en s'orientant vers un *concept* pur de l'expérience, tel que nous le présente une *science* rigoureuse de la nature, une connaissance mathématique de la nature. C'est en ce concept qu'une forme universelle de l'expérience est découverte, et appliquée à rebours, elle éclaire les stades antérieurs, les stades de la simple « perception » ou de « l'intuition » en leur donnant signification et sens. C'est d'abord le but que ces derniers préparent et auquel ils s'appliquent qui leur donne leur sens théorique et leur contenu. L'essence du théorique ne pénètre pas les stades simples de préparation et de transition mais il s'affirme seul à la fin, dans son produit pur et achevé. Cette fin offre au théorique son accomplissement et le rend simultanément connaissable : c'est en lui que sa forme devient *actus purus*, qu'elle parvient à sa « réalité » propre et véritable.

Aussi nécessaire et fructueuse que soit cette orientation du regard, cette concentration claire et consciente sur le pur « telos » de la connaissance théorique, la « philosophie des formes symboliques » ne pouvait en rester là. Car *sa* question ne concerne pas le simple maintien des formes, ne concerne pas ce qu'elles sont en tant que grandeurs statiques. Elle vise bien plutôt leur dynamique de donation de sens, en laquelle et par laquelle la formation et la délimitation de certaines sphères d'être et de signification se déploient. Ce qu'elle veut comprendre et élucider, c'est l'énigme du devenir-forme (*Form-Werdung*) en tant que tel – ce n'est pas une certitude finie mais bien davantage le processus de détermination lui-même. Ce processus ne suit pas une voie unique et arrêtée dès le début, fixée une

fois pour toutes depuis un commencement défini, conduisant
à une fin déterminée par avance. La pensée ne se meut pas
ici au fil d'un cours d'eau dont le lit est déjà creusé mais
elle doit chercher son chemin par elle-même – elle doit en
un certain sens creuser son lit elle-même. Et ce mouvement
d'une pensée qui se cherche n'est pas en amont limité à
une direction singulière. Ce sont bien plutôt des noyaux
de force (*Kraftmittelpunkte*) différents et des tendances
dynamiques différentes qui ressortent clairement de ses
différents branchements. Nous avons essayé de montrer
et de délimiter les uns par rapport aux autres, dans le
langage, dans le mythe et enfin dans la forme de la connaissance scientifique ces tendances, ces types fondamentaux
non pas tant du « monde » que d'une *attitude* théorique
envers le monde. Chacune des modalités de ce comportement
devait être interrogée selon son propre principe originaire,
selon ses « catégories » propres. Mais maintenant, après
avoir réussi à séparer les directions des chemins particuliers,
après qu'une analyse phénoménologique a exhibé la forme
originaire de la pensée linguistique, mythique, scientifique,
la synthèse semble exiger en retour son droit d'autant plus
urgemment et impérieusement. Il fallait que l'analyse
s'oriente surtout et unilatéralement vers la connaissance
des différences – mais ne faut-il pas que ces mêmes
différences indiquent en retour un tout qui se propage à
toutes, les lie et les englobe comme des moments ? Il est
certain qu'on ne peut comprendre ce lien comme une
simple adaptation où les principes formels caractéristiques
qui se manifestent dans la construction du mythe, du
langage ou de la connaissance théorique seraient de nouveau
dissous et nivelés. Il faut au contraire s'en tenir fermement
et sans restriction à la différence en tant que telle entre les
« plans » – mais précisément au lieu de cette différence se

pose la question de savoir s'il faut l'accepter comme un fait ou s'il faut la rendre compréhensible, la concevoir depuis son sens et sa nécessité spirituelle propre. Or, dès l'instant où la question est posée avec acuité et clarté, il semble qu'on y ait déjà répondu. Car en fonction du genre étendu, en fonction du *genus proximum*, qui englobe les différences spécifiques que nous mettons au jour et que réciproquement elle détermine, nous n'avons pas besoin – semble-t-il – de chercher plus longtemps. Nous possédons ce *genus* dès la couche du vécu (*Erleben*), qui se tient encore relativement libre face aux divisions abstraites de la réflexion que la différenciation progressive des champs de la culture exige et entraîne avec elle, et qui s'affirme encore face à elles comme une unité insécable, comme unité de « l'image naturelle du monde ». Si nous interrogeons cette image naturelle du monde, nous retrouvons en elle la profusion de tous les motifs que nous avions vu agir dans la mise en forme du langage, du mythe, de la connaissance, mais ici cette profusion n'apparaît ni décomposée, ni scindée. Elle se donne à nous comme un rayon de lumière tout à la fois évident et simple, qui ne s'est pas encore brisé dans les différents media du sens. Nous avons distingué dans les considérations précédentes la dimension spirituelle de l'expression (*Ausdruck*), de la présentation (*Darstellung*) et de la signification (*Bedeutung*) – et nous avons usé de cette tripartition comme d'un type idéel de système de coordonnées, où on fixe et où on déchiffre jusqu'à un certain point la spécificité de la forme mythique, de la forme linguistique et de la pure forme du connaître. L'« image naturelle du monde » s'étire sur toutes ces dimensions, elle vit et (se) tisse en elles, – sans cependant les séparer consciemment les unes des autres, sans les « avoir » dans leur différence. Elle est emplie et traversée par la fonction symbolique de l'expression, comme par celle de la présentation et de la signification. Mais toute classification et compartimentation, tout « un, deux, trois » que le *philosophe* accole à l'incarnation de ces fonctions, au tissu vivant de l'esprit, lui est totalement étranger. Elle est en soi totale et fermée, et ce qui est vivant en elle ne l'est que parce qu'un pas tire des milliers de fils et que tous ces fils affluent invisiblement. Au lieu d'un caractère discret des formes, que la pensée différencie après coup, il règne ici un entrelacement ininterrompu, une transition continue et sans heurt d'un extrême à l'autre. Anaxagore disait des produits de la nature que chacun d'entre eux était une « panspermie », à savoir qu'ils ne se composaient pas d'éléments séparés les uns des autres, mais que chaque totalité incluait en elle les germes et les semences de *tous* les éléments. Ce qui est ici affirmé de la construction de la nature, de la mise en forme de la *physis*, vaut en un sens plus radical et plus profond des mises en forme spirituelles. Nous ne devrions pas penser leurs séparations et leurs différences internes de telle sorte que les formes (*Gestalten*) singulières, au vu de la comparaison caractéristique et pertinente d'Anaxagore, apparaissent « coupées à la hache ». La réalité propre, concrète de l'esprit consiste bien davantage en ce que tous ses moments fondamentaux différents s'interpénètrent les uns les autres, en ce qu'au sens propre ils forment une « concrétion » (« *konkreszieren* »). Il semble dès lors que nous ayons simplement besoin de revenir à cette unité fondamentale originaire, à cette concrétion primitive du vécu, afin que disparaissent toutes ces divisions artificielles de la réflexion, – afin que la totalité essentielle de l'esprit s'ouvre à nous, par-delà ces divisions. Quand le monde de la culture, selon son sens et son contenu *objectifs*, se décompose toujours plus clairement en couches

autonomes et quand ces couches menacent de devenir
toujours plus étrangères les unes aux autres, cette fissure
et cet éloignement posent dès le début une limite tout à
fait déterminée, depuis un point de vue opposé, à savoir
subjectif. Car toutes ces formes différentes et ces orientations
de la culture se retrouvent toujours et s'interpénètrent à
nouveau dans la subjectivité créatrice elle-même. La
manière dont les produits objectifs s'épanouissent à partir
de cette subjectivité, la manière dont ils s'en détachent et
se placent face à elle, fait qu'ils possèdent une communauté
interne qu'ils ne peuvent ni abandonner ni nier, aussi loin
qu'ils divergent dans la poursuite de leurs propres buts.
Les actes les plus libres, franchement autonomes, de l'esprit,
ont pourtant ici, dans toute l'autorité avec lequel ils se font
face, un lien et une corrélation naturels. Aussi éloignés
qu'ils semblent les uns des autres, du point de vue de la
pure « idée », de la signification objective, ce qui tend à
la séparation fait retour vers l'ensemble, si nous le
considérons sous une certaine perspective, celle de la
subjectivité. L'image du monde du mythe n'est en aucun
point comparable à celle de la science – et cependant mythe
et science s'entrelacent d'une manière spécifique quand
on les comprend comme des actes de l'esprit humain. Ils
sont encore, justement dans leur opposition la plus radicale,
des déploiements et des manifestations de cette essence
de l'« humanité », que nous ne pouvons penser et déterminer
que comme (ἕν διαφερόμενον ἑνατῷ). Les produits finis
semblent nous refuser une unité que nous regagnons
immédiatement, dès que, au lieu de mettre cette unité sous
nos yeux, nous mettons la manière de produire, le processus
de son surgissement. L'essence de l'esprit humain et son
être, identique à soi dans ses oppositions mêmes, tendent
sans équivoque à ce processus de surgissement, à l'acte

de s'arracher soi au fondement simple de la nature et de la vie. Les rayons divergents à nouveau se croisent, dès qu'on les rapporte à ce foyer, à ce point incandescent de la subjectivité et qu'on les concentre en lui.

Il s'agit cependant en vérité, dans cette solution qui semble s'offrir à nous, d'une toute nouvelle expression et d'une toute nouvelle position du problème. Car si nous faisons revenir cet antagonisme objectif des formes dans l'unité de la vie, la dialectique n'est pas écartée, mais simplement renvoyée au concept de vie lui-même. Le XIX\ :sup: e et le début du XX\ :sup: e siècle se sont vus précisément continuellement reconduits à cette dialectique et à cette métaphysique, qu'ils ont affrontées avec des moyens conceptuels sans cesse renouvelés. L'opposition entre « vie » et « esprit » se trouve au centre de cette métaphysique : elle s'étend de manière si déterminée et si décidée qu'elle imprègne progressivement tous les autres couples de concepts métaphysiques, les absorbe et semble ainsi les faire disparaître. Les oppositions entre « être » et « devenir », « unité » et « pluralité », « matière » et « forme », « âme » et « corps » – apparaissent toutes en quelque sorte dissoutes en une antithèse une et fondamentale. Des séries de problèmes venues de tous côtés, d'origine très diverse et de type très différent débouchent en elle. Comme des forces souterraines secrètes, les affirmations spirituelles les plus variées et au premier regard les plus divergentes sont toujours ramenées à ce centre métaphysique. En ce point d'unité, la philosophie de la nature rencontre celle de l'histoire ; l'éthique et la théorie de la valeur pénètrent la théorie de la connaissance et la théorie générale de la science. Des penseurs aux esprits aussi différents et venus d'horizons intellectuels aussi divers que Nietzsche et Bergson, Dilthey et Simmel participent de ce mouvement

de transformation de l'opposition métaphysique fondamentale. On méconnaît et on comprend mal ce développement, on s'aveugle sur son origine et sur sa violence
spirituelle propre en pensant pouvoir échapper à ce « courant
à la mode ». Quel que soit en effet la manière dont on juge
son *apport* systématique final, il reste indéniable que ses
motifs sont enracinés dans une vie moderne du sentiment
et un sentiment de la culture spécifiquement moderne et
cela en une couche fondamentale et originaire. Ce qui tend
là à s'exprimer, c'est une tension interne, un antagonisme
polarisé dans le sentiment même de cette vie et de cette
culture. Parmi tous les penseurs pris dans ce mouvement,
aucun n'a peut-être ressenti sa source avec autant de force,
et ne l'a porté à une conscience aussi claire que Simmel.
Cela correspond bien à sa singularité spirituelle, à son
appétence à pousser un problème jusqu'à son dernier
retranchement et jusqu'à son ultime exacerbation dialectique,
sans trouver d'apaisement tant qu'il n'a pas transformé la
polarité ressentie en une polarité purement pensée, tant
qu'il ne l'a pas menée à sa *formule* logique la plus simple.
Une telle formule ne *résoudra* pas l'opposition métaphysique
fondamentale à laquelle elle se rapporte, elle ne pourra que
la *décrire* et l'énoncer d'un point de vue particulier. Et
cette description elle-même ne peut consister en rien d'autre
qu'en un paradoxe logique. Simmel a insisté sur le concept
de « transcendance de la vie » en tant que paradoxe, en
tant qu'oxymore intellectuel. La vie en tant que telle semble
ne signifier rien d'autre qu'un pur être-intérieur. En son
caractère fondamental, elle semble même être justement
déterminée par cet être-en-soi (*In-Sich-Sein*) et cette
persévérance en-soi (*In-Sich-Verbleiben*). Ce qui sort de
cette profusion propre et de cette mobilité reste néanmoins
éternellement enfermé en cette profusion qui est à sa source,

gagnant son contenu et sa signification comme moments du *processus* vital lui-même, non comme un quelque chose qui se trouverait face à lui ou qui rentrerait de l'extérieur en lui. Le concept de vie se distingue du concept de l'être de la vieille métaphysique et de son « ontologie » par ce trait : il ne connaît pas d'autre substantialité que celle qui se maintient et se défait en une pure actualité. Et pourtant cette « immanence » de la vie n'est qu'un de ses moments, un moment qui surgit, apposé à un autre, diamétralement opposé et indissociablement lié. La vie peut tout aussi peu sortir de sa propre forme, car cette sortie de soi reste encore son œuvre et son acte propre, – et elle peut tout aussi peu disparaître en une de ses formes ou dans un ensemble de ses formes qu'on penserait pouvoir verrouiller. Penser qu'elle puisse atteindre purement en soi son but, comme si elle pouvait se maintenir et s'apaiser en soi – ce n'est pas plus envisageable que de poser le but, le *telos* de son mouvement comme se trouvant par principe en dehors d'elle. C'est bien plutôt le fait d'être prise dans un va-et-vient, c'est dans l'oscillation entre deux phases extrêmes que se trouve la mobilité propre à la vie. Elle n'est jamais autrement en soi qu'en étant en même temps au-delà de soi. Cet acte propre et singulier de dresser et de faire tomber ses limites dessine le caractère de cette absoluité que nous nous autorisons à lui accorder. Pour autant que la vie se laisse définir, elle requiert deux définitions complémentaires : « Le fait que la vie soit un écoulement ininterrompu – Simmel résume ainsi sa thèse fondamentale – et qu'elle soit en même temps refermée sur ses supports et ses contenus, au centre de ce qui est formé, individualisé, et qu'elle soit ainsi, vue sous un autre angle, une mise en forme toujours limitée, qui déborde continuellement sa limite – c'est là sa constitution essentielle. L'essence de la vie concrètement remplie n'est pas quelque chose qui s'ajouterait à son être mais c'est ce qui constitue son être : la transcendance lui est immanente »[1].

La vie apparaît dans cette dualité interne et nécessaire non seulement comme le lieu de la source originaire de l'esprit mais aussi comme son archétype et son prototype. Car c'est la *même* dualité qui se manifeste dans l'être de l'esprit en une forme nouvelle intensifiée. Cette intensification, cet accroissement de puissance, réside en ceci : l'esprit n'*a* pas seulement cette dualité comme un état de lui-même, mais il la *sait*. « Le fait que nous sachions nous-mêmes notre savoir et notre non-savoir et que nous le sachions potentiellement interminable – c'est là une infinitude propre au mouvement de la vie progressant vers l'esprit. Chaque limite est ici dépassée, mais précisément en ce qu'elle est posée et en ce que quelque chose qui est là est à dépasser. Dans ce mouvement de transcendance de soi, l'esprit se manifeste comme ce qui est définitivement vivant ». Nous ne suivons pas ici les vues métaphysiques générales que Simmel noue à la détermination conceptuelle de l'esprit, – mais nous nous en emparons depuis notre propre problème fondamental, depuis notre « philosophie des formes symboliques ». Simmel lui-même indique cette voie, formulant autrement l'antithèse originelle entre « vie » et « esprit » : il la transforme en antithèse entre « vie » et « idée » ou entre « vie » et « forme ». La vie apparait ici en tout état de cause comme ce qui, en un acte un et indivisible, pose et dépasse la forme, qu'elle exige et nie,

1. G. Simmel, « *Die Transzendenz des Lebens* », in *Lebensanschauung. Vier metaphysische Kapitel*, München und Leipzig, 1918, p. 1 *sq.* [G. Simmel, *Méditations sur la vie. Quatre chapitre métaphysiques*, trad. fr., L. Barthélémy, Paris, Circé, 2020, chap. 1 : « La transcendance de la vie », p. 45-73, *N.d.T*].

qu'elle crée et détruit. Il y a une profonde contradiction entre le processus de la vie et la forme si on les prend comme deux principes de mise en forme du monde. La forme est limite, est aussi particularisation et découpe, affirmation d'un *état* de l'être propre, qui comme unité autonome se détache du devenir permanent. Or d'un autre côté, en toute rigueur, on ne peut penser le *concept* d'une telle séparation si nous prenons le devenir lui-même dans sa totalité et son unité ininterrompue. Il ne faudrait pas du tout parler ici de destruction progressive des formes, car si quelque chose venait à être détruit, rien ne pourrait surgir sur le sol de la pure dynamique du devenir. L'*individualité*, condition nécessaire de toute forme marquée, semble devoir se soustraire sans cesse à la *continuité* du courant vital qui ne souffre aucun caractère fermé. Entre vie et forme, entre continuité et individualité se trouve une contradiction insurmontable. Le fait que la *réalité* semble franchir sans cesse cette opposition à chaque instant, le fait que l'inconcevable semble à chaque fois s'effectuer en elle : ceci ne signifie pas du tout la *résolution* de l'antinomie conceptuelle ici présente, mais cela montre l'exigence jamais adéquatement remplie d'une telle solution, à la fois irrecevable et inadéquate à notre mode de pensée. La vie spirituelle ne *peut* s'attester autrement que dans l'une de ces formes, mais elle ne peut par ailleurs jamais déposer sa totalité propre dans la forme ni se laisser envouter par ses limites. « Étant la vie, elle a besoin de forme, étant la vie, elle a besoin de plus que la forme. Cette contradiction atteint la vie : la vie ne peut se trouver que dans des formes et néanmoins ne peut se trouver dans des formes… Le fait que nos représentations et nos connaissances, nos valeurs et nos jugements dans leur signification, dans leur compréhensibilité chosale et leur efficacité historique soient bien au-delà de la vie créatrice – c'est là précisément révélateur de la vie. Transcender la vie par-delà sa forme actuelle, limitée à son propre plan, c'est le vivre-plus (*das Mehr-Leben*) ; mais ceci est cependant l'essence immédiate et inéluctable de la vie elle-même. Ainsi cette manière de transcender est sur le plan de l'état de chose…, le plus-que-la-vie (*das Mehr-als-Leben*) qui en est indissociable, c'est l'essence de la vie spirituelle même ».

Si l'on part de ces considérations, où l'un des problèmes centraux de la « philosophie de la vie » moderne est en fait décrit avec une prégnance et une clarté exemplaire, on s'aperçoit avec surprise que la métaphysique moderne se distingue de l'ancienne certes quant à sa fin, mais non quant à son cheminement, certes quant aux contenus de ses présupposés et de ses tendances, mais à peine quant à la *méthode*. Car elle procède elle aussi en considérant et en fixant des oppositions déterminées, qui se présentent dans le monde de l'expérience, dans le monde du « donné » pour ensuite libérer ces contradictions de la relativisation, des bornes qui leur sont attachées dans le champ de l'existence finie, et les projeter ainsi dans l'infini. Par cette méthode de projection, l'infini est conduit au point où toutes les divergences, toutes les oppositions et les contradictions, qui se présentent dans le champ du fini, doivent se dissoudre, mais où elles s'opacifient en même temps au plus haut degré. L'être inconditionné ultime, vers quoi la pensée veut se frayer la voie, n'exclut pas ses contradictions, mais les saisit en lui et s'y consacre – il acquiert donc délibérément un caractère qui n'est plus logiquement déterminable et même « irrationnel ». Le concept moderne de *vie* doit ici, comme sous la contrainte du *mode de pensée* métaphysique lui-même, prendre le même chemin que celui qu'a pris dans la vieille métaphysique le concept de dieu. Dans le *concept de Dieu*, la pensée de la « *coincidentia oppositorum* » se développe, à partir de la pensée de la *totalité* absolue, avec une nécessité et une logique systématique. Dieu est ce sujet, qui doit unir en soi toute réalité, tout ce qui s'énonce en un prédicat particulier : – mais il est ainsi centre et pivot de tous les prédicats qui s'excluent mutuellement dans la sphère empirique et sous les lois de la réflexion logique. Tous les noms valent pour lui, parce que, et dans la mesure où, aucun ne lui va : la position absolue et la négation absolue ne font qu'un pour lui. Chez Simmel, on atteint, par un double tout à fait analogue de la pensée, le concept fondamental de sa métaphysique : celui de l'absoluité de la vie. Difficulté logique quant au principe d'identité : la vie est à la fois elle-même et non elle-même, car elle est plus qu'elle-même – elle est, comme il le souligne, affaire d'expression. Cette contradiction ne concerne en fait ni l'être, ni la réalité de la vie même, mais notre pensée de cette réalité : elle doit nécessairement séparer et découper ce qu'elle contient en une pure inséparabilité, en une totale indifférence. « C'est une signification après-coup de la vie immédiatement vécue, que de la décrire comme unité entre une limite posée et une limite franchie, entre une centralité individuelle et un dépassement de sa propre périphérie, car on l'a alors brisée en son point d'unité. La propriété de la vie dans son *quantum* et son *quale* et l'au-delà de ce *quantum* et de ce *quale* ne peuvent, dans leur expression conceptuelle, toucher pour ainsi dire que ce point, alors que la vie qui se trouve en lui, inclut en soi cet en-deçà et cet au-delà ». Entre « la vie immédiatement vécue » et sa signification ou son énonciation se trouve la même conflictualité que dans la théologie rationnelle entre l'être de Dieu, un pur au-delà, une transcendance principielle

contre tout ce qui est connaissable, et la pensée de Dieu.
Ici comme là, l'être pur, absolu ne peut renoncer à l'organe
de sa visibilité, au medium grâce auquel non seulement il
est, mais grâce auquel il se saisit en soi-même. On peut
bien chercher comme toujours à différencier cette visibilité
de ce qui est visible en elle : cette différence reste encore
une manière de voir, une forme spécifique de la « vue ».
De même que toute théologie négative, renonçant au logos,
présente encore un acte, un fait du *logos*, – le retour dans
la pure immédiateté de la vie n'est possible que par un
acte propre du regard, un acte d'« intuition » de la vie. Et
cette intuition ne peut jamais remonter derrière le monde
des formes car elle n'est elle-même rien d'autre qu'une
modalité de la mise en forme. La métaphysique de Simmel
se distingue de bien des configurations de l'« irrationalisme »
moderne en ce qu'il a clairement vu ce rapport fondamental.
Plus il se tourne vers la vie, plus il lui est clair par ailleurs
que cette orientation est insoluble avec ce qu'il décrit
comme « le tournant vers l'idée ». Ce tournant consiste
selon lui en ce que ce qui est d'abord un produit de la vie,
qui semblait ordonner et servir son cours, n'est pas exclusivement attaché à ce contexte, mais l'étend en le dotant
de son sens propre, d'une signification autonome. Le règne
de l'« Idée » se développe et se met en place pour nous
lorsque les formes et les fonctions, que la vie a fait surgir,
dans son propre intérêt, par sa propre dynamique, deviennent
indépendantes et définitives ; mais aussi lorsque inversement
la vie les sert, intègre ses contenus en elle ; cette insertion
leur offre leur ultime valeur et les emplit de sens. Dès que
ce tournant réussit, les grandes catégories spirituelles, qui
apparaissent initialement comme quelque chose de passif,
de soumis et de subordonné face à la vie, deviennent au
sens propre productives : leurs formes chosales propres

sont maintenant dominantes, elles reprennent en elle la matière vitale et celle-ci se conforme à elles.

Nous nous retrouvons ici en ce point précis où la métaphysique moderne de la vie touche directement notre propre problème fondamental et systématique. Car ce qui est ici décrit comme « l'axe de rotation de la vie », ce n'est rien d'autre que ce retournement, cette péripétie spirituelle qui s'expérimente en soi, dès qu'on la voit au travers du medium d'une « forme symbolique ». Le « tournant vers l'idée » exige partout ce tournant vers « la forme symbolique » comme condition préalable et comme point de passage nécessaire. Si nous déplaçons cette question sur ce plan, si nous n'opposons pas simplement l'« immédiateté » de la vie à la « médiateté » de la pensée et de la conscience spirituelle, comme des pôles fixes se faisant face, mais si nous mettons sous nos yeux le pur processus de *médiation*, ainsi qu'il s'accomplit dans le langage, dans le mythe, dans la connaissance – le problème prend alors une autre allure et un autre caractère. Ce processus, et non un quelconque absolu au-delà de cet entre-deux peut nous assurer une issue hors ces antinomies théoriques. Plus Simmel s'enfonce dans le pur *abstractum* de la « forme », plus cet *abstractum*, cette région de l'idée évidente à soi et régnant absolument lui apparaît opposée à la concrétion du processus vital, à sa profusion individuelle et à sa mobilité individuelle. En accédant à l'universalité de l'idée, la vie semble mûrir par-delà sa propre réalité, elle semble ainsi devoir oser sauter par-dessus ses propres ombres. Cette contemplation tendue à l'extrême semble ne pouvoir franchir ces bornes ; il reste typique dans cette description de la « transcendance » que des analogies spatiales s'immiscent toujours sans qu'on s'en aperçoive. C'est comme si cet « en-deçà » et cet « au-delà », ce « rester-en-soi » et ce

« sortir-de-soi », cet « intérieur » de la vie et son
« extériorisation », malgré toutes les précautions prises,
étaient compris au sens propre du mot. La région de la vie
et celle de la forme apparaissent comme deux districts du
réel, qui se disputent réciproquement le territoire entier de
l'être – et chacune doit par ailleurs justement combler tout
ce territoire sans laisser de vides. Simmel attribue à cet
antagonisme manifeste dans ce type de représentation, une
« impuissance du concept » qui ne peut parvenir par ses
divisions et ses séparations à saisir l'unité indivisible et
sans opposition de l'absolu. Mais s'agit-il ici vraiment
d'une limite de la pensée *en général* ou de la limite d'un
certain *type* de pensée ? Est-ce la contradiction *en tant que
telle* qui pèse sur les catégories logiques – ou ne renvoie-
t-elle pas bien plus à une direction déterminée de la pensée
spatiale, *spatialisée* ? Simmel a voilé le caractère purement
symbolique que portent ses descriptions et ses comparaisons ;
sa présentation montre en outre un danger, dans la forme
comme le contenu : ce qui est pensé comme symbole
devient constamment sans qu'on le remarque une métaphore
et agit en tant que métaphore. La césure qui surgit alors
n'est pas entre le champ du métaphysique-réel et le champ
du « sens » – mais entre le « sens » dans sa pureté idéale
et son expression figurée (*bildlich*) et imagée (*bildhaft*). À
la source des apories et des antinomies pointées, apparaît
non seulement la transposition d'un rapport fondamental
et originaire en symboles conceptuels, mais aussi sa traduction en *schemata* spatiaux. Si l'on part du « en face de »,
de l'illimité et des limites, de la vie et de l'idée, il n'est
plus possible de faire comprendre comment les deux ne se
déterminent pas moins réciproquement, comment ils doivent
être corrélatifs l'un à l'autre. Or, cette corrélation est bien
ce qui est primairement-su et primairement-donné, alors

que la séparation vient simplement après-coup, c'est une construction de la pensée. La question de savoir comment la vie devient forme, comment la forme « accède » à la vie, cette question est de ce fait insoluble ; mais elle ne l'est pas parce qu'entre les deux se place une césure insurmontable, mais parce que l'hypostase de la forme « pure » comme celle de la vie « pure » cache en elle une contradiction interne. Plus nous descendons dans l'empire du devenir organique, aussi haut que nous grimpions dans l'empire de la création spirituelle : nous ne trouvons jamais ces deux sujets et ces deux substances questionnées sur leur « harmonie », sur leur lien métaphysique. Nous rencontrons tout aussi peu une vie sans forme que nous ne rencontrons une forme sans vie. La séparation, que notre pensée opère entre les deux, ne concerne pas deux puissances métaphysiques, dont « chacune est pour soi et doit être pensée pour soi », mais elle concerne deux *accents* que nous posons dans le flux du devenir. Le devenir est selon son essence ni simple vie, ni simple forme, mais un *devenir* forme – comme Platon le dit : γένεσις εἰς οὐσίαν.

Si, dans la saisie des forces de la nature, tout ceci se faisait déjà évident, cela apparaît pleinement clair et incontestable pour ce qui relève de toutes les énergies vraiment spirituelles. Car toutes « sont » en agissant et se formant elles-mêmes dans cette activité. L'exemple probablement le plus pur de ce lien s'impose dans la construction du langage. On a l'habitude de distinguer entre le processus créateur, linguistique en tant que tel et les formes qui se développent en lui et par lui, – et dans cette différenciation on considère la forme, la structure syntaxique et les catégories grammaticales de la langue comme un produit fixe, qui s'oppose au mouvement du langage, le limite et le freine. Mais ce dualisme précisément externe ne cesse d'être réfuté dès que l'on conçoit la langue au sens de Humboldt : non pas comme *ergon*, mais comme *energeia*, non comme ce qui n'est que devenu mais comme ce qui ne cesse de se former. Humboldt a toujours insisté sur le fait que le langage n'est jamais aussi réel que dans son usage immédiat. Ce que nous avons pour habitude de nommer sa « forme interne » persistante, a son actualité propre dans la diversité des *actes* toujours changeants et toujours renouvelés de la formation du langage. Ces actes sont ce en quoi consiste le « langage » quand il est davantage qu'un simple *abstractum*, ce grâce à quoi il ressuscite toujours en se renouvelant. L'acte linguistique individuel singulier consiste en ce que le sujet parlant attrape des formes toutes faites en un monde, où il fait certes un choix, mais qu'il doit aussi accepter comme une donnée, comme argent comptant. L'acte linguistique n'est jamais en ce sens un acte de simple appropriation, mais il est de façon toujours plus décisive, un acte créateur, un acte de l'empreinte et de la ré-empreinte. Appréhender cet acte comme si le sujet était, à chaque pas, limité et restreint à un monde de la forme existant, comme s'il devait défendre sa voie *contre* lui, c'est là une représentation partiale et insuffisante. La forme se révèle ici non comme un boulet mais comme un organe déjà prêt – un organe dont la valeur repose sur le fait qu'il est au plus haut point modifiable et malléable. Il ne règne ici aucunement cette antithèse, cette césure infranchissable entre ce que la « vie » exige et ce que la « forme » exige, entre l'exigence d'universalité et celle d'individualité. C'est un seul et même processus, c'est l'*effectuation* vivante de la parole, de l'individualité et de l'universalité qui inclut ces moments comme également justifiés et également nécessaires. L'universel bâtit le monde de l'individuel, et l'individuel rebâtit le monde de l'universel. Il ne s'agit pas de séparation dans l'être, ni de vis-à-vis ni d'exclusion de régions qui certes se touchent mais ne peuvent jamais s'interpénétrer ; nous avons ici affaire à un agir imbriqué de forces et d'impulsions de mouvement. Chaque *usage* même encore hâtif et précipité d'une forme linguistique est une telle impulsion : il ne laisse pas en l'état, là où il l'a trouvé, le monde des formes du langage, mais agit en retour sur lui comme un tout, qui, toujours subrepticement, change, et qui, dans ce changement, rend sensible de nouvelles mises en forme futures. Un total retournement du rapport entre « absolu » et « relatif » s'affirme donc ici, comparé à l'intuition fondamentale de la métaphysique traditionnelle. Selon cette dernière, les oppositions qui ne peuvent s'unifier dans le fini, disparaissent dès qu'on les projette dans l'infini, dès que l'on passe de la sphère du conditionné à celle de l'inconditionné. Or, on constate ici tout le contraire. Vie et forme, continuité et individualité s'installent dans une béance réciproque dès qu'on les prend toutes deux comme des *absoluta*, dès qu'on voit en elles des modes d'êtres de l'être. La césure se ferme, si, au lieu de cela, on se tourne vers le centre du processus concret du devenir de la forme et vers la dynamique de ce processus, en prenant la confrontation des deux moments comme confrontation non des étants mais des pures *fonctions*. Ce qui, vu de l'être, apparaissait comme *opposition* réelle, – devient, une fois considéré *sub specie* de l'agir et de la création spirituelle, une intrication et une association, une corrélation et une co-*opération*.

[…]

La philosophie des formes symboliques a depuis le début cherché à tenir cette voie – une voie qui traverse les formations concrètes de l'esprit. Mais sur cette voie, l'esprit lui apparaît partout non pas tant comme une « volonté de puissance » (*Wille zur Macht*) mais bien davantage comme une volonté de mise en forme (*Wille zur Gestaltung*)[1]. Il ne s'agit pas tant d'une *domination* du monde, que d'une *formation* (*Formung*) du monde, pour lequel luttent le langage comme le mythe, l'art comme la connaissance et la religion. On peut observer en eux, quand on les considère depuis la totalité de leur développement, un stade où ils semblent tous magiquement liés, où ils se trouvent conduits par l'affect, conduits par le besoin et la volonté. On use d'eux comme des puissances et des outils magiques qui donnent à l'homme « la toute-puissance de la volonté » et qu'ils doivent sans cesse conforter. Ceci ne concerne toutefois que le début, non la fin de leur développement. Dès le mythe, de nouvelles forces s'élèvent déjà, s'opposant à l'image du monde magique et la déstabilisant. En lui déjà, l'homme revient du monde des choses pour vivre dans un monde des pures formes : le monde-action (*Wirk-Welt*) cède progressivement face au monde de la pure intuition mythique. Ce passage de l'action magique sur les choses au pur voir se dessine encore plus clairement et plus précisément dans le langage, dans les beaux-arts, dans la connaissance. Tous accèdent à leur contenu spécifique, en ce qu'ils brisent le cercle de la seule « utilité », le cercle qui est décrit par le « combat pour l'être ». Ils doivent s'arracher à l'étreinte de la seule connexion moyen-

1. Cassirer vient de souligner combien les reproches adressés à l'égard de la culture la saisissent comme un agrégat de biens (*Kulturgüter*), biens qui par ce caractère d'agrégat perdent tout sens (*Sinn*). La dévalorisation des biens de la culture est-elle dévalorisation de la culture elle-même ? Il convient, pour sauver le sens de la culture en tant que tel, de le saisir non dans les objets mais dans son processus et sa fonction propres [*N.d.T.*]

fin, pour imposer leur propre sens, l'unité et la complétude de leur forme, qui ne vise plus simplement une fin mais apparaît comme une « finalité sans fin ». Compris de cette manière, le pur *regard* sur la réalité, quelle que soit la manière dont il s'accomplit dans chacune des formes symboliques et dans leur totalité, ne peut jamais être considéré comme une contrainte orientée contre cette réalité. Car le rayon du regard de la conscience, qui se porte sur l'être et cherche à l'éclairer et à le percer, n'appartient plus lui-même au monde des choses, ni à un simple contexte de l'agir. Il est un rayon purement idéel, qui laisse intact ce qu'il touche, dans son « existence », dans la simple persistance de son être-là. Ainsi on sortira ici en passant par-dessus le fondement originaire de la « vie », – mais sans la détruire, ni lui faire violence. Dans le domaine de la conscience spirituelle, qui surgit maintenant, c'est bien plutôt la vie qui se fait visible à elle-même, elle est devenue – pour utiliser l'expression de Fichte – pure « vue ». Dans cette forme du voir, la Θεορία en son sens le plus universel et le plus englobant, ne se nourrit plus de la marque des ob-jets (*Objekt*), des objets (*Gegenstände*) mais de sa propre substance – il est devenu « pensée de la pensée », νόησις νοήσεως.

La vraie théorie ne signifie donc pas simplement contempler les objets, ni simplement les endurer, mais elle se présente comme une performance éminemment active : comme une énergie du faire, qui en tant que telle déborde tout agir. La métaphysique de la vie, chez Klages comme chez Bergson, n'a pas de catégorie propre pour cette différence : elle confond faire (*tun*) et agir (*wirken*). Klages est bien là un romantique typique, rabaissant profondément la valeur du faire alors qu'il valorise en retour le pur souffrir et le ressentir. La thèse de Schlegel sur la divinité du rien-faire, sur la « sainte passivité » se trouve dans sa théorie ressuscitée. « Parmi les langues indo-germaniques – souligne-t-il – il est difficile d'en trouver une seule qui ne décrive pas la profondeur et la puissance des sentiments comme ce qui fait irruption, ce qu'on endure, ce qui échoit. « Pathos » (πάθος), « passion » (*passio*), passion (*Leidenschaft*) : trois fois « endurer » au plus haut degré d'intensité du sentiment de rupture issu des profondeurs de l'âme. Si l'on s'était seulement posé la question toute naturelle : qu'est-ce au fond « endurer » ? et aussi celle-ci : qu'est-ce qui *fait* endurer ? Alors, on n'aurait pas manqué la réponse : notre moi est passif, endurant, échu, et il sombre devant la violence victorieuse de la vie ». La métaphysique doit rompre avec l'activité de la simple pensée, elle doit de nouveau apprendre à devenir souffrante, réceptive et « pathique », si elle veut, non pas construire le monde en concepts, mais le saisir dans un pur sentiment et survivre. Et pourtant, dans cette pulsion à anéantir la pensée et à éteindre le soi, une présupposition cachée s'exerce encore, dont la mystique ne peut tout à fait se défaire : – la présupposition, pour parler avec Maître Eckhart, que reste une « étincelle » du soi, qui s'aperçoit dans cette dissolution même. Quand le mystique reçoit et endure le Dieu, et que ce dernier le délivre du monde des formes, ce monde, où il tente de *voir* Dieu, lui échoit pourtant toujours. Car il n'y a pas de voir qui soit *simple* souffrance, qui n'inclut pas en soi une fonction de mise en forme. Même le mythe est une manière de mettre en forme, aussi loin que nous puissions remonter et aussi intensément que nous en ayons surmonté les moments purement « pathiques ». Il inclut en lui nécessairement, en tant qu'*expression* du monde, sa *métamorphose*, sa transformation en une image. Et l'image n'est jamais au sens strict un morceau de réalité, comme

cela se manifeste dans la théorie réaliste de Klages sur la
« réalité des images ». Elle ne se contente pas d'être là et
de se déplacer de la pure existence au « sujet » – un peu
comme dans la théorie de la perception d'Épicure où le
processus de perception doit consister dans le fait que les
images, les εἴδωλα des choses, s'introduisent dans le sujet.
Mais elle exige de prendre part à la vitalité du moi, elle
demande à agir avec son énergie, je « *pour* » lequel elle
se fait image. Sans cette participation, on pourrait comprendre sa contemporanéité, sa présence dans l'esprit, mais
pas l'acte de représentation, pas la fonction de présen-
tification. L'image rapporte son état, son contenu de sens
constitutif à « l'imagination » – et, pour revenir à ses
racines propres, ceci ne se montre jamais comme fonction
simplement reproductrice mais comme productrice. Nous
n'avons pas besoin ici d'être exhaustif jusqu'au détail, ni
de nous étendre davantage : c'est bien cette performance
de « l'imagination productrice » que nous rencontrons
dans la construction des mondes de formes singuliers et
qui dans une certaine mesure est un lien unifiant idéel.
C'est ce lien qui s'enroule autour d'elle. La vie, dans son
pur en-soi, ne contient pas en son sein les images de l'étant
que le Je aurait reçu d'elle, aurait enregistré de manière
passive. Elle n'est jamais la source des *symboles*, bien
qu'on tienne toujours à la voir et à la louer comme source
originaire de toute *réalité*, au sein desquels cette réalité
nous est d'emblée saisissable et compréhensible, au sein
desquels elle « nous parle ». Si on supprime le pôle opposé
d'où ces symboles proviennent, on n'a fait qu'« enlever
l'âme » selon une autre direction, en lui dérobant ses
modalités essentielles d'expression et de révélation et on
l'a renvoyée dans la nuit d'un éternel silence. Elle ne peut
se délivrer de cette nuit que par les pures énergies de

l'esprit, par une sorte de parole créatrice. Des formes limitées et de ce fait finies se détachent alors de l'inséparabilité et de l'infinité du fondement originaire. Mais le rapport qu'elles entretiennent avec lui n'est pas de simple opposition, de simple négation ni de néantisation, à partir du moment où, de nouveau, on les considère sous le point de vue de la *forma formans* et non de la *forma formata*. Car l'infinité, que la *forme* (*Gestalt*) achevée interdit, vit dans le pur *processus* de la mise en forme. Ce dernier ne se fige en aucun produit unique, mais est un acte qui témoigne éternellement de lui-même. La loi du sens, loi à laquelle ce processus répond et par laquelle il renaît toujours – et non pas loi de ce qu'on tire de lui –, construit sa forme propre. Cette loi se détruirait elle-même en son principe s'il fallait la voir comme hostile à la vie. Car elle n'est et ne vaut qu'autant qu'elle contribue – et elle ne peut contribuer autrement qu'en intervenant dans le monde du vivant et en le ramenant sans cesse à soi. Toujours changeant, se maintenant fermement, proche et lointain, lointain et proche : c'est ainsi que l'esprit se tient, dans la totalité de ce qu'il crée, *face* à la vie, sans se tourner *contre* elle, sans jamais se désagréger avec elle. Sans ce balancier, révélé dans toute création artistique et établi ici à nouveaux frais, le monde des formes spirituelles ne serait qu'un monde des schèmes ; langage, connaissance, poésie et beaux-arts seraient dissous en de vides fantasmagories.

La métaphysique de la vie ne recule pas devant cette ultime conséquence, – mais elle doit ici se placer en *un* point, en cette sphère que justement elle veut nous interdire : elle rejette la jurisprudence de l'esprit mais doit s'en servir, et par là, elle doit indirectement de la reconnaître. Cette reconnaissance s'étend partout où elle se rapporte à la réalité non seulement par le regard et la signification mais aussi par la *valeur*. La philosophe de Klages en particulier est, dans son contenu et son origine, dans sa tendance propre, non tant une doctrine de l'être qu'une doctrine de la valeur. Elle ne se contente pas de décrire le monde de la nature, ni celui de l'esprit, mais elle les juge ; et ce jugement n'est pas un acte logique, n'est pas un acte de la « pensée pure », il mesure le monde à une exigence qu'il lui présente. On ne comprend ni ne démontre aucune proposition de cette doctrine, si on n'accepte pas le système de valeurs sur lequel elle repose et que partout elle présuppose comme implicite. La vraie philosophie doit redevenir prophétie : afin de convertir cette valeur, qui a imprégné la « culture », la croyance en l'autoglorification de l'esprit, en son autonomie et en son « progrès ». Un nouvel ordre de la valeur doit remplacer l'ancien qui s'est brisé. Mais – on peut et il faut le demander – : la valeur de la vie est-elle un moment qui se trouve purement en elle, qui lui est immanent – ou ne relève-t-elle pas depuis le début d'une autre dimension ? Se trouve-t-elle enfermée dans le pur être de la vie, ou ne se constitue-t-elle pas d'abord dans le fait que nous établissons une norme de cet être et que nous le mesurons à l'aune de cette norme ? Le sens de cette norme, le principe qui pose vraiment la norme, ne peut donc être montré que dans le monde de l'esprit. A l'orée de l'histoire de l'idéalisme des temps modernes se place la profonde pensée de Nicolas de Cues, qui décrit Dieu comme la force « donnant l'être » et l'esprit humain au contraire comme la force dispensant et fondant la valeur. L'origine de la valeur ne se trouve donc pas hors de l'esprit, mais en lui – car c'est d'abord en lui que se trouve la principe de la mesure, l'« *aestimatio* » et la « *mensuratio* » sur quoi repose toute *distinction* du « bien » et du « mal », de la valeur et de la non-valeur. Si cette proposition fait sens, alors on pose d'emblée une limite à la dé-valorisation principielle de l'esprit, peu importe l'instance à partir de laquelle on la tente ou l'accomplit [1]. Car chaque évaluation, même purement négative, de l'esprit conforte l'esprit lui-même dans l'une de ses performances les plus hautes et les plus positives. Il reste une contradiction interne de la fonction, sur laquelle repose toute « possibilité » de la valeur, à vouloir dénier toute valeur de réalité. Même quand on dote d'un signe (*Vorzeichen*) négatif toute la sphère du spirituel, quand tous ses actes sont niés et rejetés, – il reste que la *position* de ce signe est justement un acte en soi nouveau, qui nous maintient dans le monde de l'esprit dont nous espérions nous affranchir. Seul l'esprit peut cette « impossibilité » : lui seul différencie, choisit et oriente. Cette « orientation » est constituée de telle sorte – et là résident précisément sa profondeur propre et son ultime mystère – qu'elle est apte à se renverser : le principe qui donne l'orientation n'est pas lui-même épargné mais peut au contraire se retourner contre lui-même. Ce retour sur soi, cette « réflexion » ne signifie pas une apostasie de l'esprit par lui-même mais est cette forme de mise à l'épreuve de soi et de *confirmation* de soi qui lui est spécifiquement propre et dont lui seul est capable. Ce qui menace de le diviser en lui-même, le re-conduit de nouveau à lui-même, car c'est cet être-deux-en-un qui manifeste son destin propre et sa performance propre. La vie, elle, ne connaît aucun retour et aucune valorisation de ce genre. Elle ne semble pas non plus en avoir besoin, tant qu'elle persiste dans son unité ininterrompue, là où est son repos, « bienheureuse en elle-même ». Ce repos n'*est* pourtant

---

1. Voir mon essai « Individuum und Kosmos in der Philosophie der Renaissance », *Studien der Bibliothek Warburg*, X, Leipzig, 1927, p. 46 *sq*.

pas que « félicité » – mais il devient au regard de l'esprit qui aspire à cette félicité et se tourne vers elle. La béatification et la damnation n'existent que pour lui, lui qui est seul capable de la négation de soi, lui pour qui la négation de soi présente toujours un acte d'affirmation de soi.

HELMUT PLESSNER

LA LOI DE L'ARTIFICIALITÉ NATURELLE (1928)[1]

Comment l'homme s'arrangera-t-il de cette situation qui est sienne ? Comment accomplit-il l'excentricité de sa position ? Quels caractères fondamentaux son existence, celle propre à lui comme être vivant, doit-elle adopter ?

La question pointe déjà la position de l'homme, donnée avec l'excentricité, vis-à-vis de sa vitalité et de sa situation de vivant. C'est de l'excentricité que *résulte* justement cette question. Elle n'est pas à appréhender simplement comme position d'un problème arbitraire, permettant au philosophe d'aborder l'homme (comme toutes les choses célestes et terrestres), elle est au contraire l'obstacle (seulement formulé) avec lequel l'homme est amené en toute nécessité, par essence, à lutter s'il veut vivre. Et la question de la philosophie comme fondamentalement toute question que l'homme a, des milliers de fois au cours de sa vie, à se poser : que dois-je faire ? comment dois-je vivre ? comment venir à bout de cette existence ? – a pour

---

1. H. Plessner, *Les degrés de l'organique et l'homme* [1928], trad. fr., P. Osmo, Paris, Gallimard, 2017, p. 468-483 (« 3. Les lois anthropologiques fondamentales. I. La loi de l'artificialité naturelle »).

sens d'exprimer de façon essentiellement typique (en toute relativité historique) la nature fracturée ou l'excentricité à laquelle aucune époque de l'humanité, qu'elle fût ingénue, proche de la nature, intacte, heureuse de vivre, et attachée à la tradition, n'a encore pu s'arracher. Il y a certes eu des temps (et il y aura aussi de nouveau des temps) qui n'en ont point parlé, et dans lesquels la conscience de l'absence d'un foyer constitutif de l'essence humaine était recouverte par la force des attaches avec la glèbe et la famille, la maison et les ancêtres. Mais eux non plus n'avaient pas de paix, à moins qu'ils ne fussent à sa recherche. L'idée du paradis, de l'état d'innocence, de l'âge d'or, sans laquelle aucune génération humaine n'a encore vécu (l'idée aujourd'hui a nom : communauté), est la preuve de ce qui manque à l'homme et du savoir de ce pourquoi il se tient au-dessus de l'animal.

En tant qu'être à l'organisation excentrique, il faut qu'il commence par *se rendre tel qu'il est déjà*. C'est ainsi seulement qu'il satisfait à la modalité qui lui est imposée de force avec sa forme d'existence vitale, au centre de sa positionnalité – non pas simplement s'y fondre, comme l'animal vivant au-dehors de son centre rapporte tout à son centre, mais s'y tenir et avoir ainsi tout à la fois un savoir de son positionnement. Cette modalité de l'existence qu'est le maintien en son positionnement n'est possible qu'en tant qu'*accomplissement* à partir du centre du positionnement. Seule une réalisation peut accomplir une telle façon d'être. L'homme ne vit qu'en menant une vie. Être homme, c'est « décoller » de l'être l'être vivant et accomplir ce décollement, grâce à quoi apparaît comme sphère quasi autonome la strate de la vitalité, qui chez la plante et l'animal demeure un moment non autonome de l'être, sa propriété (même là encore, à savoir chez l'animal, où elle constitue la forme organisatrice, structurante, d'un type d'être de la vie). Par suite, ni l'homme ne vit simplement jusqu'au bout ce qu'il est, il n'épuise pas sa vie (l'expression étant prise radicalement dans son immédiateté), ni il ne fait de lui seulement ce qu'il est. Son existence est de nature à conquérir en elle, en effet, cette différenciation tout en se trouvant cependant au-delà d'elle. Pour la philosophie, le « travers » de cette situation s'explique à partir de l'excentricité de sa forme positionnelle, mais ce ne lui est d'aucun secours. Pour celui qui s'y trouve, cela a l'aspect d'une antinomie absolue : d'avoir pour commencer à faire de soi ce que déjà il est, à conduire la vie qu'il vit.

C'est sous des formes très diverses et en l'évaluant différemment que l'homme a pris conscience de cette loi fondamentale de sa propre existence, mais au savoir de son pourquoi se mêle la souffrance relative au naturel inatteignable des autres vivants. La sûreté de leur instinct s'est perdue avec sa liberté et sa faculté de prévoir. Eux existent directement, sans aucun savoir de soi et des choses, ils ne voient pas leur nudité et cependant le père céleste les nourrit. Pour l'homme, en revanche, avec le savoir, le côté direct s'est perdu, il voit sa nudité, il a honte de son dénuement, et il lui faut donc vivre en recourant par des détours à des choses artificielles.

Cette vue, souvent marquée aussi d'une empreinte mythique, est l'expression d'une profonde connaissance. Puisque l'homme est contraint et forcé par son type d'existence de conduire la vie qu'il vit, c'est-à-dire de faire ce qu'il est – justement parce qu'il n'est que s'il exécute –, il a besoin d'un complément d'espèce non naturelle, non donné de naissance. C'est pourquoi il est par nature, pour des raisons qui, tiennent à sa forme d'existence, un *être d'artifice*. Se trouvant en tant qu'être excentrique en déséquilibre, sans lieu, sans temps, dans le rien, constitutivement sans foyer, il lui faut « devenir quelque chose », et quant à l'équilibre – se le créer. Et il se le crée seulement en s'aidant de choses extranaturelles, issues de sa créativité, *si* les résultats de ce faire créateur obtiennent un poids propre. Exprimé autrement : il ne le crée que *si* les résultats de son faire se détachent de l'origine qui est la leur en vertu de leur propre poids interne, à cause de quoi l'homme doit reconnaître que ce n'est pas lui qui a été leur auteur, mais qu'ils n'ont été réalisés qu'*à l'occasion* de son faire. Si les résultats du faire humain ne reçoivent pas leur poids propre et leur séparabilité du processus de leur genèse, alors le sens ultime, la production de l'équilibre : l'existence pour ainsi dire en une seconde nature, la situation apaisée en une ingénuité seconde, n'est pas atteinte. L'homme veut se sortir de l'insupportable excentricité de son essence, il veut compenser la semi-réalité de sa propre forme de vie, et il ne peut y parvenir qu'avec des choses suffisamment pesantes pour contrebalancer le poids de son existence.

La forme de vie excentrique et la nécessité d'un complément constituent un seul et même état de fait. On ne doit pas appréhender ici la nécessité en un sens subjectif et psychologiquement. Elle affecte originellement tous les besoins toute pression, toute pulsion, toute tendance, tout vouloir de l'homme. Dans cette nécessité ou nudité réside le moteur de route activité spécifiquement humaine, c'est à dire dirigée vers de l'irréel et œuvrant avec des moyens artificiels, la raison ultime de l'*outil* et de ce à quoi il sert : la *culture*.

Il est très rare de trouver clairement exposées ces connexions profondes. Sous l'influence d'une pensée purement empirico-historique, tant les historiens de la culture et les sociologues que les biologistes et les psychologues abordent le problème de la naissance de la culture avec le préjugé qu'il ne s'agirait ici, en somme, que d'une tâche pouvant être, d'une façon ou d'une autre, réglée empiriquement. Ce n'est naturellement pas l'émergence d'une culture individuelle ou d'un cercle culturel particulier qui peut tout simplement constituer l'étalon de mesure pour la « genèse » de la sphère culturelle. Une fois pourtant qu'on a reconnu cette limite, la conséquence en sera très facilement une interdiction absolue d'y réfléchir, de s'occuper philosophiquement aussi du problème. C'est par là qu'on en vient au nœud de l'affaire, à savoir qu'ici s'affrontent toujours deux solutions, dont les principes ont été depuis longtemps examinés dans leur caractère discutable, une explication d'un côté spiritualiste, et de l'autre naturaliste, de l'origine de la culture.

La théorie spiritualiste ramène à l'esprit l'inévitable artificialité du faire humain, de ses fins et de ses moyens. Tantôt elle l'entend de façon plus objective, et elle coïncide alors avec la vieille doctrine qui veut que la culture émane de Dieu. Ou bien sa pensée est plus subjective et signifie alors la reconduction à des dispositions particulières de l'être humain, à son intelligence, sa conscience, son âme. Dans les deux cas, rien n'est expliqué au sens strict, on s'arrête à la propriété particulière par laquelle l'homme se différencie de l'animal. On ne serait en présence d'une explication que si, par là, était rendue intelligible la « naissance » de l'esprit à partir de la base naturelle de la spécificité humaine. Il n'en est naturellement pas question, non seulement on n'en a pas l'exécution, mais on n'en a même pas le projet. La théorie spiritualiste ne fait que déplacer le problème.

La théorie naturaliste pousse plus avant, puisqu'elle se fixe pour but de dériver la spiritualité, en tant que le fondement spécifique d'une activité culturelle, de la strate naturelle de l'existence humaine. Elle se présente en deux types de modification de la même pensée de base, l'une positive, l'autre négative.

La modification positive, telle que s'en est servie la théorie darwinienne de l'évolution, est la plus connue des deux. D'après sa conception, il y eut un homme dans la nature (peut-être en une pluralité d'espèces et de familles) qui fut poussé par le développement de son cerveau à mener la lutte pour l'existence avec d'autres armes que celles, naturelles, de son corps. Il eut l'appui, à cette fin, de la marche en position dressée allant corrélativement de pair avec la formation du cerveau (c'est-à-dire de l'intelligence) et de la transformation en mains des extrémités antérieures devenues libres de ce fait. La main, le « cerveau externe de l'animal humain », grâce à la possibilité de mettre le pouce en opposition, créa l'outil comme son prolongement naturel. Au début, on vit dans la nature opposable du pouce une caractéristique acquise tardivement. À son encontre, a été soutenue, par Klaatsch parmi d'autres, la thèse bien fondée qu'il s'agirait en l'occurrence d'un caractère évolutif relativement précoce, et que l'homme était redevable de la supériorité de sa position (en particulier en comparaison des singes qui sont le plus proches de lui) à la conservation d'un certain état primitif. C'est du fait d'avoir été préservé dans son organisation d'une spécialisation semblable à celle des différentes espèces de singes qu'il serait parvenu à cette prépondérance sur les autres animaux qui le caractérise. Quoi qu'il en soit, d'après les deux conceptions, c'est par lui seul que l'homme a été pour ainsi dire la source de la culture : l'intelligence et la dextérité passent pour les causes qui sont à l'origine de l'utilisation de l'outil, et de la culture.

Dans une version psychologique, cette modification propre à la théorie naturaliste tient pour fondement la peur de l'homme face à l'anéantissement par les puissances naturelles. L'homme primitif est pensé comme un être dominé par l'angoisse et le tremblement, qui se voit désarmé et cherche à acquérir des moyens de défense. Il réfléchit à la protection que devraient lui procurer les outils. De la constante amélioration des outils est progressivement née ensuite la culture. Son sens ultime réside dans la conservation et l'avancement de la vie. Même ses sublimations suprêmes qui paraissent menacer, absorber et paralyser la vie, sont (pragmatiquement) ramenées à ce sens.

Quant à la modification *négative* propre à la théorie naturaliste, elle voit dans le développement du cerveau et les propriétés corporelles qui lui sont corrélatives un processus qui met la vie en danger, la progression d'une maladie. Le sens de l'homme, pour elle, est d'être un animal malade, précipité hors de sa voie naturelle, de son équilibre vital. Il est devenu la victime de la formation parasitaire d'un organe. Le parasitisme cérébral, dû peut-être à des perturbations de la sécrétion interne, lui a offert en cadeau le tonneau des Danaïdes de l'intelligence, de la perspicacité et de la connaissance, de la conscience du monde – peut-être cette conscience, l'esprit, ne sont-ils qu'une grandiose illusion, l'automystification d'un être vivant biologiquement dégénéré, vidé de sa substance par le polype cérébral. C'est uniquement pour se garder en vie qu'il a besoin de béquilles, de ces membres artificiels qui sont présents dans les outils et la culture. Et même cela a encore son revers négatif. Car ce monde irréel sert d'appui à une vie devenue trop faible, est tout autant le moyen d'expression de sa faiblesse, lui-même malade.

Dans sa version psychologique, cette modification négative apparaît aujourd'hui dans des essais particulièrement influencés par Freud et les psychanalystes qui procèdent de lui. La culture repose, selon cette doctrine, sur un refoulement du pulsionnel. Être un homme, c'est savoir refouler. Si chez lui, à la différence de l'animal, la sphère de la conscience embrasse aussi sa propre existence, du même coup la censure est simultanément instaurée pour le Soi-même. Celui-ci se défend-il là-contre, qu'il fuit alors la censure de la conscience. L'homme ne veut-il donc savoir de soi que ce qui lui convient qu'il lui faut alors refouler dans l'infraconscience ce qui ne lui va pas. En relèvent les pulsions bridées et rognées par les conventions et les mœurs, lesquelles – ainsi dépouillées de leur effet naturel – cherchent désormais à se décharger sur un mode pathologique. L'une des formes de décharge pathologique de la pulsion est la névrose, l'autre forme est la sublimation, c'est-à-dire le reploiement vers le spirituel. La religion, la formation d'idées philosophiques, artistiques, politiques, reposent par suite sur une sublimation des pulsions qui a pour condition le refoulement, ce ne sont rien d'autre qu'un accomplissement indirect des stimulations pulsionnelles entravées dans leur satisfaction directe. « Il n'y a rien d'autre là-derrière que le fait que la culture repose sur les opérations de refoulement des générations antérieures, et que chaque génération nouvelle est mise en demeure de conserver cette culture par l'accomplissement du même refoulement » (Freud).

Une théorie effective de l'origine de la culture ou de sa fonction biologique doit toutefois aller plus loin et interroger la nécessité de la collision entre une culture, des mœurs, une morale, et les stimulations pulsionnelles. Elle résulte d'un développement hypertrophié des pulsions, par comparaison avec les animaux qui vivent en liberté, en particulier de la pulsion sexuelle. Seidel,[1] par exemple, avance pour expliquer cette hypertrophie l'hypothèse de la domestication. Chez les animaux- domestiqués on a pu constater un accroissement de la pulsion nutritive et sexuelle, et dans le cas du sexe mâle la rupture des périodes de rut. L'homme en tant qu'animal domestiqué aurait payé la perte de la vie en liberté d'une hypertrophie pulsionnelle et d'une *contrainte forcée* au refoulement.

Mais il y a lieu de chercher l'hypertrophie dans le cas également d'autres pulsions de l'homme, avant tout dans la pulsion dominatrice. La volonté de puissance, la lutte pour un surcroît d'être, la tendance à se vouloir en tête, exhibent le même état de perturbation primaire de l'équilibre vital entre l'organisme et ses pulsions. L'aspiration et sa satisfaction ne se rapportent pas mutuellement l'une à l'autre chez l'homme, aussi longtemps que la satisfaction est recherchée dans la même sphère dont relève l'aspiration. (À ce propos, il faut du reste remarquer que l'origine de la culture peut être dérivée à partir d'une dynamique pulsionnelle hypertrophiée aussi bien directement comme dans la doctrine schopenhauerienne de la volonté qui se détache soi-même de soi, et dans la doctrine nietzschéenne de la volonté de puissance – qu'indirectement – comme par exemple chez Freud et Adler sous l'idée de la fuite devant la pulsion ou de la surcompensation. La doctrine de Nietzsche relève par ailleurs, de par sa disposition, de la modification positive propre à la théorie naturaliste de

---

1. A. Seidel, *Bewusstsein als Verhängnis*. Extrait des œuvres posthumes et publié par H. Prinzhorn, Bonn, 1927.

l'origine, qui réduit aussi le sens de la culture à l'augmentation en puissance.)

Pour la modification *positive* propre à l'explication naturaliste-vitaliste, la culture est l'expression et le précipité directs de la vie aspirant d'une manière ou d'une autre à un auto- accroissement, et appelée aussi à cela. Pour la modification négative, la culture est l'expression indirecte de la vie condamnée à s'accroître soi-même et à la recherche de son salut. Il va de soi qu'aucune théorie ne met l'accent sur la preuve d'une naissance évoluant dans le temps, mais seulement sur celle d'une condition d'existence naturelle spécifique de l'homme, qui le détermine en tant qu'être de nature à occuper sa position naturelle – non naturelle.

On peut s'épargner ici de faire dans le détail la critique des théories du naturalisme et du pragmatisme, d'autant qu'elle n'a cessé d'être reprise par d'autres côtés. Elles échouent, soit parce qu'elles ne rendent pas intelligible le sens suprainstrumental, extra-utilitaire des buts culturels, donc le poids propre de la sphère spirituelle, soit parce qu'elles tombent dans l'extrême opposé et perdent de vue l'élément du bénéfice et de l'importance factuelle-objective que recèle toute activité culturelle, s'abîmant dans un pur psychologisme. Se font face une conception biologisante-utilitariste et une conception psychologisante du monde de l'esprit, la première faisant de l'homme un animal sain, la seconde un animal malade. Toutes deux le voient sous un jour primaire comme animal, comme bête de proie ou animal domestique, et s'efforcent de dériver de processus biologiques les épiphénomènes des manifestations spiri-tuelles de son être. C'est là que réside leur erreur cardinale (qui démontre de la manière la plus frappante l'incapacité où elles sont de voir en une perspective unique l'homme comme homme et, cependant, comme être de nature, aussi longtemps qu'on accouple des représentations venues des sciences naturelles avec d'autres venues des sciences de l'esprit). Elles absolutisent un symptôme de l'existence humaine et, avec cela, elles veulent expliquer tous les autres qualificatifs de l'homme. Les uns ramènent l'humain au trop humain, à la pulsion sexuelle, ou encore nutritive, on encore dominatrice. Les autres se reprennent à construire une pulsion salvatrice. Les troisièmes voient tout sous l'aspect de l'intelligence et du calcul. Ainsi tous se meuvent-ils dans des cercles et ne sortent pas de l'empirisme des symptômes biologiques ou psychologiques. L'erreur fondamentale que commet, en gros, le matérialisme historique de Marx, ils la renouvellent dans la conception de l'élément de l'histoire, de l'individu homme. Et si, aujourd'hui, par le seul examen du conditionnement économique, psychologique et biologique du travail de la culture, nous perdons confiance en lui, ils en sont responsables, parce qu'ils ne nous ont pas enseigné à voir les fondements sur lesquels repose ce système de conditionnement alternatif.

Ce n'est pas l'hypertrophie de la vie pulsionnelle ou la tendance à l'auto-accroissement de la vie sous forme de « volonté de puissance, d'être plus ou en tête », à suivre Nietzsche, Simmel, Adler, ce n'est pas la surcompensation ou la sublimation sur la base d'un refoulement qui sont la véritable cause du processus de culture, chacune n'est elle-même qu'une conséquence de la forme de vie déjà donnée qui est seule constitutive de l'humain dans l'homme. Que l'homme ne puisse satisfaire ses pulsions avec ses moyens naturels, qu'il ne trouve pas la paix en ce qu'il est, et qu'il veuille être plus que ce qu'il est et que le fait d'être, qu'il veuille pouvoir compter et qu'il soit irrésistiblement porté à l'irréalisation dans des formes d'action artificielles, dans des usages et des mœurs, tout cela a son fondement ultime non dans la pulsion, dans la volonté, et dans le refoulement, mais dans la structure vitale excentrique, dans le type formel de l'existence elle-même. Le manque d'équilibre constitutif de son espèce particulière de positionnalité – et non pour commencer la perturbation d'un système originellement normal, qui a été harmonieux et peut le redevenir –, voilà ce qui « donne lieu » à la culture.

Existentiellement nécessiteux, comme coupé en deux, dans la nudité, pour l'homme l'artificialité est l'expression correspondant par essence à sa nature. Elle est avec l'excentricité la voie détournée posée pour atteindre une deuxième patrie, où trouver un foyer et un enracinement absolu. Sans lieu, sans temps, placée dans le temps, placée dans le néant, la forme vitale excentrique se crée son propre sol. C'est seulement dans la mesure où elle le crée qu'elle le possède, qu'elle est portée par lui. L'artificialité dans l'action, la pensée et le rêve, est le moyen interne grâce auquel l'homme, en tant qu'être naturel vivant, se tient en accord avec soi. Avec la rupture obtenue de force, moyennant des membres intermédiaires fabriqués, le cercle vital de l'homme, auquel, en tant qu'organisme autonome, il est enchaîné à la vie à la mort par des besoins et des pulsions de mort et de vie, s'élève à la hauteur d'une sphère qui se superpose à la nature et s'y conclut dans la liberté. L'homme ne vit donc que s'il mène une vie. C'est ainsi qu'inexorablement, la vie de son existence ne cesse de se facturer pour lui en nature et esprit, en dépendance et liberté, en être et *être* et *devoir-être*. Cette opposition subsiste. La loi naturelle affronte la loi morale, le devoir lutte avec le penchant, le conflit est le centre de son existence telle qu'elle se présente nécessairement à l'homme sous l'aspect de sa vie. Il doit faire pour être. Mais la *vis a tergo* (la force s'exerçant par-derrière) qui agit sur lui à partir de ses besoins et de ses pulsions ne suffit pas pour maintenir l'homme en mouvement dans route la plénitude de son existence. Est nécessaire une *vis a fronte* (une force s'exerçant par-devant). Seule une puissance dans la modalité du devoir-être correspond à l'excentricité de la structure. Elle est l'appel spécifique à la *liberté* en tant que le maintien au centre de la positionnalité et le *movens* pour l'homme doté d'esprit, pour le membre d'un monde commun.

Par l'excentricité de sa forme positionnelle, l'homme est un être vivant qui s'expose en soi à des exigences. Ainsi ne se contente-t-il pas simplement *d'être*, en vivant sa vie, mais *vaut*-il quelque chose, et en tant que quelque chose. Il est par nature moral, un organisme qui se dompte, se domestique soi-même sur le mode de l'injonction. Sans coutume et sans attache à des normes non réelles, qui ont leur propre poids pour exiger d'être reconnues (ce dont elles n'ont pas besoin pour elles-mêmes), il ne peut pas exister. C'est ainsi que l'état de fait essentiel de sa positionnalité devient pour lui ce qu'on nomme la *conscience morale* (*Gewissen*), le point où la moralité prend sa source, et la morale concrète. Et tout à la fois, elle devient pour lui censure, c'est-à-dire inhibition, où ne cesse de se rallumer le conflit avec sa nature « inférieure » faisant là sécession, avec ses pulsions et ses penchants.

Si on examine maintenant l'explication spiritualiste ou naturaliste de l'« origine » de la culture dans l'outil, la coutume et l'œuvre, on conçoit à quel point, à son encontre, paraissait légitime la vue qui contestait, avec l'affirmation de l'impossibilité de résoudre ce problème, tout à la fois la possibilité du problème lui-même. Il est de fait que le spiritualisme s'en tient fermement à la facticité originelle d'un esprit, d'une spiritualité, d'un état de conscience, d'une intelligence, et tient pour absurde toute question relative à une réduction de ce fait originel à des principes de sa constitution, donc de son origine en un sens non temporel. Il s'élimine de lui-même.

À l'opposé, le naturalisme a du moins fait montre de courage en revenant toujours sur le problème. Ses solutions toutefois ont en règle générale la forme de cette explication qui, depuis Reuter, est désignée comme la définition de la misère par la *pauvreté**. Ou bien est-elle peut-être autre chose si on ramène la culture à la sublimation et à la surcompensation, la sublimation et la compensation à un refoulement de la pulsion et à un complexe, le refoulement à une hypertrophie pulsionnelle, et celle-ci à la domestication de l'animal de proie nommé « homme » ? Animal domestique, il ne l'est de fait tant qu'homme cultivé. Mais qui donc l'a domestiqué, si ce n'est lui-même ? – Ou bien on conçoit sublimation et surcompensation comme les énergies proprement créatrices de culture, formatrices de société, mais en dérivant ces énergies de l'influence de la culture et de sa société. La « censure » à la frontière de la conscience et de l'inconscience a bien pour présupposé la coutume, elle peut donc opérer tout au plus comme sa conservatrice, et non sa productrice. (Ce que ne soutiennent pas, du reste, les psychanalystes pondérés qui se tiennent à l'intérieur des limites de l'expérience. Ce contre quoi la philosophie doit protester, c'est uniquement le mésusage métaphysique des pensées de la psychanalyse.)

Pour ce qui est de l'autre modification de la théorie naturaliste de l'origine, on n'est pas mieux loti. Ou bien elle opère avec la peur de l'anéantissement, donc la pensée de la lutte pour l'existence, de la concurrence et de la sélection des plus aptes, ou bien c'est avec la volonté ou la pulsion poussant au surcroît d'être, la tendance à l'ascension et à l'auto-élévation de la nature organique.

Pourquoi, pour dire un mot du premier argument, est-ce justement à l'homme de connaître cette peur exceptionnelle qui le pousse à se protéger par des artifices, vu que sa constitution physique n'est d'aucune manière en retrait par rapport à de très nombreuses espèces, qu'elle est au-dessus de milliers d'autres ? Pourquoi ses besoins sont-ils tels que de manière naturelle ils ne peuvent obtenir aucune (du moins aucune complète) satisfaction ? Serait-ce pour la raison qu'il sait qu'il doit mourir ? Pourquoi est-ce justement à lui qu'échoit ce savoir (puisqu'on doit bien admettre qu'il est refusé aux animaux) ? Il est certain que la crainte de la mort, l'inquiétude pour sa propre vie, sont chose spécifiquement humaine, et que c'est générateur de culture en un sens beaucoup plus profond que nous ne le laissons entendre aujourd'hui. Mais ce n'est jamais le fondement ultime à partir duquel prennent leur essor les tendances spirituellement créatrices de l'homme. Ce n'est là qu'un symptôme de la structure fondamentale de la positionnalité excentrique telle qu'elle est fournie d'avance à toutes les opérations spécifiquement humaines. Tout vivant, dès lors que son organisation est animale, prend peur quand il aperçoit une menace, un rétrécissement de sa propre latitude d'action vitale. Mais, à l'exception de l'homme, il ne s'inquiète nullement *à propos* de sa propre existence, voire de l'existence d'autres êtres. Il ne connaît pas la peur *vis-à-vis* d'une réalité porteuse de dangers, car il ne vit pas *sa vie* par anticipation. Il s'anticipe certes lui-même, c'est-à-dire qu'il vit en un pur présent, mais il ne vit pas dans l'avenir comme l'homme, qui a un savoir de soi puisqu'il est au-delà de son être s'anticipant lui-même, qu'il anticipe son être par anticipation. Certes la peur authentique et la véritable inquiétude ne s'édifient pas nécessairement sur un savoir relatif à des choses futures, mais elles ne sont possibles que là où, à tout le moins, la modalité temporelle du futur s'est ouverte au vivant En partant seulement de la peur, on ne peut expliquer l'« invention » de l'outil et du processus de culture. Mais si on veut convoquer à cette fin l'inquiétude et la peur, spécialement la peur de la mort, il faut alors être au clair sur ce point que la forme de vie humaine est déjà présupposée en elles.

Et le deuxième argument, celui de la volonté de puissance et de la pulsion vers un surcroît d'être ? Même dans la conception de Nietzsche et du pragmatisme, il ne suffit pas à fonder l'irréalisation du faire humain. Les tendances dominatrices, tous les animaux qui vivent en société en font montre. Chez l'homme, il faut donc encore que quelque chose de spécial s'y ajoute. Les uns disent que ce serait l'intelligence, les autres le reconduisent à l'hypertrophie du développement pulsionnel (peut-être – sous l'influence de l'intelligence et du cerveau – en tant que, du fait de leur prépondérance, une hypertrophie devenue nécessairement compensatrice). Mais il faut bien que l'intelligence se différencie qualitativement de l'intelligence animale pour rendre concevable la production d'armes spirituelles, et avant tout de ces choses spirituelles qui ne sont aucunement des armes et des outils. Les expériences de Kahler ont rendu pour le moins vraisemblable le fait que les animaux le plus évolués réussissent à produire sous une forme primitive des outils, quand les obstacles sont suffisamment forts pour bloquer le déroulement normal de la réaction qui satisfait la pulsion. Elles ont simultanément fait voir où réside la frontière entre production instrumentale animale et humaine : l'animal ne sait pas *ce qu*'il fait. Sans doute conserve-t-il l'action en mémoire à l'aide de moyens artificiels, et peut-il en général la reproduire, mais il ne s'avise pas de l'état de choses créé avec le résultat de l'action. Le caractère séparable de cette chose ou possibilité invisible que recèle le résultat visible n'apparaît pas à ses yeux. *Ergo* toute tendance à la puissance sur les congénères – et si, plus exactement, à la place de la puissance, en tant que chose spirituelle, on met la domination –, toute tendance à dominer n'est absolument d'aucune utilité pour expliquer l'origine de la culture, à moins de présupposer déjà l'intelligence humaine.

Que ce soit justement l'homme en devenir, face à la nature, le renégat, le fauteur de troubles, l'assoiffé de valeur, l'être performant, et qu'en lui la tendance à l'auto-accroissement de la vie paraisse célébrer des orgies sous forme de pulsion de pouvoir, on ne peut en faire le fondement de l'origine du processus de culture, mais on doit le concevoir comme étant en soi le symptôme de la position-nalité excentrique. Elle conquiert par force l'apparence de la volonté de puissance, elle lui préexiste. Car l'homme doit faire pour vivre. Ce qui le contraint à l'exécution, fondé en son excentricité, ne produit naturellement pas son effet tout d'un coup. Ce n'est pas l'unicité d'une action qui peut lui suffire, mais seulement l'infatigable activité d'un faire perpétue. En suite de quoi surgit l'apparence (et peut-être bien aussi, secondairement, la tendance psychique comme un réflexe en réponse à cette situation de contrainte) d'un incessant renchérissement sur les actions déjà faites, qui naturellement ne saurait non plus, à son tour, disparaître tout de go. Les performances accomplies s'enrichissent constamment en conséquence, l'action nouvelle ajoute à l'accumulation des actions faites jusque-là.

Pour seulement s'équilibrer et non pour s'en détourner, l'homme devient l'être aspirant constamment à de la nouveauté, en quête de surenchérissement, d'un processus perpétuel. Le surcroît de croissance – faussement absolutisé comme tendance de la vie à l'auto-accroissement – est le moyen adoptant cette forme sous la contrainte, de compenser son manque d'entièreté, son défaut d'équilibre, sa nudité. Par le travail l'homme ne cherche à se créer que ce dont la nature lui demeure débitrice, l'ayant doté de la forme d'organisation suprême.

Il est bien d'attirer encore une fois l'attention, pour conclure, sur la manière dont la théorie pragmatique-biologique de l'origine – abstraction faite de tout le reste – échoue en règle générale en ceci qu'elle dérive à partir des moyens d'agir qui servent des fins, des instruments, les sphères du processus de culture, des mœurs et de la culture au sens restreint, qui ne visent pas de fins, et que dès lors, à moins d'en appeler à la dénommée hétérogonie des fins (Wundt) ou au déplacement de visée de la sublimation que Freud a particulièrement constaté dans le cas de la pulsion sexuelle, elle n'est plus en situation de concevoir la gravité interne des œuvres, c'est-à-dire ce qu'elles prétendent faire valoir, leur caractère objectif. Déjà le caractère objectif des instruments, même des plus simples : échelle, marteau, couteau, est le plus souvent laissé de côté, ainsi que leur séparabilité, essentielle à leur subsistance, du processus de leur invention. L'homme n'invente rien qu'il n'ait découvert. L'animal peut trouver (*finden*), il ne peut inventer (*erfinden*) puisqu'il n'*y* trouve (c'est-à-dire découvre) rien. Le résultat de son faire ne se découvre pas à lui. Or, combien plus est exigé pour que la visée d'un vivant se porte sur du moral et des œuvres dénuées de finalité. Ici doit encore entrer en jeu tout autre chose, qui s'origine dans la forme d'existence particulière propre au besoin de complément. C'est seulement parce que l'homme est pour moitié de nature, et se tient (ce qui s'y rattache par essence) dans l'au-delà de soi, que l'artificialité constitue le moyen de parvenir à l'équilibre de soi et le monde. Cela ne veut pas dire que la culture représente une surcompensation de complexes d'infériorité, mais qu'elle vise une nécessité qui est de part en part prépsychologique, ontique.

MAX HORKHEIMER

LE CONCEPT DE CULTURE (1952)[1]

Ceux qui parmi vous commencent aujourd'hui leurs études feront bien de s'interroger un instant sur ce qu'ils en attendent. Au premier plan se tient certainement l'objectif pratique d'acquérir des connaissances préalables en vue de professions déterminées, d'obtenir les diplômes académiques d'État dont il faut désormais faire montre pour accéder à de trop nombreuses carrières. La tradition familiale joue quelquefois un rôle, le fait que les professions libérales et savantes y soient familières, le modèle ou la volonté d'un père, la pression des circonstances. En de tels moments est quoi qu'il en soit conçue une idée, que nombre d'entre vous ne pourront peut-être pas décrire très clairement, mais dont je crois qu'elle est partagée de manière plus ou moins consciente par tous les jeunes étudiants, même lorsque les difficultés de la vie les empêchent de se donner à elle. C'est l'idée que les études universitaires n'ouvrent pas seulement des possibilités

1. M. Horkheimer, « Begriff der Bildung », *in* Horkheimer, *Gesammelte Schriften*, Bd. 8 : *Vorträge und Aufzeichnungen 1949-1973, 4. Soziologisches 5. Universität und Studium*, p. 409-419. Traduction de Matthieu Amat.

économiques et professionnelles plus avantageuses, ne promettent pas simplement une carrière, mais offrent l'occasion d'un développement plus riche des capacités humaines, d'une juste réalisation de sa destination propre. Le concept qui se présente lorsque l'on veut exprimer cette idée est celui de culture (*Bildung*). N'attendez pas que je le définisse. Il est des domaines où des définitions précises et unilatérales s'imposent avant toute chose, et le rôle des définitions dans la connaissance ne doit certes pas être sous-estimé. Mais lorsque l'on vise l'essentiel et le substantiel qui s'annonce dans les concepts, on doit tenter d'éprouver la vie qui les habite, leurs tensions et leur plurivocité, en courant le danger de se heurter à des contradictions, en assumant même ces contradictions. Les définitions peuvent être non contradictoires, mais la réalité dans laquelle nous vivons et que les concepts cherchent à rencontrer est pleine de contradictions. Un mode de connaissance qui n'en témoignerait pas ne rendrait pas justice à son objet même. On ne doit pas manier les idées comme des jetons et se cramponner à des procédures définitionnelles, par besoin de sécurité intellectuelle et par crainte de commettre la moindre erreur. Méfiez-vous du besoin intellectuel excessif de précision, qui exige préalablement à toute discussion que l'on sache d'abord exactement ce qu'un concept désigne avant de pouvoir même l'utiliser. Le processus de clarification et la détermination des concepts ne précède pas la connaissance, les concepts ne sont pas des instruments que l'on doive d'abord et complètement aiguiser afin qu'ils coupent, mais ce processus même ne s'effectue que si vous appliquez ces concepts aux objets et accomplissez les actes de la connaissance qui juge et considère le contenu.

Cela vaut aussi pour le concept de culture. Il est apparenté au concept du formé (*das Geformte*). Lorsque nous jugeons un homme sans éducation (*ungebildet*), c'est généralement parce qu'il nous apparaît fruste et présente une nature qui n'est pas socialement mise en forme et médiatisée. Le terme allemand « *Bildung* » n'est pas le seul à renvoyer à la constitution et à la mise en forme d'un matériau naturel et la plupart des expressions qui visent cette sphère dans les langues les plus différentes le font également ; l'expression la plus traditionnelle pour désigner la culture savante, le latin *eruditio*, signifie ainsi le fait pour un homme d'être sorti d'un état de rusticité première (*Roheit*) ; et le mot « culture » (*Kultur*) lui-même, qui provient de *colere*, prendre soin, se rapporte originairement à l'agriculture, en tant que praxis régulière et ordonnée à laquelle la productivité aveugle du sol est soumise. La culture (*Bildung*) serait ainsi la mise en forme d'une nature primitive informe ; l'homme devient maître de ce qui lui apparaît étranger et menaçant à l'extérieur et à l'intérieur de lui-même. La nature se perpétue cependant dans la culture, mais porte les traits du travail, de la communauté humaine, de la raison. Plus une nature était formée par les besoins de la communauté humaine tout en se conservant comme nature dans cette forme, comme le goût du grain dans le pain, du raisin dans le vin, de la pulsion brute dans l'amour, du paysan dans le bourgeois et le citadin, plus le concept de culture, dans son sens originaire, semblait réaliser son sens.

S'en tenir à cette détermination traditionnelle du concept de culture nous semble aujourd'hui impossible pour plusieurs raisons. J'en indique seulement une seule : la transformation du rapport entre la société et la nature qui s'est accomplie dans les cent dernières années. Les domaines de la vie qui sont étrangers à la société, vous le savez vous-mêmes, se rétrécissent toujours plus. Il n'existe plus rien qui ne soit vierge. C'est comme s'il ne restait plus le moindre morceau de nature intacte, ni à l'extérieur, ni à l'intérieur. Symbolique de ce rétrécissement à l'extérieur me semble un rapport venu d'Afrique, selon lequel les animaux sauvages, non encore éradiqués en raison de nombreuses lois de conservation, perturbent les aéroports et constituent une menace pour la sécurité. Mais nous n'avons pas besoin de penser à l'Afrique. En Europe, pour ne rien dire de l'Amérique, chaque village aura bientôt suffisamment d'électricité et de radiodiffusion pour contredire ce que le néoromantisme prétend encore y ressentir de lien avec la nature. Symbolique du rétrécissement intérieur est la tendance de la grande entreprise à réguler les relations humaines jusque dans les moindres détails. Non seulement on forme les vendeuses à sourire et les dirigeants à la gestion des ressources humaines, mais il est de plus en plus courant de considérer comme « naturel » l'individu neutre, non engagé, qui à la suite d'un apprentissage pénible et peut-être même par la psychothérapie, parvient à éliminer toute difficulté dans l'expression de ses affects et se trouve dans les meilleurs termes avec les règles du jeu de la société – tandis que le naturel, dans ses limitations, sera tenu pour anormal. Dans tout ceci s'annonce un état dans lequel la nature n'est pas simplement absorbée par la société mais réduite à néant, non pas entretenue, mais niée, non pas soignée comme quelque chose de précieux, mais valorisée comme un matériau. C'est la différence principale, liée à la technicisation et à l'industrialisation, avec l'ancienne essence du travail. Le processus de culture s'est changé en fabrication (*Verarbeitung*). La fabrication – et ici réside la différence essentielle – ne laisse à l'objet aucun temps, le temps est réduit. Mais le temps est synonyme d'amour ; la chose à quoi je consacre du temps, je lui donne de l'amour ; la violence est rapide. On pourrait ainsi soutenir que le concept de culture s'est vu au sens littéral retiré sa substance, en ce qu'il n'y a dans le domaine humain plus rien de non cultivé (*Ungebildetes*), plus de nature non maîtrisée et qu'il faudrait former, en appelant à ce qui n'a pas encore été tout à fait maîtrisé par la planification et l'autodiscipline humaine plutôt qu'en étendant le règne de la culture, qui de toute façon semble déjà devenir total.

L'éradication de la nature, sa négation au titre de pur matériau conduit à la crise de la culture dont il est si souvent question. La vieille maxime latine selon laquelle le naturel revient toujours, même chassé à coup de fourche – *naturam expellas furca, tamen usque recurret* –, relève manifestement de maximes qui ont encore cours, contrairement à « l'artisanat vaut de l'or » ou « tant va la cruche à l'eau qu'à la fin elle se rompt ». La psychologie moderne a défendu avec insistance l'idée que la nature réprimée, les pulsions refoulées de manière violente par la civilisation, ne disparaissent pas simplement mais se déplacent pour constituer d'autres énergies, qui plus est destructrices à proportion de l'intensification de la pression. Celles-ci menacent tout l'édifice. Si je dois l'exprimer de manière paradoxale, le processus industriel produit aussi une masse et une mesure nouvelles et peut-être insoupçonnées de barbarie. Cela vaut autant pour les hommes pris individuellement, chez lesquels les gestes destructeurs, hargneux ou désespérés sont souvent prêt à surgir derrière le comportement maîtrisé, sûr de lui et routinier, que pour l'ensemble de la société. L'inculture n'est en aucun cas limitée, dans la société, aux contrées rurales auxquelles le concept de rusticité était originairement attaché par les villes médiévales. Les couches les plus avancées ne sont pas les moins fragiles. On pourra douter qu'un paysan du dix-neuvième siècle fût aussi inculte que ne l'est aujourd'hui un jeune homme qui utilise son « temps libre » – ainsi qu'on le nomme aujourd'hui – pour bronzer méthodiquement sur une plage en laissant seriner sa radio. Si la vision hypocrite selon laquelle la campagne et le terroir garantiraient la culture est une falsification romantique et finalement totalitaire, on ne saurait pourtant tenir pour garantie l'humanité des capitales de la mobilité. La nature dissimulée par le progrès frénétique est prête à ressurgir partout.

Nous devons absolument nous garder de nous représenter trop simplement et littéralement ce processus de socialisation universelle, cette mise en forme et cette saisie de chaque individu par la totalité. Le tempo pris par le développement technique et, avec lui, par l'organisation totale de la société dans les dernières décennies a eu pour effet d'entraîner dans ce processus des secteurs toujours plus larges de la vie et de l'homme, qui, au regard de leur développement historique, n'étaient pas mûrs pour cela. D'innombrables éléments bruts et non formés sont pris dans les mailles étroites d'une mise en forme omniprésente. La contradiction entre ce maillage et ce qui se tient en dessous, informe dans une large mesure, a ses aspects funestes : les vieux éléments traditionnels de la culture sont dissous sans que le nouvel état de l'esprit puisse déjà trouver appui sur un niveau de conscience suffisant des sujets, de sorte que se développent effectivement ce que Spengler nommait les hommes des cavernes modernes. Lorsque nous parlons aujourd'hui du problème de la culture et de son renversement en son contraire, nous ne devons pas oublier le retard du non cultivé, du non développé, du fruste au sens littéral, qui a été entraîné par la dernière phase de la civilisation mais sans en être pénétré dans sa propre substance. La capacité intellectuelle de juger de la population, en si flagrante disproportion avec le haut niveau de la science et de la technologie, l'invitation à la tromperie que cet état intellectuel des masses constitue constamment pour des puissants sans scrupules, sont précisément partagées par les peuples industriellement avancés et nous connaissons, par l'histoire la plus récente, les conséquences qu'emportent une socialisation à la fois totale et superficielle de la vie moderne. Espérons que votre génération n'aura pas à en supporter de nouvelles et trouvera la force – et surtout le temps – qui rendront possible l'intelligence de la nature du désastre, et finalement le pouvoir de le conjurer, plutôt que d'y être entraîné. C'est la tâche de la culture à laquelle nous sommes aujourd'hui appelés dans les universités allemandes.

Mais je vais à présent formuler l'objection qui, j'en suis sûr, est sur vos lèvres. Vous direz que j'ai ignoré la différence entre culture authentique et inauthentique, esprit et raison (*ratio*), culture et civilisation. C'est la culture (*Kultur*) que désignerait le concept ici présenté d'une culture (*Bildung*) qui ne s'épuise pas dans la simple violence exercée sur une nature assujettie, mais qui bien plutôt la réconcilie avec la vie. La saisie moderne de la nature par la société et les relations sociales entre les hommes qui en découlent, en revanche, seraient simple civilisation. Vous serez tentés de distinguer de manière dogmatique entre des périodes de culture authentique et de culture inauthentique et de prendre certaines situations historiques comme modèle de ces bonnes ou au contraire de ces mauvaises périodes – bien que la majorité des hommes, même dans ces périodes célébrées, se consumait dans un travail lourd et servile. Partant du concept traditionnel et idéaliste de la

culture, vous verrez la culture là où un homme cherche
d'une certaine façon à se façonner lui-même comme une
œuvre d'art et se prend pour ainsi dire lui-même comme
objet de sa propre mise en forme, et non là où il exerce sa
force dans la mise en forme du monde et intervient dans
le processus social extérieur. À l'instar du cercle de George,
vous pourriez tenir la culture (*Kultur*) pour le façonnement
esthétique, et l'agir efficace dans le monde pour un vil
processus de civilisation. Je voudrais vous mettre en garde
– et peut-être cet avertissement est-il déjà un fragment de
culture (*Bildung*) – contre le maniement trop hâtif de telles
oppositions ; la compréhension pénétrante des moments,
se développant de manière hétérogène, qui composent les
structures historiques, ne se laisse pas remplacer par des
classifications schématiques. Il reviendra précisément à la
culture que vous acquerrez à l'université de vous refuser
à de telles antithèses commodes et de ne pas croire que les
choses les plus essentielles sont déjà convenues depuis
longtemps entre hommes raisonnables. Méfiez-vous plutôt
lorsque quelqu'un prétend classer les phénomènes en
torchons et en serviettes. Dans notre cas, il se pourrait que
ce que l'on reproche à la mauvaise civilisation fut
précisément déjà contenu dans ce qui nous apparaît comme
la bonne vieille culture de nos pères et se soit développé
à partir d'elle de manière nécessaire. Lesdites cultures de
la personnalité, l'intériorisation, la volonté de façonnement
de soi-même, aussi appréciables que puissent en avoir été
les effets contribuèrent néanmoins sans aucun doute à un
durcissement des individus, à une suffisance, à la conscience
d'un privilège et à l'assombrissement du monde. La barbarisation de l'humanité s'annonçait déjà au dix-neuvième
siècle lorsque le nom de culture fut donné à l'inversion de
la direction de la volonté de façonnement – l'amour –, non

plus vers la réalité mais vers l'individu vivant de sa propre mise en forme. Il se pourrait également que l'une des causes spirituelles de la crise de la culture soit précisément d'avoir maintenu le lien du concept de culture avec le moi isolé, l'idolâtrie du moi se suffisant à lui-même, qui fut peut-être un stade de transition historique nécessaire, mais ne fut jamais vraiment une norme éternelle. Si toutefois il existe une telle relation interne entre le concept traditionnel de culture (*Kultur*) et la civilisation, la tâche serait de dépasser l'ancien concept d'une culture (*Bildung*) simplement posée contre la dévotion pour la civilisation et la société.

Cela a déjà été accompli dans l'histoire de l'esprit allemand. Tandis que Herder, Schiller, Humboldt et Schleiermacher insistaient sur l'intériorisation appropriée à leur époque, l'esprit réaliste de Hegel et de Goethe a vu plus loin que les penseurs individualistes, dont le culte de l'individu revient à mettre un terme à toute culture substantielle et même à supprimer l'individu. Les deux ont su que le chemin de la culture est celui d'une objectivation (*Entäusserung*) ; on pourrait aussi dire simplement : d'une expérience. Cultivé, on ne le devient pas par « ce que l'on fait de soi-même », mais uniquement en se dévouant à la chose, dans le travail intellectuel aussi bien que dans la praxis consciente d'elle-même. Ce n'est que par l'engagement dans un travail objectif que l'individu peut dépasser la contingence de sa simple existence, à laquelle la vieille croyance en la culture reste attachée et dans laquelle, sans objectivation, ne s'accomplissent que l'intérêt personnel et à sa suite le mauvais universel. Si l'expérience de l'art n'est pas liée à une vie qui veut dans le monde et veut quelque chose du monde, elle reste vide et aveugle, le consommateur eût-il parcouru toutes les villes italiennes, leurs musées et leurs cathédrales, fût-il dans les salles de concert du monde entier comme à la maison et possédât-il les disques de tous les orchestres symphoniques. L'appropriation ne suffit pas. N'est pas cultivé celui qui ne peut sortir de lui-même, se perdre complètement dans un autre, une objectivité, tout en travaillant à s'y maintenir, et le prétendu homme de culture qui n'en n'est pas capable fera toujours montre d'une limitation et d'une partialité qui démentiront sa propre prétention à la culture. L'autre, l'objectif, n'est aujourd'hui plus simplement le particulier, ce que vous rencontrez dans votre profession en tant que secteur séparé de la vie sociale, votre domaine de travail spécifique, ce qui relève de votre parcours professionnel, mais également et prioritairement ce sans quoi le déploiement de l'individuel n'est aucunement possible ; je veux dire l'institution rationnelle et humaine, l'amélioration et la formation du tout social. Lorsque Nietzsche affirme que la croissance de la fourberie et de la bêtise appartiennent au progrès, il sait également que l'on ne peut vivre sage dans un monde stupide et bon dans un monde mauvais. La culture est autant culture du tout extérieur que culture de soi-même. Nul n'est cultivé qui ne reconnaît pas dans le dévouement à sa propre cause sa relation avec le tout et ne fait activement preuve dans les choses publiques, à l'égard de l'esprit du temps, de cette liberté à l'égard des slogans, clichés et préjugés que l'on doit acquérir dans sa profession académique et dans sa science.

La thèse selon laquelle la société industrielle de masse nous contraint à prendre conscience de la problématique propre au concept traditionnel de culture, sans pour autant le réhabiliter, valait comme réflexion sur votre représentation de ce que vous pouviez espérer de l'université. Nous sommes arrivés à la conclusion que la liberté intérieure acquise par l'étude, le courage et le dévouement indéfectible au tout contribuent à la réalisation de la culture individuelle. Si un tel enseignement, aussi sobre et simple soit-il, peut bien sembler signifier une exigence très élevée, je voudrais à présent indiquer un caractère de votre attente par où elle est susceptible d'une satisfaction immédiate. À l'université, vous ne faites pas qu'étudier, mais dans la réunion avec les autres étudiants comme avec vos enseignants, vous vous trouvez dans une communauté qui est déjà liée à la culture et par là à la vérité, la liberté, l'humanité. Vous vous trouvez dans un cercle qui se consacre à des choses qui ne sont pas diminuées mais plutôt augmentées par la possession commune, des choses essentielles dont dépendent non seulement votre existence mais celle de l'ensemble. Il s'agit là d'une relation éminemment humaine, et l'idée d'une telle communauté, nécessairement indistincte, participe, je crois, de l'image que vous apportez avec vous de vos futures années d'université. – Permettez-moi un dernier mot sur cette attente.

Il y a une manière moderne de penser qui suppose qu'un homme n'agit de manière rationnelle que lorsque son bien-être ou celui d'autrui est son intention dernière. Les hommes vaudraient ainsi toujours en tant que fins dernières, toute autre position de fins passant pour superstition ; ainsi serait-il insensé de se dévouer à des choses plutôt que de les considérer comme de simples moyens pour les hommes. Mais cette philosophie philanthropique ne sait rien du fait que les hommes deviennent des coquilles vides s'ils ne sont pas capables de se plonger dans la chose. C'est seulement ainsi qu'ils reçoivent contenu et substance et se retrouvent en tant qu'hommes. Soutenir que tout dans le monde, à l'exception de l'homme, soit pour l'homme un simple instrument contribue – malgré toute la bonne intention – à ce que le monde devienne simplement administré et l'humanité une formule vide. Toute relation humaine authentique est médiatisée, elle repose sur une préoccupation commune pour un Autre, fût-ce le *summum bonum*, la justice ou n'importe quelle œuvre modeste. Seul un tel intérêt confère un fond à la relation. L'université est un lieu où de telles relations se tissent et avec elles les liens et les amitiés de jeunesse, qui préfigurent en petit la nature de la société, si celle-ci doit un jour se façonner comme une société juste. Je crois que le souhait de tels liens authentiques, utopiques si vous voulez, souhait profondément lié au désir d'une véritable culture, participe de l'idée <de culture> que vous apportez avec vous et j'espère de tout cœur que vous le verrez se réaliser.

De même que je vous mettais en garde, dans votre exigence de culture, contre la séduction du concept obsolète d'une culture simplement opposée à la civilisation, je regretterais qu'au lieu de laisser émerger de solides relations humaines à partir de la chose scientifique, esthétique ou de toute autre nature, vous renversiez le rapport et fassiez de la relation un but en soi. La véritable amitié est de ces choses qui se laissent difficilement organiser, presque autant que la fraternité. Si vous la cherchez, vous courrez le risque qu'elle vous échappe. Elle naît d'une urgence, d'une préoccupation concrète et commune dans le monde, de la résistance contre le mauvais, d'une puissante foi politique ou religieuse, et non de la foi en la relation humaine comme but en soi, car celle-là est vide et abstraite. Elle conduit, pour utiliser l'expression judicieuse de Bry, à une religion dissimulée, qui éteint l'amour pour la vérité[1]. Cela ne doit pas vous empêcher d'examiner avec attention les groupes et associations, anciens et nouveaux, qui se sont constitués dans notre université et qui vous ouvrent le chemin vers des étudiantes et des étudiants dans une situation comparable, afin d'intégrer tel ou tel de ces groupes si vous le jugez pertinent. Mais nous souhaitons que vous ne renversiez pas l'ordre véritable de vos intérêts et que la chose pour laquelle vous êtes ici, la vérité, ne passe pas au second plan au profit d'autres devoirs. Nous souhaitons avant tout que vous ne laissiez pas s'affaiblir la volonté sans compromis de travailler à un meilleur état du monde au profit d'une loyauté perverse envers une idéologie devenue fausse. Chacun de vos pas en tant qu'étudiant – et surtout en tant qu'étudiant de cette Université de Francfort, qui doit son existence et sa pérennité à l'État et donc à toutes les couches de la population, ainsi qu'à l'esprit d'ouverture des citoyens libres de cette ville –, chacun de vos pas renferme un sens et une responsabilité qui ne peuvent être mesurés à l'aune des coutumes et des vues des différentes fédérations, aussi vénérables et renouvelées soient-elles, mais seulement à l'aune de votre pensée et de votre conscience propres et déployées. Ceci a été constamment rappelé par mon prédécesseur à cette place, lors de la cérémonie d'inscription, et je le répète aujourd'hui avec la conviction que plus que jamais l'avenir d'un monde libre dépend du fait que, parmi les étudiants allemands, il y ait suffisamment d'hommes – et de femmes – ayant un courage civique, une force de résistance et une indépendance intérieure, qui ne réagissent

---

1. Carl Ch. Bry, *Verkappte Religionen, Kritik des kollektiven Wahns*, Gotha-Stuttgart, Friedrich Andreas Perthes, 1924.

pas comme les masses partout manipulées aux vociférations et aux appels à un guide (*Führerrufe*) mais soient des hommes d'esprit – dans le monde de l'esprit de résistance (*Gegengeist*). Si en tant qu'enseignants nous pouvons contribuer à vous former de la sorte, nous aurons accompli la tâche spécifique de l'université.

Parmi les relations qui peuvent naître à l'université sur la base d'intérêts raisonnables figurent celles que vous établissez dans le cadre de votre participation à l'autogestion des étudiants. Il est bien compréhensible que l'AStA et le parlement des étudiants, les associations d'étudiants et les assemblées générales ne présentent d'abord que peu d'attrait pour vous. Ne cédez pas à cette réticence. La plupart des malheurs publics de l'histoire récente furent dus à l'inactivité des meilleurs au moins autant qu'à l'activité des malfaisants. Je vous prie au nom du sénat de coopérer dans ces matières. Vous vous formerez plus profondément et de manière plus déterminante à l'universel par les questions quotidiennes que vous aurez à y affronter concrètement que dans de nombreux autres secteurs de la vie étudiante. Ceci vaut particulièrement si vous ne laissez pas la routine administrative vous dicter vos propres objectifs et si vous apprenez à vous affirmer en tant que jeunes femmes et jeunes hommes.

GILBERT SIMONDON

NOTE COMPLÉMENTAIRE
SUR LES CONSÉQUENCES DE LA NOTION
D'INDIVIDUATION (1958)[1]

CHAPITRE PREMIER. VALEURS
ET RECHERCHE D'OBJECTIVITÉ

1. *Valeurs relatives et valeurs absolues.*

La valeur représente le symbole de l'intégration la plus parfaite possible, c'est-à-dire de la complémentarité illimitée entre l'être individuel et les autres êtres individuels. Elle suppose qu'il existe un moyen de rendre toutes les réalités complémentaires, et le moyen le plus simple est évidemment de supposer que tout ce qui est s'intègre dans une volonté universelle ; la finalité divine, universalisation du principe de raison suffisante, suppose et arrête cette requête de valeur ; elle cherche à compenser l'inadéquation entre tous les êtres existants par une dissymétrie acceptée une fois pour toutes entre l'être créateur et les êtres créés. Dieu est invoqué comme condition de complémentarité. Cette

---

1. G. Simondon, « Note complémentaire sur les conséquences de la notion d'individuation », dans *L'individuation à la lumière des notions de forme et d'information*, Grenoble, Millon, 2017, p. 331-355 (extraits).

complémentarité peut se trouver soit par la liaison directe d'une communauté au plan de finalité divine (c'est alors le sens de l'Ancien Testament avec la notion du peuple élu), soit par la constitution d'une communauté virtuelle finale des élus, qui ne seront déterminés qu'après l'épreuve de l'existence terrestre (c'est le sens du christianisme communautaire), soit encore comme une possibilité indéfinie de progrès ou de recul dans la voie de la découverte de Dieu ; saint Paul et Simone Weil représentent cette volonté de transparence directe. On peut aussi concevoir une perfection absolue et non communautaire, comme celle de Péguy, qui représente un effort d'intégration dépassant toutes les pensées abstraites précédentes.

Mais nous devons remarquer que les Présocratiques avaient conçu la complémentarité d'une manière différente, comme couple des contraires, naissance et mort, montée et descente, chemin vers le haut et chemin vers le bas. Pour eux, la mort d'un être est condition de la naissance d'un autre ; c'est la complémentarité de la somme du devenir qui a pour expression le retour éternel, que Nietzsche a retrouvé comme un mythe essentiel chez les Présocratiques, et qu'il a intégré à son panthéisme.

Dans tous les cas, la valeur est l'action grâce à laquelle il peut y avoir complémentarité. Ce principe a pour conséquence que trois types de valeurs sont possibles : deux valeurs relatives et une valeur absolue. Nous pouvons nommer valeurs relatives celles qui expriment l'arrivée d'une condition complémentaire ; cette valeur est liée à la chose même qui constitue cette condition, mais elle ne réside pourtant pas dans celle chose ; on peut considérer *qu'elle, est* attachée à cette chose sans pourtant lui être inhérente ; c'est la valeur du remède qui guérit, ou de l'aliment qui permet de vivre. Il peut y avoir ici la valeur comme condition organique ou la valeur comme condition technique, selon que la condition déjà réalisée est technique ou organique. Le troisième type de valeur est la valeur qui permet la relation : début ou amorce de la réaction qui permet cette activité, et qui s'entretient d'elle-même une fois qu'elle a commencé. Au nombre de ces valeurs, on peut mettre la culture, qui est comme un ensemble de débuts d'action, pourvus d'un schématisme riche, et qui attendent d'être actualisés dans une action ; la culture permet de résoudre des problèmes, mais elle ne permet pas de construire ou de vivre organiquement ; elle suppose que la possibilité de vie organique et de vie technique est déjà donnée, mais que les possibilités complémentaires ne sont pas en regard et, pour cette raison, restent stériles ; elle crée alors le système de symboles qui leur permet d'entrer en réaction mutuelle.

Cela suppose que la culture soit capable de MANIPULER en quelque manière les symboles qui représentent tel geste technique ou telle pulsion biologique ; car, l'inertie et la compacité des conditions organiques ou des conditions techniques est ce qui empêche leur mise en relation à l'état brut ; nous comprenons pourquoi la culture est liée à la capacité de symboliser les conditions organiques et techniques au lieu de les transporter en bloc à l'état brut : de même que pour amorcer une réaction difficile on ne cherche pas à agir sur toute la masse des corps à combiner, mais au contraire sur des masses réduites qui propageront analogiquement la réaction dans le tout, la culture ne peut être efficace que si elle possède au point de départ cette capacité d'agir sur des symboles et non sur les réalités brutes ; la condition de validité de cette action sur les symboles réside dans l'authenticité des symboles, c'est-à-dire dans le fait qu'ils sont véritablement le prolongement des réalités qu'ils représentent, et non un simple arbitraire, qui est artificiellement lié aux choses qu'il doit représenter. Platon a montré que la rectitude des dénominations est nécessaire à la pensée adéquate, et que le philosophe doit se préoccuper de découvrir le véritable symbole de chaque être, celui qui a un sens même pour les Dieux, selon les termes du Cratyle. C'est pour cette raison que tous les exercices d'expression jouent un rôle majeur dans la culture, sans toutefois que l'on doive à aucun moment confondre la culture avec ces exercices. Les Beaux-Arts, en tant que moyens d'expression, offrent à la culture leur force de symbolisation adéquate, mais ne constituent pas la culture qui, si elle reste esthétisme, ne possède aucune efficacité.

Il faut de plus que la culture, au lieu d'être pure consommatrice de moyens d'expression constitués en genres fermés, serve effectivement à résoudre les problèmes humains, c'est-à-dire mette en rapport les conditions organiques et les conditions techniques. Un pur organicisme ou un pur technicisme éludent le problème de l'efficacité de la culture. Le marxisme et le freudisme réduisent la culture au rôle de moyen d'expression ; mais en réalité une culture est réflexive, ou bien elle n'est pas : elle reste une mythologie ou une superstructure. Considérons au contraire une culture de type réflexif, qui veut résoudre des problèmes : nous trouvons en elle une utilisation du pouvoir de symboliser qui ne s'épuise ni dans une promotion de l'organique ni dans une expression du technique ; la culture réflexive est sensible à l'aspect problématique de l'existence ; elle recherche ce qui est humain, c'est-à-dire ce qui, au lieu de s'accomplir de soi-même et automatiquement, nécessite une mise en question de l'homme par lui-même dans le retour de causalité de la réflexion et de la conscience de soi ; c'est dans la rencontre de l'obstacle que la nécessité de la culture se manifeste ;

Wladimir Jankélévitch écrit que tout problème est par essence thanatologique; c'est que, dans les conditions simples de l'existence, l'homme est organisme ou technicien, mais jamais les deux simultanément; or, le problème apparaît lorsque surgit, à la place de cette alternance entre la vie organique et la vie technique, la nécessité d'un mode de *COMPATIBILITÉ* entre les deux vies, au sein d'une vie qui les intègre simultanément, et qui est l'existence humaine. Toutes les cultures donnent une réponse à ce problème de compatibilité posé en termes particuliers. Platon trouve la réponse dans l'analogie de structure, d'opérations et de vertus qui existe entre l'individu et la cité dans laquelle son activité technique s'explicite; c'est la « cité sans frottement » de la République et des Lois. Le christianisme, ne cherchant plus à éterniser l'homme dans le devenir, introduit la notion du mérite des œuvres, et raccorde l'effort technique à la vie organique par l'espérance en une vie éternelle qui intègre les deux aspects : l'effort non organique se convertit en vie spirituelle. Le sacrifice est un mode de conversion qui suppose la possibilité de cette intégration. La relation entre les deux termes est possible par la commune relation à Dieu.

2. *La zone obscure entre le substantialisme de l'individu et l'intégration au groupe.*

Nous devons remarquer le caractère particulièrement aigu que prend le problème quand l'activité technique ne se réduit pas à la guerre ou à la gestion de la cité, comme pour les citoyens des cités où l'esclavage délivrait ces derniers du travail; le christianisme correspond à la nécessité d'intégrer au problème le travail, qui n'était pas au nombre des techniques du citoyen. Il serait tout à fait faux de considérer que la culture chrétienne est dévalorisée parce

qu'elle correspond au problème humain de l'esclave, tandis
que la culture gréco-latine serait valorisée parce qu'elle
correspond à une position du problème qui ne contient pas
la fonction du travail ; si l'une de ces deux cultures est
incomplète, l'autre l'est aussi ; elles sont incomplètes de
manière simultanée et complémentaire. Elles sont des
cultures inachevées, en ce sens que chacune d'elles suppose
à la fois l'exclusion spirituelle et l'existence matérielle de
l'autre culture. Paganisme et christianisme sont des cultures
réciproques, qui constituent comme un couple existentiel.
En approfondissant l'étude de la culture gréco-romaine
elle-même, on trouverait que, avant l'apparition historique
du Christianisme, des traditions culturelles remplissaient
la fonction qu'il assuma plus tard avec une ampleur qui
était à la mesure du monde intellectuel nouveau : à l'échelle
de la cité, les cultes initiatiques comme l'Orphisme et le
Pythagorisme, ou encore les mystères de Cybèle,
constituaient un élément non proprement païen de la
pensée : l'œuvre de Platon manifeste l'importance des
valeurs qu'ils représentaient. Tacite, pour exposer ce qu'est
le Christianisme, le rapproche du culte de Dionysos, avec
lequel il le confond plus ou moins complètement. Le
Christianisme, considéré comme culture, vient remplacer
la pluralité des cultes initiatiques du sacrifice et de la
résurrection ; mais il est doué d'un pouvoir d'universalité
qui en fait l'antagoniste de la religion officielle de l'empire
Romain ; la compatibilité entre le paganisme pur et les
cultes initiatiques, qui déjà avait manifesté sa précarité,
cesse lorsque le Christianisme fait converger vers lui les
aspirations qui jusqu'à ce jour s'étaient réparties en mystères
particuliers.

Cet antagonisme d'aspects culturels pourtant complémentaires n'a jamais cessé ; il subsiste encore aujourd'hui

une relative opposition entre une culture civique et une culture religieuse. Or, il n'y a pas d'unité possible entre ces deux versants de la culture au niveau de leur contenu particulier ; seule une pensée réflexive peut découvrir un sens unitaire des valeurs dans cet antagonisme ; toute volonté de synthèse au niveau de ces deux contenus culturels ne pourrait aboutir qu'à un enfoncement dans des déterminations stéréotypées ; c'est ce que montre l'examen de ces deux synthèses très insuffisantes que constituent la culture civique devenue religion ou la culture religieuse devenue support d'une société fermée ; la pensée maçonnique se ferme sur elle-même dans la méditation de vertus civiques abstraites, et la foi religieuse devient sentiment d'appartenance pharisienne au petit groupe des fidèles, affirmant grâce au symbolisme et au rite sa distinction d'avec l'autre groupe social. Un civisme devenu religion s'oppose à une religion devenue civisme. Or, seule une pensée capable d'instituer une relation *ALLAGMATIQUE* véritable entre ces deux aspects de la culture est valable ; elle est alors non pas dogmatique mais réflexive ; le sens des valeurs disparaît dans cette incompatibilité des deux cultures ; seule la pensée philosophique peut découvrir une compatibilité dynamique entre ces deux forces aveugles qui sacrifient l'homme à la cité ou la vie collective à la recherche individuelle du salut. Sans la pensée réflexive, la culture se dégrade en efforts incompatibles et non constructifs, qui consument dans un affrontement stérile la préoccupation civique et la recherche d'une destinée individuelle. Le sens des valeurs est le refus d'une incompatibilité dans le domaine de la culture, le refus d'une absurdité fondamentale en l'homme.

(...)

CHAPITRE II. INDIVIDUATION ET INVENTION

1. *Le technicien comme individu pur.*

L'activité technique peut par conséquent être considérée comme une introductrice à la véritable raison sociale, et comme une initiatrice au sens de la liberté de l'individu ; la communauté identifie en effet l'individu avec sa fonction, qui est organique ou technique ; mais, tandis qu'elle peut l'identifier totalement avec sa fonction organique et son état organique (jeune homme, vieillard, guerrier), elle ne peut le faire adhérer totalement à sa fonction technique : le médecin est, dans les poèmes homériques, considéré comme équivalent à lui tout seul à plusieurs guerriers (ποελλως ἀντάξιός ἐστι) et particulièrement honoré. C'est que le médecin est le technicien de la guérison ; il a un pouvoir magique ; sa force n'est pas purement sociale comme celle du chef ou du guerrier ; c'est sa fonction sociale qui résulte de son pouvoir individuel, et non son pouvoir individuel qui résulte de son activité sociale ; le médecin est plus que l'homme défini par son intégration au groupe ; il est par lui-même ; il a un don qui n'est qu'à lui, qu'il ne tient pas de la société, et qui définit la consistance de son individualité directement saisie. Il n'est pas seulement un membre d'une société, mais un individu pur ; dans une communauté, il est comme d'une autre espèce ; il est un point singulier, et n'est pas soumis aux mêmes obligations et aux mêmes interdits que les autres hommes. Le sorcier ou le prêtre sont également les détenteurs d'une technique d'ordre supérieur, grâce à laquelle les forces naturelles sont captées ou les puissances divines rendues favorables ; un seul homme peut tenir tête au chef d'armée, un seul lui imposer le respect : le devin Tirésias est plus puissant que tout autre être défini par sa fonction, car il est le technicien de la prévision de l'avenir. Un roi même est attaché à sa fonction, même s'il est « legibus solutus ». Le technicien, dans une communauté, apporte un élément neuf et irremplaçable, celui du dialogue direct avec l'objet en tant qu'il est caché ou inaccessible à l'homme de la communauté ; le médecin connaît par l'extérieur du corps les mystérieuses fonctions qui s'accomplissent à l'intérieur des organes. Le devin lit dans les entrailles des victimes le sort caché de la communauté ; le prêtre est en communication avec la volonté des Dieux et peut modifier leurs décisions ou tout au moins connaître leurs arrêts et les révéler.

L'ingénieur, dans les cités grecques d'Ionie au VIᵉ siècle avant Jésus-Christ, devient le technicien par excellence ; il apporte à ces cités le pouvoir d'expansion, et il est l'homme εὐμήχανος ές τέχνας. Thalès, Anaximandre, Anaximène, sont avant tout des techniciens. On ne doit pas oublier que la première apparition d'une pensée individuelle libre et d'une réflexion désintéressée est le fait de techniciens, c'est-à-dire d'hommes qui ont su se dégager de la communauté par un dialogue direct avec le monde. Tannery a montré dans son ouvrage intitulé : *Pour une histoire de la science hellène*, le rôle prépondérant de la pensée technique dans ce que l'on a nommé le « miracle grec » ; le miracle est l'avènement, à l'intérieur de la communauté, de l'individu pur, qui réunit en lui les deux conditions de la pensée réflexive : la vie organique et la vie technique. Ces premiers techniciens ont montré leur force en prédisant, comme le fit Thalès, une éclipse de soleil. On ne peut confondre technique et travail ; en effet, le travail, perdant son caractère d'opération sur un objet caché, n'est plus une technique à proprement parler ; le véritable technicien est celui qui est un médiateur entre la communauté et l'objet caché ou inaccessible. Nous nommons aujourd'hui techniciens des hommes qui sont en réalité des travailleurs spécialisés, mais ne mettent pas la communauté en relation avec un domaine caché; une technique absolument élucidée et divulguée n'est plus une technique, mais un type de travail; les « spécialistes » ne sont pas de véritables techniciens, mais des travailleurs; la véritable activité technique est aujourd'hui dans le domaine de la recherche scientifique qui, parce qu'elle est recherche, est orientée vers des objets ou des propriétés d'objets encore inconnus. Les individus libres sont ceux qui effectuent la recherche, et instituent par là une relation avec l'objet non social.

2. *L'opération technique comme condition d'individuation. Invention et autonomie; communauté et relation transindividuelle technique.*

Le rapport de l'Homme au monde peut en effet s'effectuer soit à travers la communauté, par le travail, soit de l'individu à l'objet, dans un dialogue direct qu'est l'effort technique : l'objet technique ainsi élaboré définit une certaine cristallisation du geste humain créateur, et le perpétue dans l'être; l'effort technique n'est pas soumis au même régime temporel que le travail; le travail s'épuise dans son propre accomplissement, et l'être qui travaille s'aliène dans son œuvre qui prend de plus en plus de distance par rapport à lui-même; au contraire, l'être technique réalise la sommation d'une disponibilité qui reste toujours présente; l'effort étalé dans le temps, au lieu de se dissiper, construit discursivement un être cohérent qui exprime l'action ou la suite d'actions qui l'ont constitué, et les conserve toujours présentes : l'être technique médiatise l'effort humain et lui confère une autonomie que la communauté ne confère pas au travail. L'être technique est participable ; comme sa nature ne réside pas seulement dans son actualité, mais aussi dans l'information qu'il fixe et qui le constitue, il peut être reproduit sans perdre cette information. Il est donc d'une fécondité inépuisable en tant qu'être d'information ; il est ouvert à tout geste humain pour l'utiliser ou le recréer, et s'insère dans un élan de communication universelle. Les Sophistes ont compris et exprimé cette valeur de l'effort technique qui libère l'homme de la communauté et fait de lui un véritable individu. L'homme n'est pas seulement ζῷον πολιτιχόν il est aussi ζῷον τεχνιχὸν, et la communication de la pensée technique est empreinte du caractère d'universalité jusque dans ses formes les plus frustes ou les plus élémentaires. Auguste Comte a marqué l'inhérence des « germes nécessaires de positivité » à l'opération technique.

L'opération technique réalise en effet ce que le travail ou les autres fonctions communautaires ne peuvent réaliser : la réactivité de l'acte ; l'activité constructive donne à l'homme l'image réelle de son acte, parce que ce qui est actuellement objet de la construction devient moyen d'une construction ultérieure, grâce à une permanente médiatisation ; c'est ce régime continu et ouvert du temps de l'effort technique qui permet à l'individu d'avoir la conscience réactive de sa propre action, et d'être sa propre norme. En effet, les normes techniques sont entièrement accessibles à l'individu sans qu'il doive avoir recours à une normativité sociale. L'objet technique est valide ou non valide selon ses caractères internes qui traduisent le schématisme inhérent à l'effort par lequel il s'est constitué. Une normativité intrinsèque des actes du sujet, qui exige leur cohérence interne, se définit à partir de l'opération technique inventive. Ces normes ne suffisent jamais à produire l'invention, mais leur immanence au sujet conditionne la validité de son effort. Le technicien ne peut agir que librement, car la normativité technique est intrinsèque par rapport au geste qui la constitue ; elle n'est pas extérieure à l'action ou antérieure à elle ; mais l'action n'est pas non plus anomique, car elle n'est féconde que si elle est cohérente, et cette cohérence est sa normativité. Elle est valide en tant qu'elle existe véritablement en elle-même et non dans la communauté. L'adoption ou le refus d'un objet technique par une société ne signifie rien pour ou contre la validité de cet objet ; la normativité technique est intrinsèque et absolue ; on peut même remarquer que c'est par la technique que la pénétration d'une normativité nouvelle dans une communauté fermée est rendue possible. La normativité technique modifie le code des valeurs d'une société fermée, parce qu'il existe une systématique des valeurs, et toute société fermée qui, admettant une technique nouvelle, introduit les valeurs inhérentes à cette technique, opère par là même une nouvelle structuration de son code des valeurs. Comme il n'est pas de communauté qui n'utilise aucune technique ou n'en introduise jamais de nouvelles, il n'existe pas de communauté totalement fermée et inévolutive.

Tout groupe social est un mixte de communauté et de société, définissant en tant que communauté un code d'obligations extrinsèques par rapport aux individus et en tant que société une intériorité par rapport aux individus. L'effort communautaire et l'effort technique sont antagonistes dans une société déterminée ; les forces communautaires tendent à incorporer les techniques dans un système d'obligations sociales, en assimilant l'effort technique à un travail ; mais l'effort technique oblige la communauté à rectifier toujours sa structure pour incorporer des créations toujours nouvelles, et il soumet au jugement selon ses propres valeurs la structure de la communauté, en analysant ses caractères dynamiques que cette structure prédétermine. Le technicisme positiviste est un exemple très net de la manière dont une pareille pensée introduit des valeurs nouvelles dans la communauté. Une sociologie qui, croyant saisir la réalité humaine dans sa spécificité, élimine la considération de l'individu pur et par conséquent des techniques dans leur genèse, définit le social par l'obligation, mais laisse de côté une part importante de la réalité sociale, part qui peut devenir prépondérante dans certains cas. La réalité collective est indissolublement communautaire et sociale, mais ces deux caractères sont antagonistes, et la sociologie moniste ne peut rendre compte de cet antagonisme.

Il serait faux de considérer que la communauté ne réagit que contre l'influence dissolvante de l'individu cherchant à satisfaire les désirs égoïstes ; un inventeur ou un homme de science n'est pas plus égoïste qu'un peintre ou un poète ; pourtant, la communauté accepte le peintre ou le poète, mais refuse l'invention, parce qu'il y a dans l'invention quelque chose qui est au-delà de la communauté et institue une relation transindividuelle, allant de l'individu à l'individu sans passer par l'intégration communautaire garantie par une mythologie collective. La relation immédiate entre des individus définit une existence sociale au sens propre du terme, tandis que la relation communautaire ne fait pas communiquer les individus directement les uns avec les autres, mais constitue une totalité par l'intermédiaire de laquelle ils communiquent indirectement et sans conscience précise de leur individualité. Une théorie de la

communauté laisse échapper le dynamisme de la société
des individus ; la sociologie, pour être complète, doit
intégrer une étude des techniques. L'humanisme doit
également, comme l'humanisme des Sophistes, intégrer
une étude des techniques.

On pourrait objecter que la création technique est chose
rare, et que dans ces conditions la conduite individuelle
ne peut être que très exceptionnelle ; cependant, il y a une
irradiation des valeurs autour d'une conduite, et une conduite
n'est pas isolée dans la somme des actions de l'individu,
pas plus qu'un individu n'est isolé dans le milieu social
où il existe ; il est de la nature même de l'individu de
communiquer, de faire rayonner autour de lui l'information
qui propage ce qu'il crée ; c'est cela qui est rendu possible
par l'invention technique, qui est illimitée dans l'espace
et dans le temps ; elle se propage sans s'affaiblir, même
quand elle s'associe à un autre élément, ou s'intègre à un
tout plus complexe ; l'œuvre de l'individu peut en effet se
propager de deux manières au-delà de l'individu lui-même :
comme œuvre technique proprement dite ou comme
conséquence de cette œuvre sous la forme d'une modification
des conditions collectives d'existence, qui impliquent des
exigences et des valeurs. Ainsi, l'invention d'un moyen
rapide de communication n'est pas anéantie par la découverte
d'un moyen plus rapide ; même si les procédés techniques
sont totalement transformés, il subsiste une continuité
dynamique qui consiste en ce que l'introduction dans la
communauté du premier mode de transport a développé
une exigence de rapidité qui sert à promouvoir avec force
le second mode : le premier a créé la fonction et l'a insérée
dans l'ensemble des dynamismes de la communauté. Tout
dispositif technique modifie dans une certaine mesure la
communauté, et institue une fonction qui rend possible

l'avènement d'autres dispositifs techniques; il s'insère donc dans une continuité qui n'exclut pas le changement mais le stimule, parce que les exigences sont toujours en avance sur les réalisations. Par là, l'être technique se convertit en civilisation; par ailleurs, un être technique, même peu intégré dans la communauté, vaut comme objet à comprendre; il exige un type de perception et de conceptualisation qui vise à comprendre l'être technique en le recréant; l'être technique existe donc comme un germe de pensée, recélant une normativité qui s'étend bien au-delà de luimême. L'être technique constitue donc de cette seconde manière une voie qui transmet de l'individu à l'individu une certaine capacité de création, comme s'il existait un dynamisme commun à toutes les recherches et une société des individus créateurs d'êtres techniques.

Cette seconde direction est également propre à faire de l'être technique un élément de civilisation. La civilisation est alors l'ensemble des dynamismes de la communauté et des dynamismes des différentes sociétés qui rencontrent dans le monde des êtres techniques une condition de compatibilité. Même si la notion de progrès ne peut être directement acceptée et doit être élaborée par un travail réflexif, c'est bien cette compatibilité de la communauté et des sociétés qui trouve un sens dans la notion de développement progressif. Le progrès est le caractère du développement qui intègre en un tout le sens des découvertes successives discontinues et de l'unité stable d'une communauté. C'est par l'intermédiaire du progrès technique que communauté et société peuvent être synergiques. Enfin, la consistance propre de l'être technique se constitue comme une réalité en expansion dans la continuité temporelle de l'univers technique, où une double solidarité, simultanée et successive, relie par un conditionnement mutuel les êtres techniques les uns aux autres ; on pourrait parler d'une résonance interne de l'univers technique, dans lequel chaque être technique intervient comme condition d'existence réelle, relie par un conditionnement mutuel des êtres techniques les uns aux autres ; on pourrait parler d'une résonance interne de l'univers technique, dans lequel chaque être technique intervient effectivement comme condition d'existence réelle des autres êtres techniques ; chaque être technique est ainsi comme un microcosme qui renferme dans ses conditions d'existence monadique un très grand nombre d'autres êtres techniques valides ; une causalité circulaire crée une réciprocité de conditions d'existence qui donne à l'univers technique sa consistance et son unité ; cette unité actuelle se prolonge par une unité successive qui rend l'humanité comparable à cet homme dont parle Pascal qui apprendrait toujours sans jamais oublier. La valeur du dialogue de l'individu avec l'objet technique est donc de conserver l'effort humain, et de créer un domaine de transindividuel, distinct de la communauté, dans lequel la notion de liberté prend un sens, et qui transforme la notion de destinée individuelle, mais ne l'anéantit pas. Le caractère fondamental de l'être technique est d'intégrer le temps à une existence concrète et consistante ; il est en cela le corrélatif de l'auto-création de l'individu.

Sans doute, cet aspect de l'objet technique n'a pas été totalement méconnu ; une forme particulière de l'objet technique comme germe de civilisation a été reconnue depuis longtemps et honorée : l'objet esthétique artificiel, ou encore objet d'art. Les origines religieuses et magiques de l'objet d'art auraient suffi à indiquer sa valeur ; mais on doit noter que l'objet d'art s'est dégagé de ses origines, et est devenu instrument pur de communication, moyen libre d'expression, même au temps où le poète était encore « vates ». Cependant, le statut d'existence de l'objet esthétique est précaire ; il se réinsère de manière oblique dans la vie de la communauté, et n'est accepté que s'il correspond à un des dynamismes vitaux déjà existants. Tout artiste reste le Tyrtée d'une communauté ; le dernier recours consiste à former une communauté de gens de goût, un cénacle averti d'auteurs et de critiques qui cultivent l'art pur ; mais alors, l'art pur devient le σύμβολον des membres de cette communauté, et il perd par là-même son caractère de pureté ; il se ferme sur lui-même.

(...)

4. L'attitude individuante dans la relation de l'homme à l'être technique inventé.

On peut alors se demander quelles valeurs sont engagées dans la relation de l'individu à l'être technique : nous voudrions montrer que toute tentative pour constituer une relation symétrique entre l'homme et l'être technique est destructrice aussi bien des valeurs de l'individu que de celles de l'être technique. On peut en effet essayer d'identifier la machine à l'individu ou l'individu à la machine, de manière également destructive. Dans le premier cas, la machine devient une propriété de l'homme, qui se glorifie de sa créature et ne la produit que pour l'asservir à des besoins ou à des usages de chaque individu, satisfait par ses serviteurs mécaniques jusque dans ses fantaisies les plus singulières : le goût du machinisme dans la vie quotidienne correspond parfois à un désir déréglé de commander en dominant. L'homme se conduit envers les machines comme un maître envers des esclaves, aimant parfois à savourer dans sa démesure le spectacle de leur

destruction dramatique et violente. Ce singulier despotisme
de civilisé manifeste une identification possible de l'homme
à des êtres mécaniques. Les jeux du cirque se retrouvent
dans les compétitions de machines, et les combats de
gladiateurs dans les affrontements de « stock-cars ». Le
cinéma aime à montrer de terribles destructions d'êtres
mécaniques. La vision des machines peut prendre une
tournure épique ; l'homme y retrouve une certaine primi-
tivité. Mais précisément, cette attitude de supériorité de
l'homme envers la machine correspond surtout aux loisirs,
à la détente de l'homme que n'étreint plus la communauté,
et qui trouve une compensation dans le despotisme facile
sur les sujets mécaniques asservis.

L'attitude inverse et complémentaire est celle de
l'homme dans sa fonction communautaire : là, il sert la
machine, et il s'intègre à cette machine plus vaste qu'est
la communauté en servant sa machine particulière selon
les valeurs fondamentales du code de l'automatisme (par
exemple la rapidité des réponses aux signaux). Parfois, la
machine porte elle-même les enregistreurs qui permettront
à la communauté de juger la conduite de l'homme au travail
(boîte noire). La relation de l'être individuel à la communauté
passe par la machine, dans une civilisation fortement
industrialisée. Ici, la machine s'assimile l'homme, en
définissant les normes communautaires. De plus, une
normalité supplémentaire est issue de la machine lorsque
cette dernière est utilisée pour le classement des individus
d'après leurs performances ou leurs aptitudes ; sans doute,
ce n'est jamais la machine qui juge, car elle est pur automate
et n'est utilisée que pour calculer. Mais, pour pouvoir
utiliser la machine, il faut que les hommes, dans leur rapport
à la machine, s'expriment selon des systèmes d'information
qui sont aisément traduisibles, avec le codage de la machine,

en un ensemble de signaux qui ont un sens pour la machine (c'est-à-dire qui correspondent à un fonctionnement déterminé). Cette nécessité pour l'action humaine d'être traduisible en langage d'automatisme aboutit à une valorisation de la stéréotypie des conduites. Enfin, la quantité d'information elle-même, dans une relation d'individu à individu, devient un obstacle à la transmission de cette information par une voie qui utilise l'automatisme. Par exemple, une civilisation qui adapte ses moyens de communication à une transmission automatique des messages est conduite à remplacer l'expression directe et particulière des sentiments dans les circonstances communautaires déjà soumises à des usages par des formules plus parfaitement stéréotypées, inscrites en petit nombre sur un bordereau au bureau de départ, et imprimées sur des formules toutes faites au bureau d'arrivée ; il suffit alors de transmettre l'adresse du destinataire, le numéro de la formule, et le nom de l'envoyeur. Ici, l'individu atypique est paralysé dans son choix, car aucune formule prévue ne répond très exactement à ce qu'il aurait voulu exprimer. L'atypique, qui cause à la communauté une trop grande dépense d'information est un être déficitaire à partir du moment où l'information est transmise indirectement de l'individu à l'individu par l'intermédiaire d'un dispositif utilisant l'automatisme ; une voix très grave, très aiguë, ou riche en harmoniques est plus déformée par la transmission téléphonique ou l'enregistrement qu'une voix dont les fréquences moyennes se situent dans les bandes téléphoniques et qui ne pose à l'appareillage aucun difficile problème relatif à la transmodulation. La normalité devient une norme, et le caractère moyen une supériorité, dans une communauté où les valeurs ont un sens statistique.

Or, ces deux attitudes inverses de stéréotypie et de fantaisie, de despotisme privé et d'asservissement communautaire par rapport à l'objet technique viennent de ce que la relation entre l'homme et la machine n'est pas réellement dissymétrique. Elle est une double assimilation, non une relation analogique constructive. Considérons au contraire la relation noble entre l'homme et la machine : elle vise à ne dégrader ni l'un ni l'autre des deux termes. Son essence réside dans le fait que cette relation a valeur d'être : elle a une fonction doublement génétique, envers l'homme et envers la machine, alors que dans les deux cas précédents, la machine et l'homme étaient déjà entièrement constitués et définis au moment où ils se rencontraient. Dans la véritable relation complémentaire, il faut que l'homme soit un être inachevé que la machine complète, et la machine un être qui trouve en l'homme son unité, sa finalité, et sa liaison à l'ensemble du monde technique ; homme et machine sont mutuellement médiateurs, parce que la machine possède dans ses caractères l'intégration à la spatialité et la capacité de sauvegarder de l'information à travers le temps, tandis que l'homme, par ses facultés de connaissance et son pouvoir d'action, sait intégrer la machine à un univers de symboles qui n'est pas spatio-temporel, et dans lequel la machine ne pourrait jamais être intégrée par elle-même. Entre ces deux êtres asymétriques s'établit une relation grâce à laquelle une double participation est réalisée ; il y a chiasme entre deux univers qui resteraient séparés ; on pourrait faire remarquer que la machine est issue de l'effort humain, et qu'elle fait partie, par conséquent, du monde humain ; mais en fait, elle incorpore une nature, elle est faite de matière et se trouve directement insérée dans le déterminisme spatio-temporel ; même issue du travail humain, elle conserve par rapport à son constructeur une relative indépendance ; elle peut passer en d'autres mains, elle peut devenir le chaînon d'une série que son inventeur ou son constructeur n'avait pas prévue. Par ailleurs, une machine ne prend son sens que dans un ensemble d'êtres techniques coordonnés, et cette coordination ne peut être pensée que par l'homme, et construite par lui, car elle n'est pas donnée dans la nature.

L'homme confère à la machine l'intégration au monde construit, dans lequel elle trouve sa définition fonctionnelle par sa relation aux autres machines ; mais c'est la machine, et chaque machine, en particulier, qui confère à ce monde construit sa stabilité et sa réalité ; elle amène du monde naturel la condition de matérialité, de spatiotemporalité, sans laquelle ce monde n'aurait aucune épaisseur ni consistance. Pour que cette relation puisse exister entre l'homme et la machine, il faut une double condition dans l'homme et dans la machine. Dans l'homme, il faut une culture technique, faite de la connaissance intuitive et discursive, inductive et déductive, des dispositifs constituant la machine, impliquant la conscience des schèmes et des qualités techniques qui sont matérialisés dans la machine. L'homme doit connaître la machine selon une connaissance adéquate, dans ses principes, ses détails, et son histoire ; alors, elle ne sera plus pour lui un simple instrument ou un domestique qui ne proteste jamais. Toute machine cristallise un certain nombre d'efforts, d'intentions, de schèmes, et investit tel ou tel aspect de la nature des éléments chimiques. Ses caractères sont des mixtes de schèmes techniques et de propriétés des éléments des constituants de la matière, et des lois de transformation de l'énergie. La véritable culture technique exige un savoir scientifique ; elle conduit à ne mépriser aucun être technique même ancien ; sous des caractères extérieurs démodés ou vétustes, elle retrouve le sens d'une loi scientifique et la propriété d'un élément matériel ; l'être technique saisi dans sa réalité définit une certaine médiation entre l'homme et le monde naturel ; c'est cette médiation que la culture technique permet de saisir dans son authentique réalité.

Il peut se développer un goût technique, comparable au goût esthétique et à la délicatesse morale. Bien des hommes se conduisent de manière primitive et grossière dans leur relation aux machines, par manque de culture. La stabilité d'une civilisation qui comporte un nombre de plus en plus grand d'êtres techniques ne pourra être atteinte tant que la relation entre l'homme et la machine ne sera pas équilibrée et empreinte de sagesse, selon une mesure intérieure que seule une technologie culturelle pourra donner. La frénésie de possession et la démesure d'utilisation des machines est comparable à un véritable dérèglement des mœurs. Les machines sont traitées comme des biens de consommation par une humanité ignorante et grossière, qui se jette avec avidité sur tout ce qui présente un caractère de nouveauté extérieure et factice, pour le répudier aussitôt que l'usage a épuisé les qualités de nouveauté. L'homme cultivé doit avoir un certain respect pour l'être technique précisément parce qu'il connaît sa véritable structure et son fonctionnement réel.

A la délicatesse culturelle de l'homme doit correspondre la vérité et l'authenticité de la machine. Or, tant que le goût humain est corrompu, la civilisation industrielle ne peut produire des machines véritablement authentiques, parce que cette production est assujettie aux conditions commerciales de la vente ; elle doit se plier alors aux conditions de l'opinion et du goût collectif. Or, si nous considérons les machines que notre civilisation livre à l'usage de l'individu, nous verrons que leurs caractères techniques sont oblitérés et dissimulés par une impénétrable rhétorique, recouverts d'une mythologie et d'une magie collective que l'on arrive avec peine à élucider ou à démystifier. Les machines modernes utilisées dans la vie quotidienne sont pour une large part des instruments de flatterie. Il existe une sophistique de la présentation qui cherche à donner une tournure magique à l'être technique, pour endormir les puissances actives de l'individu et l'amener à un état hypnotique dans lequel il goûte le plaisir de commander à une foule d'esclaves mécaniques, souvent assez peu diligents et peu fidèles, mais toujours flatteurs. Une analyse du caractère « luxueux » des objets techniques montrerait quelle duperie ils recèlent : sur un grand nombre d'appareils, le fétichisme du tableau de commande dissimule la pauvreté des dispositifs techniques, et sous un impressionnant carénage se cachent de singulières négligences de la fabrication. Sacrifiant à un goût dépravé, la construction technique est un art de façade et de prestidigitation. L'état d'hypnose s'étend depuis l'achat jusqu'à l'utilisation ; dans la propagande commerciale elle-même, l'être technique est déjà revêtu d'une certaine signification communautaire : acheter un objet, c'est acquérir un titre à faire partie de telle ou telle communauté ; c'est aspirer à un genre d'existence qui se caractérise par la possession de cet objet : l'objet est convoité comme un signe de reconnaissance communautaire, un σύμβολον (symbole), au sens grec du terme. Puis, l'état d'hypnose se prolonge dans l'utilisation et l'objet n'est jamais connu dans sa réalité, mais seulement pour ce qu'il représente.

La communauté offre ainsi, à côté des dures contraintes qu'elle impose à l'individu, une compensation qui l'empêche de se révolter et d'avoir une conscience aiguë de ses problèmes : l'état d'inquiétude, toujours latent, est toujours différé par l'hypnose technique, et la vie de l'individu s'écoule dans un balancement entre les contraintes de la rigidité sociale et les états gratifiques que la communauté procure par l'incantation technique. Cet état est stable, parce que la commercialisation de l'industrie trouve une voie plus facile dans l'action sur l'opinion collective que dans la véritable recherche et les perfectionnements techniques réels, qui n'auraient aucune valeur commerciale tant qu'ils resteraient incompris du grand nombre, qui n'est informé que par les voies commerciales. Pour rompre ce cercle vicieux, il ne suffit pas de dire que l'homme doit commander à la machine au lieu de se laisser asservir par elle; il faut comprendre que si la machine asservit l'homme, c'est dans la mesure où l'homme dégrade la machine en faisant d'elle une esclave. Si, au lieu de rechercher dans la machine des états d'hypnose, ou une source facile de merveilleux pour l'ignorant, l'homme associe la machine aux états dans lesquels il est véritablement actif et créateur, comme c'est le cas dans la recherche scientifique, l'aspect communautaire de la machine peut disparaître. Si nous considérons les machines qui sont utilisées dans la recherche scientifique, nous verrons que, même quand elles utilisent un automatisme très complexe, elles n'asservissent pas l'homme et ne sont pas non plus asservies par lui; elles ne sont pas l'objet de consommation, et ne sont pas non plus des êtres destinés à produire un travail prédéterminé dans ses résultats, attendu et exigé par la communauté qui fait peser son obligation sur l'individu. Dans ces conditions, la machine est intégrée à la chaîne causale de l'effort humain; la fin de cet effort dépasse la machine que l'on actionne. La machine réalise alors la médiation par rapport à l'objet de la recherche et non par rapport à la communauté. Elle s'efface du champ de perception de l'individu; il n'actionne pas la machine; il agit sur l'objet et observe l'objet à travers la machine. Grâce à la machine s'institue un cycle qui va de l'objet au sujet et du sujet à l'objet : la machine prolonge et adapte l'un à l'autre sujet et objet, à travers un enchaînement complexe de causalités. Elle est outil en tant qu'elle permet au sujet d'agir sur l'objet, et instrument en tant qu'elle apporte ; elle véhicule, amplifie, transforme, traduit et conduit dans un sens une action et en sens inverse une information ; elle est outil et moteur à la fois. Le caractère réciproque de cette double relation fait que l'homme ne s'aliène pas en présence de cette machine ; il reste homme et elle reste machine. La position de l'homme et la position de la machine ne sont pas symétriques par rapport à l'objet la machine a une liaison immédiate à l'objet, et l'homme, une relation médiate. Ce sont l'objet et l'homme qui sont symétriques par rapport à la machine. L'homme crée la machine pour qu'elle institue et développe la relation. C'est pour cette raison que la relation à la machine n'est valable que si elle traverse la machine pour aller non pas à de l'humain sous forme communautaire, mais à un objet. La relation de l'homme à la machine est asymétrique parce que cette machine institue une relation symétrique entre l'homme et le monde.

5. *Caractère allagmatique de l'objet technique individué.*

(...)

Les valeurs impliquées dans la relation de l'individu à la machine ont donné lieu à beaucoup de confusions parce que le récent développement des machines et de leur utilisation par les communautés a modifié le rapport de l'individu à la communauté : cette relation, qui était jadis directe, passe maintenant par la machine, et le machinisme est lié dans une certaine mesure au communautarisme ; la notion de travail n'est plus directement une valeur communautaire, parce que le passage de l'effort humain à travers une organisation mécanique affecte le travail d'un coefficient relatif à ce travail : le RENDEMENT ; une morale du rendement est en train de se constituer, qui sera une morale communautaire d'une nouvelle espèce. L'effort individuel n'est pas intrinsèquement valable : il faut en plus qu'il soit rendu efficace par une certaine grâce extrinsèque, qui se concrétise dans la formule du rendement. Cette notion a un certain pouvoir invasif, et se déploie largement au-delà des opérations commerciales ou même industrielles ; elle affecte tout système éducatif, tout effort et tout travail. Une certaine résurgence communautaire du pragmatisme confère à l'éthique un nouveau type d'hétéronomie dissimulée sous les espèces d'un désir de rationalité ou de préoccupations concrètes. Quand une idée ou un acte sont rejetés parce qu'ils sont jugés inefficaces et de faible rendement, c'est en réalité parce qu'ils représentent une initiative individuelle créatrice, et que la communauté s'insurge avec un permanent instinct misonéiste contre tout ce qui est singulier. Le misonéisme vise le nouveau, mais surtout dans ce qu'il présente de singulier, donc d'individuel. Le nouveau, collectif, a droit de cité sous la forme de la mode ; il se trouve même éminemment valorisé par la communauté. C'est le nouveau individuel qui est poursuivi et expulsé comme privé de rendement. Le critère de rendement est empreint de subjectivité collective et manifeste la grâce que la communauté accorde ou refuse à la création individuelle. Ce n'est pas parce qu'une civilisation aime l'argent qu'elle s'attache au rendement, mais parce qu'elle est d'abord civilisation du rendement qu'elle devient civilisation de l'argent lorsque certaines circonstances font de ce mode d'échange le critère concret du rendement.

Or, malgré les apparences, une civilisation du rendement, en dépit des apparentes libertés civiques qu'elle laisse aux individus, est extrêmement contraignante pour eux et empêche leur développement, parce qu'elle asservit simultanément l'homme et la machine ; elle réalise à travers la machine une intégration communautaire contraignante. Ce n'est pas contre la machine que l'homme, sous l'empire d'une préoccupation humaniste, doit se révolter ; l'homme n'est asservi à la machine que quand la machine elle-même est déjà asservie par la communauté. Et comme il existe une cohésion interne du monde des objets techniques, l'humanisme doit viser à libérer ce monde des objets techniques qui sont appelés à devenir médiateurs de la relation de l'homme au monde. L'humanisme n'a guère pu incorporer jusqu'à ce jour la relation de l'humanité au monde ; cette volonté qui le définit, de ramener à l'être humain tout ce que les diverses voies d'aliénation lui ont arraché en le décentrant, restera impuissante tant qu'elle n'aura pas compris que la relation de l'homme au monde et de l'individu à la communauté passe par la machine. L'humanisme ancien est resté abstrait parce qu'il ne définissait la possession de soi que pour le citoyen, et non pour l'esclave ; l'humanisme moderne reste une doctrine abstraite quand elle croit sauver l'homme de toute aliénation en luttant contre la machine « qui déshumanise ». Elle lutte contre la communauté en croyant lutter contre la machine, mais elle ne peut arriver à aucun résultat valable parce qu'elle accuse la machine de ce dont elle n'est pas responsable. Se déployant en pleine mythologie, cette doctrine se prive de l'auxiliaire le plus fort et le plus stable, qui donnerait à l'humanisme une dimension, une signification et une ouverture qu'aucune critique négative ne lui offrira jamais. Selon la voie de recherche qui est présentée ici, il devient possible de rechercher un sens des valeurs autrement que dans l'intériorité limitée de l'être individuel replié sur lui-même et niant les désirs, tendances ou instincts qui l'invitent à s'exprimer ou à agir hors de ses limites, sans se condamner pour cela à anéantir l'individu devant la communauté, comme le fait la discipline sociologique. Entre la communauté et l'individu isolé sur lui-même, il y a la machine, et cette machine est ouverte sur le monde. Elle va au-delà de la réalité communautaire pour instituer la relation avec la Nature.

TROISIÈME PARTIE

(DES) ORIENTATIONS CONTEMPORAINES

Les textes ici réunis, dessinent – sans prétention à l'exhaustivité – quelques orientations contemporaines pour la philosophie de la culture. Très divergents dans leurs présupposés théoriques, ils ont en commun de soumettre le concept de culture à une critique sévère qui, si elle ne le détruit pas, impose une certaine humilité dans son usage. Mais dans le mouvement de la critique, il apparaît que la culture résiste et reste une idée régulatrice pour la philosophie.

Dans « Approche anthropologique et actualité de la rhétorique », publié en 1971 [1], Hans Blumenberg prolonge et radicalise la réflexion de Cassirer sur le symbolique, tout en lui reprochant, dans une perspective anthropologique inspirée de Plessner, de manquer de voir que le propre de l'homme est d'abord une déficience biologique. Si la philosophie de la culture est philosophie des formes

[1]. Le texte est d'abord publié en italien : H. Blumenberg, « Approccio antropologico all'attualità della retorica », *Il Verri*. Rivista di Letteratura 35/36, 1971, p. 49-72, puis en allemand : H. Blumenberg, « Anthropologische Annäherung an die Aktualität der Rhetorik », dans *Wirklichkeiten in denen wir leben*, Stuttgart, Reclam, 1981, p. 104-136.

symboliques, elle ne peut plus l'être dans la forme d'une philosophie transcendantale ; la culture n'est pas forme ou valeur en un sens idéaliste mais détour rhétorique propre à une forme de vie. La philosophie de la culture peut se poursuivre dans la métaphorologie.

L'approche de la culture par la médiation linguistique est plus nette encore chez Stanley Cavell, qui dessine ici les contours d'une philosophie de la culture inspirée des *Recherches philosophiques* de Wittgenstein[1]. Dans cette perspective, la profusion culturelle signifie moins la pluralité des approches de l'homme que le danger d'impasses symboliques à laquelle la philosophie doit répondre par une entreprise de déconstruction des objectivations linguistiques aliénantes. La culture signifie alors un être chez soi, dans la réappropriation de sa langue ordinaire, quand le développement excentrique du symbolique en est une pathologie. Avec Wittgenstein, Cavell réactualise le motif de la culture contre la civilisation et plus largement le problème de la tension entre la vie et ses objectivations. Le texte résonne ainsi aussi bien avec les premiers programmes de *Kulturphilosophie* qu'avec la philosophie de la culture comme éducation chez Dewey.

Le texte de Cavell, censé esquisser les contours d'*Une nouvelle Amérique encore inapprochable* interroge le destin des traditions intellectuelles dans de nouveaux contextes. La question est décisive pour la philosophie de la culture, qui n'est possible que si elle reconnaît la diversité des formes du symbolique, de *la* mais aussi *des* cultures, tout en se donnant pour tâche de déterminer une idée

---

1. S. Cavell, « Declining Decline : Wittgenstein as a Philosopher of Culture », *Inquiry* 31, 3, 1988, p. 253-264, repris dans S. Cavell, *This new yet unapproachable America : lectures after Emerson, after Wittgenstein*, Albuquerque, N.M., Living Batch Press, 1989.

transcendantale ou régulatrice de la culture. C'est cette tension que Jacques Derrida creuse, mais conserve, tout au long de *L'autre cap*, tiré d'une conférence qu'il prononce à Turin le 20 mai 1990 lors d'un colloque sur « L'identité culturelle européenne » et dont nous restituons un très large extrait. La déconstruction et la généalogie ne conduisent pas à abandonner la culture à titre d'idée – une idée qui a un milieu historico-géographique d'origine (l'Europe et la Méditerranée) mais que sa signification excède. En laissant largement la parole à Paul Valéry – citant de longs extraits de textes nés de réflexions liées à l'engagement de Valéry dans la Commission internationale de coopération intellectuelle de la Société des Nations[1] – Derrida démontre l'actualité d'une critique culturelle qui témoigne de la « crise de l'esprit » qui fut le terreau de la première philosophie de la culture, mais dont la description reste très suggestive aujourd'hui. À ce titre, Valéry peut également être considéré comme l'un des auteurs représentés dans ce volume.

De tous les auteurs de cette section, Herbert Schnädelbach, né en 1936 et d'abord formé à la théorie critique à Francfort – Adorno dirige sa thèse sur Hegel, et Habermas son habilitation sur le positivisme[2] –, est le plus fidèle au projet critique kantien. La *Kulturkritik* à laquelle il appelle, loin de prétendre à une rupture ou à un changement de paradigme, se présente comme la reprise d'un mouvement immanent à la culture moderne. Culture et critique formant un couple indissoluble, il s'agit de déterminer la forme

---

1. P. Valéry, « La crise de l'esprit » (1919), *Œuvres*, vol. 1, M. Jarrety (dir.), Paris, Le Livre de Poche, 2016, p. 695-726 et « La liberté de l'esprit » (1939), *Ibid.*, p. 1569-1593.

2. H. Schnädelbach, *Hegels Theorie der subjektiven Freiheit*, Diss., Frankfurt M., 1966.

que doit prendre la critique de la culture aujourd'hui, si elle veut être autre chose que polémique dans les pages de débats des journaux, et se constituer comme *philosophie critique de la culture*. Pour ce faire Schnädelbach propose un ample parcours au travers des figures modernes du rapport entre critique et culture, qui permet de réinterroger l'ensemble des textes présentés dans ce volume.

HANS BLUMENBERG

APPROCHE ANTHROPOLOGIQUE
D'UNE ACTUALITÉ DE LA RHÉTORIQUE
(1971)[1]

D'innombrables tentatives d'établir ce qu'est l'homme ont donné lieu à autant de définitions. Les variétés de ce qu'on appelle aujourd'hui anthropologie philosophique peuvent être ramenées à une unique alternative : l'homme est un être indigent ou un être prodigue. Que, du point de vue biologique, l'homme ne soit pas attaché à un environnement précis peut être compris comme le manque fondamental d'une disposition adaptée à la conservation de soi ou comme une ouverture à la profusion d'un monde dont on ne souligne plus seulement l'aspect vital. C'est l'instance de ses besoins qui rend l'homme créatif *ou bien* c'est le commerce ludique avec la surabondance de ses talents. Il est l'être qui est incapable de faire quoi que ce soit en vain *ou bien* l'animal seul capable d'un « acte gratuit »[2]. L'homme est défini par ce qui lui fait défaut ou bien par

---

1. H. Blumenberg, « Approche anthropologique d'une actualité de la rhétorique », dans *L'imitation de la nature et autres essais esthétiques*, trad. fr., I. Kalinowski et M. de Launay, Paris, Hermann, 2010, p. 91-115.

2. En français dans le texte. [*N.d.T.*]

la symbolique créatrice grâce à laquelle il s'acclimate en faisant siens différents environnements. Il est, au centre du monde, le spectateur de l'univers *ou bien* l'excentrique chassé du Paradis sur cet insignifiant grain de poussière qu'est la terre. L'homme abrite en lui le produit heureusement sédimenté de toute réalité physique *ou bien* il est cet être indigent que la nature a laissé en plan, affligé par des résidus d'instincts, inintelligibles et désormais sans fonction. Je n'ai pas besoin d'aller plus avant dans l'énumération de ces antithèses ; on comprend aisément le principe qui permettrait de la poursuivre.

Pour ce qui est de la rhétorique, ses conceptions traditionnelles peuvent de même être réduites à *une* alternative : la rhétorique a trait aux conséquences qu'entraîne la possession de la vérité ou bien aux difficultés qui résultent de l'impossibilité de l'atteindre. Platon a mené un combat contre la rhétorique des sophistes en supposant qu'elle se fondait sur la thèse de l'impossibilité de la vérité, et en a déduit le droit de faire passer pour vrai ce qui pouvait être imposé. La rhétorique qui fut la plus influente au sein de notre tradition, celle de Cicéron, part, au contraire, de l'idée qu'il est possible de posséder la vérité, et confère à l'art du discours la fonction d'embellir la communication de cette vérité, de la rendre accessible et marquante, bref : d'en user avec elle sans trahir la chose même. La tradition chrétienne oscille entre les deux conséquences que peut engendrer la possibilité de posséder la vérité : d'une part, la vérité divine n'a pas besoin des adjuvants humains d'espèce rhétorique et devrait s'offrir d'elle-même sans le moindre ornement – un modèle que l'on retrouve dans toute rhétorique de la véracité – ; d'autre part, c'est précisément cette vérité qui s'humanise dans l'édifice canonisé des règles rhétoriques. Dans l'esthétique des temps modernes, l'implication de la rhétorique – qu'elle ait affaire à la vérité de manière positive ou négative – fête son triomphe ultime en inversant le rapport : conclure de l'art du discours, du style, du beau au contenu de vérité est admis, voire, art et vérité deviennent identiques. L'hostilité instaurée par Platon entre la philosophie et la rhétorique est en philosophie même, du moins dans son langage, désormais incontestable, par l'établissement d'une esthétique opposée à la philosophie. En tant qu'esthétique uniquement ?

On constate aisément que l'on peut articuler sans équivoque les deux alternatives radicales, celle de l'anthropologie et celle de la rhétorique. L'homme comme être prodigue dispose de ce qu'il possède de vérité grâce aux moyens que lui procure l'*ornatus* rhétorique. Être indigent, il a besoin de la rhétorique comme art de l'apparence qui lui permet de parvenir à ses fins en dépit de son manque de vérité. En matière de théorie de la connaissance, la situation que Platon supposait être celle de la sophistique se radicalise sur le plan anthropologique en devenant celle de l'« être indigent » pour qui tout est ramené à l'économie de ses instruments de survie, et qui, par conséquent, ne peut s'offrir le luxe de la rhétorique à moins qu'il ne soit dans la nécessité de l'exercer. Le renforcement anthropologique des conditions initiales a pour conséquence que même l'idée d'une rhétorique qui leur serait subordonnée doit être comprise de manière plus élémentaire. La technique du discours apparaît alors comme un cas particulier de modes réglés du comportement qui fait comprendre quelque chose, émet des signes, suscite l'accord ou provoque la contradiction. Un silence, une omission manifeste dans un contexte comportemental peuvent devenir aussi rhétoriques qu'un cri d'indignation populaire sur un tract, et le dialogue platonicien n'est pas moins disposé à la rhétorique que l'exposé sophistique de doctrine qu'il avait pris pour cible sur un plan littéraire. En deçà du seuil de la parole prononcée ou écrite, la rhétorique est forme à titre de moyen, nomologie en tant qu'organe. Nietzsche a beau s'être trompé en déclarant que la lutte de Platon contre la sophistique devait être interprétée comme une jalousie à l'égard de l'influence dont elle jouissait, il a néanmoins raison de dire, dans le même passage, que les Grecs en inventant la rhétorique avaient découvert la « forme en soi » [1].

Les deux grandes négations de Platon, le rejet de l'atomistique et celui de la sophistique, furent certes de bien plus grande conséquence que les positions dogmatiques du « platonisme », terme par lequel on a désigné et ainsi constitué l'histoire de son influence. Le privilège philosophique accordé à la situation sémantique du langage a eu pour conséquence une constante prévention à l'encontre de la conception pragmatique du langage développée par la rhétorique, qui ne tourna qu'épisodiquement à l'avantage de cette dernière, lorsque le langage conceptuel sous les formes de la scolastique ruina la crédibilité de sa fonction référentielle. D'après l'énoncé du Socrate platonicien, qui fait partie des *topoï* ordinaires de la culture, la vertu est savoir; ainsi, ce n'est pas l'institution mais l'évidence qui constitue la norme du comportement. Personne ne voudra contester qu'il a ainsi formulé un idéal sans lequel il est impossible de penser le déroulement tantôt arrogant, tantôt désespéré de la tradition européenne. Mais on peut tout aussi bien dire qu'il a forgé une exigence excessive suivie de près par des résignations – la première

---

1. F. W. Nietzsche, *Fragments posthumes*, 6 [17] été 1875, dans *Œuvres philosophiques complètes*, II, 2, *Considérations inactuelles III et IV*, Paris, Gallimard, 1988, trad. fr., Ph. Lacoue-Labarthe et J. L. Nancy, p. 341.

fut le retournement catastrophique que subit la théorie des idées au sein même de l'école platonicienne, à peine un siècle après la mort de son fondateur, lorsque fit irruption le scepticisme dans l'Académie, et la dernière le retournement que Nietzsche a désigné sous le nom de nihilisme. La philosophie des fins absolues n'a pas légitimé la théorie des moyens, mais l'a refoulée et l'a étranglée. Une éthique dont le point de départ est l'évidence du bien ne laisse aucune place à la rhétorique entendue comme théorie et pratique des manières d'influencer le comportement, parce qu'elle présuppose que l'évidence du bien est une donnée intangible. Cela concerne également l'« anthropologie » sédimentée et diffusée dans la rhétorique ; la mesure où elle est théorie de l'homme abandonné par l'évidence, situé hors de l'idéalité, elle a perdu la possibilité d'être « philosophique » et devient la dernière discipline tardive de la philosophie.

La signification anthropologique de la rhétorique se profile le plus nettement sur l'arrière-plan de la métaphysique, dominante depuis l'Antiquité, dont le profil est cosmologique : les idées forment un cosmos qu'imite le monde phénoménal. L'homme aura beau occuper une position tout à fait privilégiée de spectateur placé au centre du tout, il n'est pourtant pas un cas absolument exceptionnel, mais plutôt le point de recoupement de réalités disparates, il est composite, et, partant, problématique. Dans le modèle modernisé des strates survit l'idée que convergent en l'homme certaines tendances par ailleurs difficilement conciliables. Par principe, cette métaphysique affirme que les idées de l'homme pourraient aussi être celles d'un dieu, et que ce qui le meut pourrait être le moteur d'une sphère céleste ou d'un animal. On était confronté à une complexification de la nature qui, d'ordinaire, en restait à une pure manifestation et se régulait sans détour, qui, tout au plus, pouvait être expliquée comme accident ou mélange d'éléments hétérogènes ; le problème du comportement était alors d'attribuer à l'un de ces éléments la prédominance sur les autres, de forger une sorte de cohérence substantielle. Bref : sur l'homme censé être unique en son genre, la tradition métaphysique n'a au fond rien su dire de particulier. C'est un fait étonnant, mais qui va étroitement de pair avec le bannissement prononcé par la philosophie à l'encontre de la rhétorique. En effet, la rhétorique se fonde et se fonde exclusivement sur ce en quoi l'homme est unique, et, ce, non parce que le langage serait sa caractéristique spéciale, mais parce que, dans la rhétorique, le langage apparaît comme fonction d'une difficulté propre à l'homme. Si l'on veut exprimer cette difficulté dans le langage de la métaphysique traditionnelle, on devra dire que l'homme n'appartient pas à ce cosmos (à supposer qu'il existe), et que, s'il en est ainsi, ce n'est pas en raison d'une supériorité transcendantale, mais d'un défaut immanent : le manque de structures d'adaptation préalables, préparées, le manque de régulations en fonction d'un contexte qui mériterait d'être appelé « cosmos », et au sein duquel quelque chose pourrait être désigné comme partie du cosmos. Même dans le langage de l'anthropologie biologique moderne, l'homme est un être déchu des opérations régulatrices de la nature, un être chez qui des actions doivent nécessairement se substituer aux régulations qui lui font défaut ou doivent les corriger et ont revêtu une imprécision erratique. L'agir est la compensation de l'« indétermination » de l'être humain, et la rhétorique est la fabrication harassante de ces concordances qui doivent prendre la place d'un fond « substantiel » de régulations afin que l'action devienne possible. Sous cet angle, le langage n'est pas un instrument destiné à la communication de connaissances ou de vérités, mais, en premier lieu, à l'élaboration de la compréhension, de l'assentiment ou de la tolérance auxquelles est voué celui qui agit. C'est là que s'enracine le consensus comme base de la saisie de ce qui est « effectivement réel » : « Ce dont tous sont convaincus, c'est ce que nous appelons effectivement réel », dit Aristote [1], ce qui implique toujours, à l'arrière-plan, un argument téléologique. Seule la destruction de cet arrière-plan par le scepticisme fait réapparaître la base pragmatique du consensus.

Je sais que le terme « scepticisme » n'est actuellement pas très coté. À cet égard, trop de choses sont encore une fois trop précisément présentes à notre esprit, et ce n'est pas volontiers qu'on joue alors le trouble-fête. Mais l'anthropologie, dont j'ai tenté de situer brièvement le refoulement par la métaphysique, est devenue, au sein de la tradition sceptique souterraine qui ne brille que par intermittence, le plus instante lorsque les vérités éternelles ont été contraintes de redescendre au niveau des critères de fiabilité immédiate, et lorsque l'homme a cessé d'apparaître comme une variante déguisée de l'esprit pur. La première anthropologie philosophique digne de ce nom fut, à l'aube de l'époque moderne, l'ouvrage de Montaigne, l'*Apologie de Raimond Sebond*. Entre les mains d'un sceptique qui se voyait interdire de pousser ses interrogations par-delà l'homme, un matériau très largement conventionnel fut agencé de manière nouvelle : l'unique objet encore possible de l'homme imposait que tout ne fût plus que symptôme de ce même objet. Via l'étude de la morale, cette tradition conduit à ce qu'on appelle explicitement l'« Anthropologie » de Kant.

---

1. Aristote, *Éthique à Nicomaque*, 1172b 36-1173a.

Le scepticisme accumulé, uniquement en vue de son éradication définitive, aux lisières des théories de la connaissance (mais aussi de la phénoménologie husserlienne) s'est privé de l'opportunité d'être mis à profit dans une anthropologie en prenant pour point de départ la question de savoir ce qui subsiste de l'homme lorsque lui échappe la saisie de l'évidence pure, de l'absolue autofondation. En témoigne la manière dont Descartes avait non seulement évacué le doute théorique radicalisé, mais aussi résolu le problème d'une « morale par provision » qui, jusqu'au parachèvement de la connaissance théorique et l'avènement de la « morale définitive », liée à l'aboutissement rapide que la physique, qu'à l'hypothèse que la phase intermédiaire pût être une phase statique où l'on s'en tiendrait à ce qui depuis toujours avait fait autorité. Descartes refusait de penser que le processus théorique pût exercer une action en retour sur le prétendu intérim de la morale provisoire. Il est très étrange de réfléchir aux conséquences de cette idée d'une « morale par provision », qui présuppose une eschatologie scientifique en suspens, et de reconnaître alors nombre des traits communs que ne cessent de produire les attentes dernières en matière de science, invariablement déçues. Parce qu'il entendait mettre en scène comme une stase ce qui était transitoire, Descartes ne fut pas confronté à la nécessité de penser jusqu'au bout les implications anthropologiques de cette situation. Aussi pouvait-il offrir à titre d'exemple de la morale provisoire celui de l'homme perdu dans une forêt qui n'a besoin que de marcher résolument dans une seule direction pour en sortir puisque toutes les forêts sont limitées et peuvent, dans la circonstance imaginée, être considérées comme soustraites au changement. Recommander pour la morale provisoire une résolution formelle revient à interdire de prendre en compte toutes les caractéristiques concrètes de la situation et leurs modifications, y compris la disposition dont peut faire preuve l'homme lorsqu'il se retrouve incertain de son orientation. L'annonce d'une réalisation finale de la « méthode » empêche que l'homme se comprenne lui-même au présent, interdit également que le recours à la rhétorique comme à la technique qui permet de se tirer d'affaire dans le provisoire avant l'établissement de toutes les vérités morales définitives. La rhétorique crée des institutions lorsque les évidences font défaut.

Le dualisme de la philosophie et de la rhétorique, entre lesquelles on échoue toujours à instaurer un équilibre, pourrait être résorbé dans un certain concept historico-philosophique, où s'inscrit l'esquisse de Descartes, qui modifie, dans une perspective sceptique, les conditions de la « morale par provision ». Mais on pourrait encore douter non seulement de la possibilité de parachever la connaissance scientifique dans quelque domaine que ce soit, mais aussi des bénéfices possibles d'un tel accomplissement pour une « morale définitive ». On a presque oublié que le « progrès » n'est pas autre chose que la perpétuation de la forme de vie associée à cet intérim cartésien pour lequel la morale par provision a été conçue. Ce en quoi Descartes a raison, c'est qu'il n'existe pas de participation transitoire et garantie d'avance au succès du tout. Autrement dit, le projet de la philosophie gagne ou perd, mais il ne procure aucun dividende. Tout ce qui reste en deçà de l'évidence relève de la rhétorique ; elle est l'organe de la « morale par provision ». Ce constat signifie avant tout qu'elle est un concentré de moyens légitimes. La rhétorique s'intègre au syndrome des présupposés sceptiques. Il ne faut pas s'y tromper : elle n'a pu se défendre contre le verdict prononcé à l'encontre des « simples moyens » qu'en se présentant comme l'organe de la vérité. Car même dans ses victoires, la rhétorique a été contrainte d'user de procédés « rhétoriques » : au IVᵉ siècle avant notre ère, lorsque la rhétorique avait de fait neutralisé les exigences de la philosophie, Isocrate, par un tour de passe-passe sophistique, appelait sa sophistique « philosophie »[1]. Le sens qu'avaient les Grecs de l'effet au détriment de l'effectivité, voilà, pour Jacob Burckhardt[2], la base de la rhétorique qui ne peut se hisser au niveau de l'éloquence politique que par « instants seulement », bien que, au demeurant, « elle ait cependant été conçue pour triompher devant les tribunaux ». Or ce sont pourtant les Grecs eux-mêmes qui ont opposé la persuasion à la violence : dans les rapports des Grecs entre eux, c'est ce que pense Isocrate, la persuasion est de mise ; dans les rapports avec les barbares, c'est la force. Mais cette différence est comprise comme différence de langue et de culture, car la persuasion présuppose qu'on partage un même horizon, qu'on puisse jouer sur des allusions à un arrière-plan fondamental, qu'on procède en fonction de métaphores, de paraboles. Faire de l'effet l'antithèse de la vérité est superficiel, car l'effet rhétorique n'est pas l'autre branche qu'on peut choisir, au sein d'une alternative, par opposition à une conception qu'on pourrait *également* avoir, mais par opposition à l'évidence dont on *ne* dispose pas ou pas encore, en tout cas pas *hic et nunc*. La rhétorique n'est donc pas seulement la technique qui permet de parvenir à un tel effet, mais toujours aussi celle qui le rend discernable : elle fait connaître les moyens de produire des effets dont l'usage n'a pas besoin d'être spécialement prescrit puisqu'elle explicite ce qui, de toute façon, est déjà accompli.

---

1. Isocrate, « Sur l'échange », dans *Discours*, vol. III, trad. fr., G. Mathieu, Paris, Les Belles Lettres, 2003. [*N.d.T.*]

2. J. Burckhardt, *Histoire de la civilisation grecque* (1878-1902), t. III, trad. fr., F. Mugler, Vevey, Éditions de l'Aire, 2001. [*N.d.T.*]

Tant que la philosophie entendait ne fût-ce qu'envisager des vérités éternelles, des certitudes définitives, elle ne pouvait que mépriser le consensus, comme idéal de la rhétorique, et l'assentiment, comme effet de la persuasion susceptible d'être réfuté. Mais après sa métamorphose en une théorie de la « méthode » scientifique moderne, même la philosophie ne s'est pas vu épargner le renoncement qui est à la base de toute rhétorique. Certes, il semblait au départ que les hypothèses de la science n'étaient jamais que des auxiliaires transitoires de la connaissance, des indications destinées à susciter la vérification et, ainsi, une garantie définitive ; mais l'histoire de la science a permis de montrer que même la vérification représentait un type d'assentiment jusqu'à nouvel ordre, que rendre publique une théorie impliquait toujours un appel à poursuivre les voies toutes tracées pour sa confirmation, et lui accorder le *nihil obstat* de l'objectivité sans que ce processus puisse jamais exclure définitivement que, par d'autres voies, quelque chose d'autre soit découvert et qu'une objection soit soulevée. Ce que dans son ouvrage *La Structure des révolutions scientifiques* [1], Thomas Kuhn a appelé « paradigme » – la représentation dominante sur une large période au sein d'une discipline scientifique, intégrant les recherches ultérieures qui raffinent et élargissent tout –, ce paradigme n'est pas autre chose qu'un consensus capable de se stabiliser, pas exclusivement mais également, au-delà de la rhétorique des universités et des manuels.

Le manque d'évidence a beau être la caractéristique de la situation que partagent et le processus théorique et la rhétorique, la science a tout de même acquis un inestimable avantage : la capacité de supporter indéfiniment le caractère

---

1. Th. S. Kuhn, *La Structure des révolutions scientifiques* (1962), Paris, Champs-Flammarion, 1972 (trad. fr., L. Meyer, rééd. 2001). [*N.d.T.*]

provisoire de ses résultats. Cela ne va pas de soi ; et
Descartes aurait encore tenu cette exigence pour inadmis-
sible. Mais sa représentation de la « méthode » a permis
de comprendre et d'organiser la science comme un processus général, constamment susceptible de « transiter »,
intégrant les individus et les générations comme de simples
fonctionnaires. Tout agir qui s'appuie, pour en être
l'« application », sur ce type de théories doit partager les
faiblesses de leur caractère transitoire, c'est-à-dire pouvoir
être à tout instant démenti. Même les théories sont
implicitement en quête d'« assentiment », ce que fait
explicitement la rhétorique. La différence décisive réside
dans la dimension temporelle : la science peut attendre ou
est conventionnellement censée pouvoir le faire tandis que
la rhétorique présuppose, à titre d'élément constitutif de
sa situation, la contrainte d'agir qui pèse sur l'être indigent
– quand elle ne peut plus être l'*ornatus* d'une vérité. On
a donc affaire à une copie de la forme processuelle de la
science lorsque la discussion, en tant qu'instrument de la
formation de la volonté publique, est considérée comme
si elle était un mécanisme de découverte rationnelle alors
qu'elle ne peut précisément pas être à la hauteur du caractère,
par principe infini, de la rationalité scientifique. La limitation
du temps de parole ne pourra qu'insuffisamment remplacer
la rigueur des prescriptions formelles de la rhétorique,
mais en tant qu'ersatz elle est une institution essentielle
de cette dernière : lorsqu'elle n'est pas respectée ou ignorée,
voire lorsque son contraire prend une forme institutionnalisée
(*filibuster*) [1], il devient manifeste que la rhétorique est une

1. Dans le lexique de la vie politique américaine, il s'agit d'une
technique d'obstruction parlementaire qui recourt à des discours fleuves :
ceux qui s'y livrent sont considérés comme des « flibustiers » s'emparant
indûment du temps de parole. [*N.d.T.*]

alternative à la terreur. Se comprendre dans la perspective de la rhétorique signifie être conscient des contraintes de l'action tout comme du défaut de normes dans une situation finie. Tout ce qui n'y est pas contrainte devient rhétorique, et la rhétorique implique le renoncement à la contrainte.

La contrainte d'agir, qui définit alors la situation rhétorique et qui exige d'abord une réaction physique, peut être rhétoriquement transformée au point que l'action imposée devienne à son tour, grâce au consensus, « seulement » rhétorique. Substituer des performances verbales à des actions physiques est un radical anthropologique ; la rhétorique le systématise. Dans sa *Philosophie des formes symboliques* [1], Cassirer a décrit l'homme comme l'animal *symbolicum* dont la performance originelle serait de réinterpréter l'« impression » extérieure en en faisant l'« expression » de l'intériorité, et, ainsi, de substituer à quelque chose d'étranger et d'inaccessible quelque chose d'autre qui pourrait être saisi par les sens. Langage, mythe, art et science sont, d'après Cassirer, les domaines propres à ces « formes symboliques » qui, en principe, ne font que répéter ce processus primaire qui convertit l'« impression » en « expression ». Mais cette théorie se dispense d'expliquer pour quelle raison les « formes symboliques » s'installent ; le fait qu'elles apparaissent bien au sein du monde de la culture autorise que l'on conclue à l'*animal symbolicum* qui extériorise son « être » dans ses créations. Sur la base d'une existence biologique assurée, du moins sans la discuter, une anthropologie de l'homme « prodigue » fait croître niveau après niveau l'édifice culturel des « formes symboliques ». L'enrichissement de l'existence nue est

---

1. E. Cassirer, *La Philosophie des formes symboliques* (1923-1929), 3 volumes, Paris, Minuit, 1972. [*N.d.T.*]

sans lien fonctionnel avec sa possibilité. Mais, dans la mesure où la philosophie est la déconstruction des évidences, une anthropologie « philosophique » doit discuter si l'existence physique n'est pas précisément d'abord le résultat de ces performances attribuées à l'homme comme propres à son « essence ». Le premier énoncé d'une anthropologie serait alors : il ne va pas de soi que l'homme puisse exister. Ce genre de réflexions est préfiguré dans la théorie politique contractualiste moderne qui déduit la nécessité de fonder le statut civil de l'homme de ce que, dans l'« état de nature », cette fondation se heurte à une incompatibilité avec les conditions de possibilité de l'existence physique. Chez Hobbes, l'État est le premier artefact qui n'enrichit pas la sphère de la vie dans la perspective d'un monde culturel, mais évite l'antagonisme mortel qui l'oppose à celui-ci. Ce qui est philosophique dans cette théorie, ce n'est pas d'abord qu'elle explique le surgissement d'une institution telle que l'État – et qui plus est sous sa forme absolutiste –, mais qu'elle transfère la prétendue définition de l'*essence* de l'homme comme « *zôon politikon* » dans une présentation fonctionnaliste. Je ne vois pas d'autre issue scientifique pour une anthropologie que de détruire de manière analogue ce qui est prétendument « naturel », et de transposer l'« artificialité » de cette démarche dans le système fonctionnel de la première performance humaine : la « vie ». Paul Alsberg, en 1922, a entrepris une première tentative de ce type avec son ouvrage *Das Menschheitsrätsel*,[1] un livre qui a été trop peu pris en compte car son titre

---

1. P. Alsberg (1883-1965), *Das Menschheitsrätsel : Versuch einer prinzipiellen Lösung*, Dresde, Sybille Vlg, 1922 (rééd. Vienne, 1937, après que le livre avait été brûlé par les nazis); le livre a été traduit en anglais, sous le titre : *The Quest of Man*, New York, Pergamon Press, 1970. [*N.d.T.*]

[*L'énigme humaine*] et son style prêtaient déjà à confusion. En 1940, avec un livre fondateur même si ses intentions étaient discutables, *Der Mensch*[1], Arnold Gehlen a jeté les bases d'une théorie de la perception et du langage, et, depuis, l'a poursuivie dans le sens d'une justification de la théorie de l'« institution ». Avec cet absolutisme des « institutions » chez Gehlen, l'anthropologie effectue d'une certaine manière un retour à son point de départ, le modèle du contrat politique. La discussion suscitée par cette anthropologie n'a jusqu'à présent pas montré si ce retour fatal était inévitable.

L'indigence de l'homme à qui font défaut des dispositions spéciales pour réagir face à la réalité, le fait qu'il soit donc pauvre en instincts, est le point de départ d'une question anthropologique centrale : comment cet être est-il capable d'exister en dépit de son défaut biologique de dispositions ? La réponse peut être résumée dans la formule suivante : il en est capable dans la mesure où il ne s'engage pas directement dans cette réalité. La manière dont l'homme se réfère à réalité est indirecte, circonstancielle, différée, sélective et, surtout, « métaphorique » La question de savoir comment l'homme vient à bout de l'excès des sollicitations procédant de son rapport à la réalité a depuis longtemps été résolue par l'interprétation nominaliste du jugement. Les prédicats sont des « institutions » quelque chose de concret est saisi dès qu'il est décomposé selon ses appartenances à ces institutions. Cet élément concret disparaît lorsqu'il se dissout dans des jugements. Mais saisir quelque chose *en tant que* quelque chose se distingue radicalement de la démarche qui consiste à saisir quelque

---

1. A. Gehlen (1904 – 1976), *Gesamtausgabe*, vol. 3, Frankfurt M., Klostermann, 1933. [*N.d.T.*]

chose *par le biais* de quelque chose d'autre. Le détour métaphorique qui abandonne l'objet en cause pour tourner ses regards vers un autre objet, supposé par avance instructif, prend ce qui est donné pour ce qui est étranger, et ce qui est autre pour ce qui est disponible de manière plus fiable et plus maîtrisable. Si la valeur limite du jugement est l'identité, la valeur limite de la métaphore est le symbole ; dans ce cas, l'autre est ce qui est tout autre, dont ne procède rien que la pure possibilité de substituer ce qui est disponible à ce qui ne l'est pas. L'*animal symbolicum* maîtrise la réalité qui lui est probablement fatale en la représentant ; il détourne ses regards de ce qui ne lui est pas familier et l'inquiète vers ce qu'il connaît. On le voit très clairement lorsque le jugement et son exigence d'identité ne peuvent absolument pas atteindre leur but, soit parce que l'objet du jugement dépasse la démarche (le « monde », la « vie », l'« histoire », la « conscience »), soit parce que la marge de manœuvre qui est allouée à celle-ci est insuffisante, comme dans les situations qui contraignent à l'action, où sont nécessaires un rapide choix d'orientation et une instante plausibilité. La métaphore n'est pas simplement un chapitre d'un traité des ressources rhétoriques, elle est une composante significative de la rhétorique, et c'est cet élément qui permet de manifester sa fonction en même temps qu'il révèle sa relation à l'anthropologie.

Il serait tout à fait partial et partiel de ne présenter la rhétorique que comme une « solution d'urgence » pour répondre au manque d'évidence dans des situations où l'on est soumis à la contrainte d'agir. Elle ne se contente pas de remplacer une orientation théorique de l'action, il est plus significatif qu'elle soit en mesure de se substituer à l'action elle-même. L'homme est capable non seulement d'*imaginer* une chose à la place de l'autre, mais aussi de *faire* l'une au lieu de l'autre. Si jamais l'histoire nous enseigne quelque chose, c'est que sans cette capacité de trouver un substitut à certaines actions il ne resterait pas grand-chose de l'humanité. Remplacer rituellement un sacrifice humain par un sacrifice animal, comme on peut encore le discerner dans l'épisode d'Abraham et d'Isaac, peut fort bien avoir été un début. Durant deux millénaires, le christianisme a tenu pour tout à fait compréhensible que la mort d'un seul puisse compenser le malheur encouru par tous. Freud a vu dans le banquet funèbre l'accord contracté entre les fils pour mettre fin au meurtre de chef de horde, et pour lui trouver précisément un substitut. A Brême, avant leur voyage commun en Amérique, Freud persuada Jung, soupçonné de trahir l'école, de boire du vin en mangeant – ce qui allait contre les principes de son premier maître Bleuler –, au lieu de le pousser à un acte d'allégeance, pour la raison, au fond, qu'il refusait d'être lui-même le père [1]. En politique, le reproche qui fustige un acte verbal ou démonstratif en le qualifiant de « purement rhétorique », passe pour grave, mais cela fait également partie d'une rhétorique qui refuse et n'a nul besoin d'admettre qu'une politique est d'autant plus avisée qu'elle peut se contenter de recourir à « de simples déclarations ». En politique étrangère, les mises en garde qui ont le plus d'effet sont celles qui sont exprimées au moment où celui à qui elles s'adressent a de toute façon déjà renoncé à passer aux actes dont ces mises en garde étaient censées le dissuader. Tout peut dépendre du fait qu'on s'en « tiendra à des déclarations » – comme on s'y est habitué – pour

1. *Cf.* les lettres de Freud à Jung du 2 avril et du 16 avril 1909. [*N.d.T.*]

minimiser par des mots la pression d'agir lorsque le risque encouru par l'action menace de disqualifier tous les succès qu'elle pourra obtenir. Entrent en jeu ici des questions qui touchent à la notion de réalité, et qu'on ne peut examiner dans le cadre de cette étude.

Le manque d'évidence et la contrainte d'agir sont les présupposés de la situation rhétorique. Mais n'est pas rhétorique seulement la démarche substitutive et métaphorique. La contrainte d'agir elle-même n'est pas un facteur de part en part « concret », elle se fonde sur le « rôle » prescrit à celui qui agit ou par lequel il cherche à se définir – même la compréhension de soi recourt aux métaphores, et « se convaincre soi-même » est une tournure qui trahit le fait que l'usage interne de la rhétorique n'est pas nouveau. Les métaphores des rôles, qui ont de nouveau cours, reposent sur une très solide tradition où l'on représente la vie et le monde comme un « théâtre », et il n'est pas également évident pour toutes les formes historiques de théâtre que ses « rôles » soient fixés de la même manière que nous le présupposons aujourd'hui en usant de cette métaphore. Permettre à quelqu'un, au cours d'un conflit, de « ne pas perdre la face » appartient certes à un autre domaine lexical, mais recoupe largement le commandement implicite de la métaphore des rôles : la personne impliquée dans un processus destiné à la faire changer d'attitude ne doit pas, sous l'effet de la contrainte, abandonner l'identité de son rôle, mais doit se voir proposer comme une conséquence crédible le changement d'orientation attendu. Je n'ai pas besoin d'illustrer par des exemples à quel point la politique des grandes et moyennes puissances peut aujourd'hui être décrite par les expressions « définition des rôles » et « attentes liées à un rôle » (la métaphore choisie est ici de nouveau la métaphore anthropologique),

ni ce qu'elles recèlent d'incitations d'ordre pragmatique
à aborder de façon réellement rhétorique une attitude
potentiellement rhétorique. Georg Simmel a montré que
la métaphore du rôle était si performante pour cette seule
raison que la vie était « une forme préalable de l'art
dramatique »[1] ; c'est précisément Simmel qui a compris
alors que cette métaphore ne suggérait plus qu'on avait
affaire à une illusion, à une double vie scénique avec ou
sans masque, avec ou sans costume, et qu'il suffisait de
démasquer la mise en scène et l'acteur pour rendre visible
la réalité, et mettre fin à l'intermède théâtral. La « vie »
dont parle Simmel n'est pas une « anticipation » de l'art
dramatique par accident et de manière épisodique, au
contraire, être capable de vivre et définir son propre rôle
sont une seule et même chose. Je prétends donc non
seulement que ce discours sur le « rôle » est métaphorique,
mais aussi que la procédure de définition du rôle projeté
– dont dépend la conscience de l'identité et qui peut affecter
celle-ci – s'enracine dans la métaphore, et qu'elle est
affirmée et défendue sur un mode métaphorique, intérieu-
rement tout comme à l'extérieur. Les cas où il s'agit de la
défendre rendent la chose manifeste : dans son ouvrage
de 1963, *Stigma*, Erving Goffman en apporte maintes
confirmations.[2] L'« assentiment » qui doit être le but de
toute « persuasion » (même de l'autopersuasion) est la
congruence, menacée dans toute situation et sans cesse à
réassurer, entre la conscience d'un rôle et, chez autrui, les
attentes liées à ce rôle. Peut-être « assentiment » est-il un

1. G. Simmel, « Zur Philosophie des Schauspielers », in *Fragmente
und Aufsätze aus dem Nachlass*, G. Kantorowicz (éd.), Munich, Drei
Masken, 1923. [*N.d.T.*]
2. E. Goffman, *Stigmates, Les usages sociaux des handicaps*, Paris,
Minuit (trad. fr., A. Kihm), 1975. [*N.d.T.*]

terme trop fort, car l'approbation serait déjà un peu superflue. Sur le fond, il s'agit de ne plus rencontrer de contradiction, aussi bien au sens interne de la cohérence que dans le sens externe de l'acceptation. La rhétorique est un système qui permet non seulement de briguer des mandats pour agir, mais aussi d'imposer et de défendre, vis-à-vis de soi et des autres, une conception de soi qui s'élabore et qui est déjà formée. Du point de vue de la théorie de la science, le « rôle », dans son acception métaphorique, revêt la fonction d'une hypothèse que « vérifie » tout acte qui ne l'invalide pas. Ce qui subsiste, dans toute rhétorique, de la valeur téléologique d'un consensus, à titre de caution de la nature, et dont hérite toute rhétorique, c'est la garantie de la non-contradiction, de la non-rupture dans la cohésion de l'acceptation, ce que l'actuel jargon politique appelle donc volontiers une « plate-forme ». Au regard de cet état de fait, on comprendra que le besoin d'une « base de convictions communes » puisse sans cesse et sous des offres toujours différentes se faire virulent. On aura beau continuer de dire du consensus qu'il est un « idéal » de l'effet rhétorique ; dans la fondation anthropologique de la fonction rhétorique, il est redondant.

La substitution qu'opère la rhétorique dans des situations où l'on est soumis à la contrainte d'agir et la protection qu'elle offre dans la présentation de soi comme « conservation de soi » ont en commun qu'elles présupposent certes des actes créateurs (création de symboles, constitution de rôles), mais restent, au sein même de cette pure créativité, impuissantes et sans fonction. Se pose alors la question de savoir si le lien aujourd'hui si recherché entre esthétique de la production et esthétique de la réception ne conduit pas à une structure analogue. « Tout art connaît une étape rhétorique », écrit Nietzsche en 1874, dans un fragment sur Cicéron[1]. L'« invention » du symbole de substitution peut le cas échéant être l'acte le plus ingénu, le plus pauvre en imagination ; il faut qu'il soit élevé à la reconnaissance, et, pour ce faire, il ne possède matériellement – au contraire de l'œuvre esthétique – pas le moindre attrait. Mais il en va de cette reconnaissance comme du reste : elle seule est suivie de conséquences. Je rappellerai la formule classique en politique : le commerce d'abord, le drapeau ruina (des États, qui n'entretiennent même pas des relations diplomatiques, concluent des pactes commerciaux dans l'attente que le reste suive) – inverser cette vieille formule est aussi l'expression de la totale dévalorisation du symbole de l'« étendard » qui finit par n'être plus qu'un enjolivement des réalités. Lorsqu'on a dit que la validité des substitutions reposait sur des « conventions », c'est tout aussi juste que tautologique. La convention est un résultat – comment y parvient-on ? Sans doute à travers des offres et en le faisant valoir. Cela s'applique aussi au cas le plus abstrait emprunté à l'histoire des sciences : le fait que s'imposent des systèmes symboliques issus de la logique formelle ; la rhétorique qui cherche à faire valoir va jusque dans le détail ou consiste à prétendre publiquement que certaines formes nationales peu prisées resteront à jamais incompréhensibles. Moins des réalités politiques peuvent être « créées » hors de la sphère économique, et plus significatives deviennent les « reconnaissances », les questions d'appellation, les traités où l'on renonce à ce qui de toute façon n'est pas possible, les procédures qui permettent d'obtenir de haute lutte ce

---

1. Fragment posthume 32 [14], début 1874-printemps 1874, dans *Œuvres philosophiques complètes*, t. II, 2, Paris, Gallimard (trad. fr., C. Heim), 1988, p. 177. [*N.d.T.*]

qui était déjà acquis. Dès que cesse d'exister ce qui un jour a été tenu pour « réel », les substitutions deviennent elles-mêmes « le réel ». En esthétique, une fois abandonnés toutes les formes et degrés d'objectivité, l'offre d'accepter quelque chose comme une œuvre d'art, voire simplement comme ce qui est « échéant » après la fin de tout art, ne peut s'imposer que grâce à une considérable rhétorique. Ce n'est pas au premier chef le besoin exprimé par une œuvre d'être commentée qui se fait sentir dans des textes qui l'accompagnent ou lui succèdent, mais le fait qu'elle se déclare œuvre d'art ou œuvre postérieure à l'art ; dans cette mesure, l'éreintement par un critique compétent est toujours une forme d'acceptation dans le contexte d'une histoire où sans cesse de l'art est produit contre l'art, par le geste rhétorique qui consiste à vouloir mettre un terme à ce qui fut et faire débuter ce qui est à venir. Dans ces cas-là, même la dénégation de la rhétorique reste encore rhétorique ; même la béquille qui échappe au spectateur conventionnellement en quête de « compréhension » lui démontre qu'est légitime ce qu'il ne comprend pas et qui occupe la « place » de ce qui autrefois était à comprendre, ou que ce qu'il n'a pas compris l'est désormais par les instances compétentes. Les « changements dans la distri-bution des rôles » qui font l'histoire sont réalisés sur un mode rhétorique.

La rhétorique touche également à la structure temporelle des actions. Accélérer et différer sont des composantes des processus historiques auxquelles on avait jusque-là accordé trop peu d'attention. L'« histoire » n'est pas seulement faite d'événements et de leurs connexions (quelle que soit l'interprétation qu'on en donne), mais aussi de ce qu'on pourrait appeler un « état d'agrégation » temporel. Ce qui, dans notre tradition, a été défini comme étant la rationalité l'a presque toujours été au profit de la phase d'accélération, de condensation des processus. Même les théories dialectiques de l'histoire mettent l'accent sur les facteurs d'accélération parce qu'elles poussent le processus jusqu'au point critique de basculement, et qu'elles rendent tangible l'état final en confortant donc leur affirmation que l'histoire obéit à des lois. Le phénomène multiforme de la technicisation peut être réduit à une intention : gagner du temps. En revanche, et sous l'angle de la structure temporelle des actions, la rhétorique est le comble du retard. La prolixité, l'imagination procédurière, la ritualisation impliquent de douter que le plus court chemin entre deux points voit celui que l'homme emprunte. En esthétique, par exemple en musique, cet état de fait nous est tout à fait familier. Dans le monde moderne, ce qui nous dépasse ne tient pas simplement à la complexité des situations, mais aussi à la divergence croissante, du point de vue de leur structure temporelle, entre les deux sphères que sont les exigences de la situation et les décisions. Une relation faussée s'est établie entre l'accélération des processus et les possibilités de les maîtriser, d'y intervenir en prenant des décisions et de les coordonner avec d'autres processus à partir d'une vue d'ensemble. Certaines fonctions auxiliaires que peuvent remplir, pour l'action humaine, des dispositifs techniques, ont un effet d'assimilation : lorsque toutes les données sont rapidement disponibles, la rapidité de décision semble avoir un profil adapté au problème. Le désir de garder la maîtrise des évolutions et celui de la retrouver dominent les réflexions qui visent à critiquer le progrès, lorsqu'il ne s'agit pas de pur romantisme. Les analyses opérationnelles livrent d'optimales solutions, mais elles ne lèvent pas le soupçon que le problème ait pu être mal posé – et ce soupçon définit d'emblée l'action comme ce qui précède sa théorie et n'en découlera pas à titre de simple résultat. Or il est clair que les facteurs de retard sont prédominants au sein de l'action publique. Ce n'est pas un hasard si un terme aussi éculé que la « réflexion » a pu redevenir un mot d'ordre. Le besoin se fait sentir de reprendre son souffle en s'appuyant sur des institutions, et c'est ainsi que même des majorités capables de prendre des décisions empruntent de longs détours rhétoriques. Il sera bientôt patent que l'on n'est pas « manipulé » (peu importe par qui ou par quoi) et qu'il ne s'agit pas seulement de sanctionner ce qui a depuis longtemps déjà été décidé. L'accélération des processus n'est, en effet, qu'une variante de ce « débordement de stimulations » auquel l'être biologiquement indigent qu'est l'homme est constitutivement exposé, et auquel il fait face en institutionnalisant son comportement. Les institutions verbales ne sont alors nullement un moment d'atrophie de régulations plus massives ; leur puissance doit être mesurée selon l'idéal de théories décisionnistes qui consiste dans la ponctualité.

Il y a quelque chose comme une adaptation de l'inadapté. Nous observons aujourd'hui une fulgurante déconstruction de formes « dépassées » qui s'opère par le biais de procédés critiques où tout ce qui est établi a charge de prouver la légitimité de son existence ; mais, en même temps, nous constatons qu'une imagination exubérante est à l'œuvre sous la nouvelle configuration de procédures prolixes qui ne se distinguent que par des appellations plus sobres : systèmes fonctionnels, organes de contrôle, statuts d'entreprise. Tout gain de temps est chaque fois aussitôt dilapidé.

Il nous faut abandonner de plus en plus l'idée d'un type d'éducation dominé par la norme selon laquelle l'homme devrait nécessairement savoir à tout moment ce qu'il fait. Un médecin devrait non seulement connaître les conditions de fonctionnement des organes dont l'inhibition constitue la maladie, ainsi que les effets des thérapies et des médications qu'il prescrit, mais aussi la provenance des termes d'origine étrangère qu'il emploie constamment pour désigner tout cela et dont l'usage lui confère la bénédiction de sa corporation. Un capitaine serait censé être capable d'appliquer les données du sextant et les formules trigonométriques qui en sont corollaires, mais devrait en outre savoir comment l'instrument fonctionne et comment les formules ont pu être déduites de sorte qu'il serait potentiellement un Robinson capable de prendre un nouveau départ *ex nihilo* si les outils déjà fabriqués venaient à être perdus. Contre pareille tendance, l'idée gagne depuis longtemps du terrain que le monde technique aurait besoin de fonctionnaires entraînés, réagissant de manière adéquate aux situations, mais sans disposer d'une vision d'ensemble des réseaux fonctionnels. De moins en moins de gens sauront ce qu'ils font en apprenant *pourquoi* ils agissent ainsi. L'action se réduit à une réaction lorsqu'on cherche le chemin le plus court de la théorie à la pratique. Revendiquer à grands cris l'élimination des contenus « inutiles » d'enseignement, c'est toujours réclamer un « allègement » des transpositions fonctionnelles. Certes, la difficulté de l'exigence qui veut qu'on sache ce que l'on fait n'est pas encore la garantie d'une intelligence humaine ou morale des choses, mais néanmoins, en tant que type d'une réaction différée, elle est potentiellement un type d'action « consciente ». Je suppose que la « culture » – peu importe ce en quoi elle consiste – a quelque rapport avec ce retard dans les connexions fonctionnelles entre signal et réaction. Aussi, ses contenus, ses « valeurs » et ses « biens » deviennent-ils secondaires. La discussion qui porte sur ces valeurs est la plupart du temps menée sans que le partage des charges de fournir la preuve ait été contrôlé : celui qui défend des biens culturels transmis doit prouver en quoi ils ont encore une valeur. Supposons qu'en tant que tels ils soient totalement dépourvus de valeur, leur caractère « rhétorique » sera patent : ce sont des figures, des pensums, des détours obligés et des sophistications, des rituels qui rendent plus difficile l'exploitation immédiate de l'homme, qui bloquent l'avènement d'un monde où l'on emprunterait toujours les trajets les plus courts d'un point à un autre, et qui peut-être ne font que le retarder. Si la rhétorique classique a essentiellement pour but de délivrer un mandat pour agir, la rhétorique moderne milite pour différer l'action ou, du moins, pour qu'on ait une certaine compréhension à l'égard de ce retard – et cela précisément aussi quand elle veut faire montre de ses capacités d'agir en prescrivant de nouveau des substitutions symboliques.

DÉCLINER LE DÉCLIN
WITTGENSTEIN PHILOSOPHE
DE LA CULTURE (1989)[1]

Lorsque les organisateurs d'un petit séminaire sur Wittgenstein, qui devait se tenir à Tromsø, en Norvège, fin septembre 1986, m'invitèrent à traiter de la question de Wittgenstein comme philosophie de la culture, la perspective de voir le monde depuis le cercle arctique m'enchanta si évidemment que j'acceptai, sans réaliser avant le vol qui me ramenait aux sortilèges de la Nouvelle-Angleterre que je n'avais jamais exactement appris ce qui avait été attendu ou espéré de moi – pas même si je devais parler avant tout au sens anthropologique de la culture, selon lequel toute société organisée a, ou est, une culture (ou davantage), et donc traiter de la relation de Wittgenstein, peut-être à des questions de ce qu'on appelle relativisme culturel, ou peut-être à son insistance sur l'aspect social du langage, par opposition à sa pente privée ; ou bien, si je devais avant tout (ou tout autant) parler au sens artistique de la haute culture, qui peut manquer dans une société donnée (pour un ou plusieurs arts, voire tous ?), et donc

1. S. Cavell, « Wittgenstein philosophe de la culture » [1989], in *Une nouvelle Amérique encore inapprochable. De Wittgenstein à Emerson*, Paris, Les éditions de l'éclat, 1991, trad. fr., S. Laugier, p. 35-37, 40-42, 56-58, p. 68-77.

traiter peut-être de la position de Wittgenstein en tant
qu'écrivain, et du poids de cette vocation sur sa vocation
de philosophe (un poids que la plupart des philosophes
n'ont pas eu à supporter – mais est-ce vrai?), ou peut-être
de sa relation à son fonds de lecture, aux écrivains qu'il
admirait, ou qui le provoquaient, les uns pouvant être ou
non parmi les autres; un fonds connu pour inclure des
noms comme Kierkegaard, Spengler, Weininger et Freud,
placer notamment derrière lui les noms auxquels la plupart
des philosophes professionnels de la tradition philosophique
anglo-saxonne se seraient référés, comme point central de
leur travail, part de leur éducation (Frege, Russell, Moore),
et pour ne pas mentionner ceux de la tradition professionnelle
de langue allemande (notamment Kant et Hegel).

Wittgenstein partage ses exclusions, ou en découvrit
la possibilité, avec les autres figures majeures de l'histoire
de ce qu'on appelle la philosophie analytique, tout en ne
partageant ses inclusions, ou n'en découvrant la possibilité,
avec personne – je veux dire, avec aucun philosophe formé
par, ou contre, le développement de la philosophie analytique (ni dans la lignée mathématico-logico-physique issue
de Frege et Russell et qui inspire le positivisme logique,
ni dans la lignée de l'analyse linguistique issue de Moore
et menant, de manière oblique, à Austin).

J'avais en tête les singulières inclusions de Wittgenstein,
plutôt que ses exclusions plus communes, lorsque je
méditais sur l'invitation norvégienne et découvrais que
mes idées, quoique partant dans des directions diverses,
étaient guidées par deux pensées, toutes deux, je crois,
matière à controverse.

D'abord, même une fois tenue pour acquise la
reconnaissance de Wittgenstein comme l'une des voix
philosophiques majeures en Occident depuis Kant, on peut

trouver matière à controverse dans le fait que sa réception, chez les professionnels de la philosophie, est insuffisante, que la ferveur spirituelle, ou le sérieux, de son écriture sont internes à son enseignement – sa manière, ou sa méthode, à sa substance – et que quelque chose dans la professionnalisation même de la philosophie détourne les philosophes professionnels de prendre au sérieux sa forme de sérieux. J'exprime cela de façon à faire apparaître la pathologie structurelle de cette exclusion – de cette cécité de la philosophie, ou de son étroitesse de vue, vis-à-vis de l'un de ses maîtres – pour diverses raisons. Avant tout, pour indiquer qu'il ne m'intéresse pas d'exprimer ou d'imposer un reproche sur cette situation, que ce soit envers ceux qui négligent la ferveur spirituelle pour son manque de pertinence philosophique, ou envers ceux qui insistent sur la ferveur sans pertinence. Les détracteurs de Wittgenstein réagiront à son sérieux comme à une affaire de psychologie, ou dans le meilleur des cas un phénomène esthétique, un excès stylistique ; ses sectateurs y verront plus probablement une impérieuse exigence morale ou religieuse, un abîme innommé – peut-être innommable.

Ma deuxième pensée directrice, peut-être moins sujette à controverse que rarement envisagée, est que l'idée d'une philosophie de la culture désigne quelque chose de fondamental, sinon de reconnaissable, dans l'enseignement de Wittgenstein, qui lui est interne ; c'est une façon d'en voir l'enseignement. Cela veut dire que je ne considère pas que les observations de Wittgenstein (celles que je connais, par exemple celles qu'on trouve dans l'admirable recueil de passages inédits des manuscrits de Wittgenstein publié par le professeur Von Wright sous le titre *Culture and Value*) sur la musique, la judéité, l'originalité, l'architecture, Shakespeare, constituent le titre de Wittgenstein à la qualité de philosophe de la culture. En elles-mêmes, ces observations ne sont en général pas aussi intéressantes que celles qu'on trouve sur ces sujets, ou sur des sujets proches, dans, disons, la critique culturelle de Theodor Adorno, et certainement moins intéressantes que ce qu'on trouve chez Hannah Arendt, sans parler de pages comparables de Kafka et Freud, ou de Nietzsche et Marx, toutes figures qui ont quelque chose de la distinction et de la force intellectuelles de Wittgenstein. Les remarques de Wittgenstein sur les questions dites culturelles comme celles que j'ai citées ont pour principal intérêt d'avoir été produites par Wittgenstein. Ce n'est pas une petite affaire que de comprendre cela. Cela requiert que nous demandions qui est, ou qu'est-ce que Wittgenstein, qu'est-ce qui constitue son titre à être philosophe de la culture, et comment cela est interne à son enseignement.

(...)

Je continue d'être saisi par la question par laquelle Wittgenstein décrit son itinéraire : « le mot est-il effectivement utilisé ainsi dans le jeu de langage qui est son pays d'origine ? » (§ 116). Elle exprime l'idée qu'en philosophie (où que soit ce lieu) les mots sont en quelque sorte « au loin », comme en exil, puisque le mot de Wittgenstein cherche son *Heimat*. L'image, ou l'impression que nos mots sont en dehors, absents, en vadrouille, éclaire en quelque sorte ce que Wittgenstein dit du langage comme étant, dans la philosophie, « en vacances » (§ 132) : elle présente cet état comme causé, non pas par quelque condition inhérente au langage, mais, puisque ce sont nos mots, par nous ; ou au moins c'est un état dont nous, chacun de nous les philosophes, sommes responsables, ou devons répondre – non peut-être que nous bannissions personnellement nos mots, mais au sens où il nous appartient d'en chercher le retour. Wittgenstein dit, dans la phrase qui suit celle qui évoque le *Heimat* : « Ce que *nous* faisons est de ramener les mots de leur usage métaphysique à leur usage quotidien ». Wir *führen die Wörter…* « Nous » s'oppose aux « philosophes » (à ce côté de nous-mêmes) ; et à mon sens, notre manière de les « ramener » s'oppose à la manière dont les philosophes les « utilisent ». (De quel point de vue conçoit-on ici l'idée d'usage, celui de la philosophie ou celui du quotidien ? Le quotidien *est-il* un point de vue ? Cette conception est-elle elle-même une déformation philosophique ? Et puis il y a peut-être l'idée ici que concevoir notre train quotidien d'échange comme « usage » des mots, c'est déjà soupçonner que nous en faisons mauvais usage, les maltraitons, même tous les jours. Comme si l'identification même du quotidien demandait déjà trop de philosophie.) Nous pourrions exprimer un peu mieux ma conception de la pratique de Wittgenstein en traduisant l'idée de ramener les mots par celle de les *reconduire*, de les guider – comme le berger – sur le chemin du retour ; ce qui suggère non seulement qu'il nous faut les trouver, nous rendre là où ils se sont égarés, mais qu'ils ne reviendront que si nous les attirons et les commandons, ce qui exige d'être à leur écoute. Mais cette traduction n'est qu'une légère amélioration parce que le comportement de nos mots n'est pas séparé de nos vies, pour ceux d'entre nous qui sont nés en eux, qui en sont maîtres. C'est aux vies mêmes de prendre le chemin du retour.

Cela étant, même si l'on m'accordait que de telles intuitions apparaissent de temps à autre dans le texte de Wittgenstein, ne reste-t-il pas que la manière fantasque ou mélodramatique que j'ai de les exprimer trahit d'emblée la présence d'un problème psychologique (chez moi, pas chez Wittgenstein) qu'il faudrait traiter, dans le meilleur des cas, comme une affaire esthétique ? Je pourrais répondre que mes expressions ne sont pas plus mélodramatiques que les passages de Wittgenstein où il nous décrit comme captivés, ensorcelés, dans notre rapport au langage. Mais cela veut peut-être seulement dire que Wittgenstein se laisse parfois aller à son sens du mélodrame. Cela mis à part pour le moment, le sentiment, chez Wittgenstein, de la perte ou de l'exil des mots est bien plus extrême que ne le suggèrent les quelques images que j'ai citées.

Le sentiment que les mots sont « au loin », qu'il faut les reconduire chez eux, parcourt l'ensemble des *Recherches*, tout comme, disons, les parcourt le sentiment de parler « en dehors d'un jeu de langage » (§ 47). Je choisis ici une phrase qui parle de l'« en-dehors », de manière anodine, sans drame, à la fois pour indiquer la récurrence du sentiment que je veux décrire, et pour reconnaître qu'il ne peut être partagé que par quelqu'un qui y lit une confirmation que sa propre pratique de la pensée est dérivée de Wittgenstein. Il est suffisamment reconnu qu'il inspire *diverses* pratiques pour que j'aie à peine à m'excuser de vouloir suivre la mienne, tant qu'elle ramène véritablement à son texte, fût-ce à une zone limitée. Mon sentiment, cependant, est que la menace de l'exil, ou l'exil effectif, dans la philosophie de Wittgenstein – je veux parler bien sûr de l'exil des mots – n'a rien de limité.

C'est l'exil qui est soumis à interprétation dans la définition générale : « Un problème philosophique a la forme : "je ne sais comment m'en sortir" » (§ 123). Cette définition vise l'idée wittgensteinienne de la « (re) présentation claire » [*Übersichtliche Darstellung*] (§ 122) comme marquant la fin ou la disparition du problème philosophique. Ce que Wittgenstein entend par une recherche grammaticale, et par le travail de mise au jour de nos critères, est précisément le chemin philosophique qui mène à la fin, ou à la disparition, d'un problème philosophique. On peut alors considérer l'idée de ne pas savoir s'en sortir, d'être perdu, comme la forme spécifique du *commencement* ou de l'*apparition* d'un problème philosophique. Je suis naturellement attiré par l'idée que sous-entend l'allemand – *Ich kenne mich nicht aus* – à savoir que la question est celle de la perte de la connaissance de soi ; celle, pour ainsi dire, d'être désemparé. Si c'est là du mélodrame, il est partout dans les *Recherches*.

(…)

Les Recherches, *tableau de notre temps*

Voyons si nous pouvons à présent esquisser la perspective d'où, comme je l'ai dit, on peut voir l'auteur des *Recherches* comme un philosophe – voire un critique – de la culture. Mon point de départ sera ici une variation sur une question que pose le professeur Von Wright dans son article « Wittgenstein en rapport avec son temps » (dans *Wittgenstein and His Times*, textes rassemblés par B. McGuinness). Von Wright se demande si « l'attitude de Wittgenstein devant son temps », naturellement essentielle pour comprendre la personnalité intellectuelle de Wittgenstein, est vraiment essentielle pour comprendre sa philosophie. Von Wright qualifie l'attitude en question, à bon droit, de « spenglérienne », et voit le lien entre l'attitude de Wittgenstein et l'évolution conceptuelle de sa philosophie dans « la conception spécifique qu'avait Wittgenstein de la nature de la philosophie ».

« À cause de l'interpénétration du langage et des modes de vie, un désordre dans l'un reflète un désordre dans les autres. Si les problèmes philosophiques sont symptomatiques de la production par le langage d'excroissances malignes qui obscurcissent notre pensée, c'est qu'il doit y avoir un cancer dans la *Lebensweise*, dans le mode de vie proprement dit. »

Étant donné mon sentiment qu'il y a deux directions dans l'idée de forme de vie, cette évocation par Von Wright d'« un cancer dans le mode de vie » me met mal à l'aise. « Mode de vie » me semble encore une fois un terme trop essentiellement social, horizontal, pour être allié de manière si directe au langage humain en tant que tel, à la forme de vie des locuteurs. Et l'idée d'un cancer dans le mode de vie d'une culture ne me paraît pas une idée spenglérienne. « Cancer » veut dire qu'une manière de vivre est menacée d'une mort par invasion, anormale, tandis que le « déclin » de Spengler concerne la mort et la vie normales, disons internes, de nos cultures. Je cite trois passages de l'introduction du *Déclin de l'Occident* :

> Je vois, au lieu de cette fiction vaine d'une histoire linéaire *unique*, … le drame d'un certain nombre de Cultures puissantes, chacune jaillissant avec une force primitive du terreau d'une région-mère à laquelle elle demeure fermement attachée pendant tout son cycle de vie ; chacune imprimant son matériau, son humanité, de sa propre image, chacune ayant sa *propre* idée, ses *propres* passions, ses *propres* vie, volonté et sentiment, sa *propre* mort…
>
> … Chaque culture a sa *propre* civilisation. Dans cette œuvre, pour la première fois, ces deux mots employés jusqu'alors pour exprimer une distinction indéfinie, plus ou moins éthique, sont employés dans un sens périodique, pour exprimer une *succession organique* stricte et nécessaire. La Civilisation est la *destinée* inévitable de la culture… Le « Déclin de l'Occident » ne contient rien moins que le problème de la civilisation.

> ... Ces cultures, essences vitales sublimées, croissent avec
> le même hasard superbe que les fleurs des champs. Elles
> appartiennent à la Nature vivante de Goethe, et pas à la
> Nature morte de Newton. Je vois l'histoire du monde comme
> un tableau de formations et de transformations incessantes,
> de la croissance et du dépérissement merveilleux des formes
> organiques.

Je ne suis pas à même de soutenir que Wittgenstein a
tiré son inflexion de l'idée de formes de vie de l'idée
spenglérienne des cultures comme formes organiques (ou
aussi bien de la Nature vivante de Goethe) ; mais la vision
spenglérienne de la culture comme genre de nature (plutôt,
disons, que comme ensemble de conventions) me semble
partagée, non sans être modifiée, dans les *Recherches*.

Je ne pense pas non plus, comme je l'ai dit implicitement,
que les *Recherches* trouvent du désordre dans le langage
lui-même. Même si l'on donne raison à ceux qui affirment
que Wittgenstein était de cet avis dans le *Tractatus*, on
peut dire qu'il est devenu plus spenglérien en avançant
vers les *Recherches*. Ou peut-être est-il demeuré incertain
sur ce point. Concevez alors ce que je rapporte ici comme
mes impressions sur son côté spenglérien. Cela veut dire
que je pense que les mésaventures répétées du langage
dans les *Recherches* devraient être conçues comme
normales, aussi naturelles au langage naturel de l'homme
que l'est le scepticisme. (Hume appelle le scepticisme une
maladie incurable ; mais nous réalisons ici la pauvreté de
cette figure. Le scepticisme, ou plutôt sa menace, n'est pas
plus *incurable* que les capacités de penser et de parler,
quoique ces capacités aussi nous causent du chagrin de
manière chronique). Les mésaventures philosophiquement
pertinentes que rencontre le langage ne sont pas des
désordres, si l'on veut dire par là qu'elles en entraveraient

le fonctionnement; mais elles sont essentielles à ce que nous connaissons de l'apprentissage ou de la mise en commun du langage, à notre attachement à notre langage; elles sont des fonctions de son *ordre*.

Lorsque Wittgenstein trouve que « la philosophie est un combat contre l'ensorcellement de notre entendement par les moyens du langage » (§ 109), il n'est pas simplement (ou pas du tout), si je le comprends bien, en train d'identifier le langage comme la cause efficiente de mésaventures philosophiques, mais comme vecteur de leur dissolution. On peut peut-être parler du langage et de sa forme de vie – la forme de vie humaine – comme d'une occasion permanente de mésaventure (comme si nous n'attendions que cela), dont le langage serait le remède. L'arme est entre nos mains, mais nous ne sommes pas *obligés* de la tourner vers nous-mêmes. Ce qui la tourne contre nous, c'est la philosophie, le désir de la pensée, lorsque nous en perdons le contrôle. C'est devenu pour nous un destin inévitable, apparemment inséparable du destin d'avoir le langage humain. C'est un genre de fascination qu'exerce la promesse de la philosophie. Mais la philosophie peut aussi avoir son propre appel, revenir à ellemême. Le but du combat de la philosophie, s'il est la dissolution – d'un ensorcellement, d'une fascination – est, pourrions-nous dire, la liberté de la conscience, le commencement de la liberté.

(…)

Je suggèrerai alors, sans en discuter, que ce que Wittgenstein entend par parler en dehors des jeux de langage, c'est-à-dire répudier nos critères communs, est une sorte d'interprétation, ou une forme homologue, de ce que Spengler veut dire lorsqu'il décrit le déclin de la culture comme un processus d'extériorisation.

> La civilisation est le destin inévitable de la Culture... Les civilisations sont les états les plus extérieurs et les plus artificiels dont soit capable une espèce de l'humanité développée. Elles sont une conclusion... la mort qui suit la vie, la rigidité qui suit l'expansion, la cité du monde pétrifiante qui suit la terre nourricière. Elles sont... irrévocables, et pourtant atteintes encore et encore par une nécessité extérieure... un épuisement progressif des formes... C'est un très grand pas en avant vers l'inorganique... – qu'est-ce que cela signifie ?
>
> La cité du monde veut dire le cosmopolitisme au lieu de « chez-soi » ... À la cité du monde appartient [une nouvelle sorte de nomade], non pas un peuple mais une populace.

(Dans une note, ici, Spengler déclare que « "chez-soi" est un mot profond « qui prend sa signification dès lors que le barbare devient un homme de culture et la perd à nouveau avec l'homme de civilisation... »). Je remarque en passant, pour mon intérêt futur, que ce passage touche de manière pertinente et différente à Freud (avec le progrès de l'inorganique) et à Heidegger (avec l'extériorisation et la perte du concept de chez-soi). Tous voudraient de même façon, je crois, nier qu'ils soient romantiques. S'ils ont raison sur ce point, leur nostalgie est plus virulente encore qu'il n'y paraît.

Si l'on accorde une certaine profondeur d'adéquation dans cette référence à Spengler comme mise en acte d'un aspect de la pensée de Wittgenstein, alors la différence qui sépare Wittgenstein de Spengler devrait avoir cette profondeur-là. Je caractériserai cette différence en disant que dans les *Recherches* Wittgenstein met au jour [*diurnalize*] la vision spenglérienne du destin menant vers des formes épuisées, vers le nomadisme, vers la perte de la culture, ou encore du chez-soi, ou encore de la communauté : il décrit nos rencontres quotidiennes avec la philosophie, ou disons avec nos idéaux, comme des frôlements du scepticisme, où l'antique tâche de la philosophie – de nous réveiller, ou disons de nous faire reprendre connaissance – devient celle de nous faire retourner au quotidien, à l'ordinaire, tous les jours, de jour [*diurnally*]. Puisque nous ne retournons pas à quelque chose que nous avons connu, la tâche consiste vraiment, on l'a vu, à se tourner. La question alors de dire pourquoi la tâche se présente comme un retournement – qui devrait nous montrer pourquoi elle se présente comme dirigée vers l'ordinaire.

L'idée de se (re)tourner crée dans les *Recherches*, je continue d'insister sur ce point, une pratique tout à fait fantastique (« ramener les mots de leur usage métaphysique à leur usage quotidien »), et je n'ai rien fait ici pour décrire les voies de cette pratique, me contentant seulement d'indiquer quel en est l'enjeu, et pourquoi elle est difficile à décrire. Wittgenstein, à un moment, nous adresse à l'ordinaire, en exigeant : Ne dites pas « il faut », mais regardez et voyez (*cf.* § 66). Puisqu'il parle ici de notre insistance sur une explication du mode de référence d'un mot, il est effectivement en train de nous demander au même moment d'écouter, d'entendre le mot – comme s'il prescrivait la philosophie comme remède à une dissonance entre l'œil et l'oreille, produisant une nausée mentale. Cette manière de placer son ordonnance veut montrer pourquoi, dans l'enjeu en question, la moralité – ou disons la moralité séparée de la philosophie, de l'exigence de retournement de nos besoins, et pas simplement d'une redistribution de leurs satisfactions, si profond que soit ce besoin – ne peut nous en arracher ni nous en délivrer. Cette exigence en quelque sorte pré-morale, philosophiquement chronique (cette résistance à la destinée) est un élément de la ferveur intellectuelle des *Recherches*, dont nous cherchions l'explication en commençant.

De façon contraire, la revendication de cette ferveur intellectuelle est telle qu'une pratique qui ne serait pas motivée par elle, qui n'aurait pas pour effet de délivrer de la nausée mentale, c'est-à-dire, de produire ce tour/retour vers l'ordinaire, ne comptera pas pour de la philosophie. On peut bien sûr affecter la ferveur sans suivre la pratique, tout comme quelqu'un pourrait affecter les interprétations psychanalytiques d'autrui sans s'attacher aux procédures de la psychanalyse (la reconnaissance du transfert, l'éveil de l'association, l'écoute du fantasme, etc.). La ferveur, ou si vous voulez l'intérêt philosophique, sera modeste et bien inspirée par l'engagement dans la pratique philosophique ; elle n'a pas besoin d'un charisme aussi grand que celui de Wittgenstein. Néanmoins, je pense qu'il est vrai que la ferveur wittgensteinienne est particulièrement vulnérable à une forme de charlatanisme (il en est d'autres) dont la philosophie devrait, de toutes les disciplines, vouloir le plus entièrement se libérer. Cette vulnérabilité, je crois, suscite une grave défiance chez eux qui n'ont pas ressenti la force de la pensée de Wittgenstein. Il me semble qu'Austin a ressenti quelque chose de cette défiance, une défiance envers le besoin de profondeur (ce qui pourrait sous-entendre qu'il n'accordait pas, ou pas suffisamment, de crédit à la propre défiance de Wittgenstein envers ce besoin). Je me rends compte que, comme ailleurs, la spéculation sur des sujets de ce genre offensera forcément certaines sensibilités philosophiques.

Mais cette spéculation me semble requise par les attaques incessantes auxquelles les *Recherches* soumettent non seulement nos croyances, mais nos fantasmes ou nos tableaux de l'état où devraient être les choses, les illusions que nous nous faisons sur nos besoins ; requises aussi par le sentiment exhibé dans le texte même de son exceptionnalité, ses rencontres isolées de voix innommées, sans recours à la compagnie intellectuelle d'autres auteurs.

C'est en relation avec ce sentiment d'exceptionnalité que je comprends l'attention que porte le livre a l'enfance et à l'héritage ; car, à mon sens, le thème récurrent de l'héritage du langage, la question, l'angoisse de savoir si l'on transmettra assez d'instruction pour que l'autre puisse continuer (seul), est une allégorie de la possibilité de l'héritage philosophique – héritage qui est bien après tout celui que reçoit cet enfant isolé, quasiment inaperçu, dans la description que fait Augustin de son passé. (Bien entendu, l'allégorie serait philosophiquement nulle si elle n'était pas juste, de façon non allégorique, à propos de l'héritage du langage.) Hériter une discipline associée au nom d'un homme seul, et allégoriquement représentée dans l'héritage du langage, particulièrement du langage tel qu'il se condense dans des jeux prophétiques, c'est là une bonne description de la fameuse scène, dans *Au-delà du principe de plaisir*, du jeu du fort-da. (Je suis ici redevable au traitement mémorable de la scène par Derrida). Et de fait l'adéquation de cette description à Wittgenstein et à Freud justifie mon idée d'une réflexion mutuelle de leurs tempéraments, et de leurs destins intellectuels. On verra clairement jusqu'où portent ici les ombres de la conviction, si j'avoue voir une affinité entre l'utilisation chez Freud du jeu des exclamations « Fort ! » et « Da ! », et la mention par Wittgenstein, au début des *Recherches* (§ 27), de « Fort ! », parmi les quelques exclamations qui condensent les différences de modes de fonctionnement des mots, afin de nous sevrer d'une trop prégnante image d'unité.

Certains malentendus concernant Wittgenstein naissent uniquement de cette apparence d'isolement et d'exception-nalité, car quelques-uns y lisent une vanité qui entache son œuvre dernière, vanité encore aggravée par son insistance à dire qu'il parle pour le commun. On peut avoir un senti-ment de ce genre (et ce sentiment peut être justifié dans certains cas) pour toute une lignée de penseurs, ceux qui se proclament (ou se font remarquer en déniant qu'ils sont) des sages. Emerson appartient à cette lignée, en sorte que la réputation de Wittgenstein n'en sera probablement pas améliorée là où elle en aurait le plus besoin, si l'on dit qu'Emerson se conforme parfaitement à une expérience d'isolement caractéristique des *Recherches*. Dans « *Self-Reliance* », Emerson dit :

> Cette conformité les rend [la plupart des hommes] non pas faux dans quelques cas, auteurs de quelques mensonges, mais faux dans tous les cas. Leur vérité jamais n'est tout à fait vraie. Leur deux n'est pas le véritable deux, leur quatre pas le véritable quatre ; de sorte que chacun des mots qu'ils disent nous chagrinent, et nous ne savons par où commencer à les corriger.

C'est l'expression d'une expérience particulière de gêne et de déception, dirigées vers la culture dans son ensemble (donc vers soi-même en tant qu'on est compromis dans cette culture), vers son incapacité à s'écouter elle-même ; ce qui bien sûr se présentera de temps en temps comme son incapacité, ou son refus, de vous écouter. De sorte que lorsque vous prêchez, par exemple, la désobéissance à votre culture, vous lui demandez de s'obéir à elle-même différemment, mieux (en rappelant, en recomptant). C'est l'aversion qui, chez Emerson, signale la désobéissance (« La confiance en soi est l'aversion du conformisme »). Le mot aversion est la manière dont Emerson dit conversion. Il désigne un territoire spirituel comparable, en même temps qu'un dégoût explicite.

En nous donnant les moyens d'avoir une conception complète de notre culture sophistiquée (complètement : sans fin), les *Recherches* ne peignent pas de manière mimétique les circonstances de notre mode de vie, quoiqu'elles communiquent l'impression inimitable que nos modèles ou nos modifications de la forme de vie humaine sont en train de saper cette vie, de la déformer. (Si nous disons que la forme de vie humaine est la vie de l'esprit, il nous faut alors demander ce qu'elle voit en elle-même qui la conduit à se placer en-dessous). Ici je propose que nous comprenions que la célèbre description qui figure dans la préface des *Recherches* : « Cette œuvre, dans sa pauvreté et l'obscurité de notre temps » – désigne le temps en question comme ce qui est conçu et dépeint par et dans l'œuvre toute entière, dans son dénuement apparent (« Mon savoir n'est-il pas tout entier exprimé dans les explications que je pourrais donner ? » (*cf.* § 75)) ; ses apparentes dénégations, ses embarras (« Les explications prennent fin quelque part », « C'est là simplement ce que je fais » (*cf.* § 1, § 217)) ; et sa folie. La déclaration de sa pauvreté n'est pas une simple expression d'humilité mais un message sévère : la thérapeutique prescrite pour amener de la lumière dans les ténèbres du temps se présentera comme, sera en un sens, le jeûne forcé ; comme si notre esprit philosophique avait été gâté, gavé à mort. Et Wittgenstein est parfaitement clair quand il montre qu'il sait bien que son lecteur se sentira (devrait se sentir) frustré par son enseignement (« Qu'est-ce qui donne l'impression que nous voulons nier quoi que ce soit ? » « Ce que nous détruisons, ce ne sont que des châteaux de cartes » (*cf.* § 118, § 305)).

La pauvreté comme condition de la philosophie, ce n'est guère une idée nouvelle. Emerson la déploie comme l'idée spécifique du dénuement de l'Amérique, de sa pâleur et de sa distance par rapport à la réussite de l'Europe, en tant qu'ils constituent pour l'Amérique la nécessité et l'occasion de se trouver elle-même. (Vers la fin d'« *Experience* », il y a un appel caractéristique à la résolution : « Et nous ne pouvons assez médire de notre nécessité constitutive, de voir les choses sous des aspects privés, ou saturées de nos humeurs. Et pourtant c'est le Dieu qui est le natif de ces rochers désertiques. Ce besoin crée en morale la vertu capitale de la confiance en soi. Nous devons tenir ferme à cette pauvreté... » Je lis : La pauvreté qui, moralement parlant, est agréable au Dieu et nous donne accès à l'humanité d'autrui – c'est sa pauvreté et non sa richesse qui constitue le titre de l'Amérique sur les autres –, est philosophiquement parlant notre accès à la nécessité, notre voie de sortie du privé.) D'autres comprennent qu'Emerson conseille à l'Amérique d'ignorer l'Europe ; pour moi, sa pratique veut dire qu'une partie de la tâche de découvrir la philosophie en Amérique consiste à découvrir les termes dans lesquels il nous est donné d'hériter la philosophie de l'Europe. Cet héritage ne ressemble guère à de la philosophie, mais plutôt à un développement inattendu de la littérature. D'après les modèles européens, les Américains semblent, nous dit Thoreau, de « pauvres étudiants », mot par lequel Thoreau identifie les mal lotis que sont ses lecteurs légitimes. Il pourrait bien être particulièrement intéressant, pour un

Américain, de remarquer que ce que Wittgenstein veut dire dans les *Recherches* par l'ordinaire apparaît à certains lecteurs philosophiques comme une idée appauvrie de la philosophie, par sa manière de rejeter systématiquement, de décompter, ou de recompter radicalement, les termes, les arguments et les résultats de la philosophie – son projet implacable, si l'on peut dire, de désublimation de la pensée.

Aussi comprendra-t-on que je sois hanté par une réaction (rapportée par Waismann) de Wittgenstein en 1931 à propos des cours donnés par Schlick dans une université américaine : « Que pouvons-nous donner aux Américains ? Notre culture à moitié décomposée ? Les Américains n'ont pour l'instant pas de culture. Mais de nous ils n'ont rien à apprendre… La Russie. La passion promet bien quelque chose. Alors que notre discours n'a la force de rien déplacer » (*Recollections of Wittgenstein*, éd. Rhees, p. 205). Des diverses questions que soulèvent ces réflexions je ne mentionnerai que cette direction, à savoir qu'en demandant si la pensée centrale de l'Europe peut s'hériter plus loin vers l'Ouest, et plus loin vers l'Est, Wittgenstein exprime une angoisse sur la capacité de l'Europe elle-même à continuer d'hériter la philosophie ; sur sa capacité à lui, qui représente un présent de la philosophie, à transmettre ses pensées à une autre génération. Si la philosophie doit continuer, elle doit continuer à s'hériter ; s'il faut en hériter, alors il nous faut hériter de ceci, disons des *Recherches*. (La façon dont Thoreau infléchit le mot « pauvre » pour qualifier les étudiants pour lesquels il écrit – précisant la quête d'Emerson pour « mes pauvres » dans « *SelfReliance* » – me rappelle de dire que le mot employé par Wittgenstein pour désigner l'indigence de son travail est *Dürftigkeit*, et non *Armut*. Il va sans dire que Wittgenstein ne prétend pas que le nécessaire dépouillement matériel de la philosophie soit quelque chose d'obvie. Et il devait connaître, aussi bien que Heidegger, la question qui figure dans l'élégie de Hölderlin « Le Pain et le Vin » : « ... *wozu Dichter in dürftiger Zeit?* ». Il vaut la peine de s'arrêter un peu sur les attractions et répulsions qui lient Wittgenstein et Heidegger, pour méditer ce que signifie le fait que, lorsque Heidegger se trouve dans le champ de force des mots de Hölderlin – disons sur l'utilité d'un poète en un temps qui en est privé – il lui consacre des essais philosophiques, comme pour le faire rentrer dans son système, le contenir ; tandis qu'imaginer un moment comparable de reconnaissance chez Wittgenstein, c'est imaginer une certaine identification, à un moment de la préface de son œuvre dernière, dans laquelle il renonce à cette œuvre et lui refuse l'immunité par rapport à son temps.)

Combien de candidats se trouve-t-il dans une génération au rôle de représenter le présent de la philosophie ? Peut-être semblera-t-il finalement que l'héritage de la philosophie est la seule affaire nécessaire de la philosophie. Ceux pour qui cela ne peut se présenter comme une nécessité structurelle de la philosophie aujourd'hui y verront forcément une arrogance insupportable. Même alors, on pourrait encore en percevoir toute l'humilité. Ce que cet héritage revendique pour lui-même, ce n'est rien de plus que la pauvreté, et non le luxe platonicien, augustinien, cartésien, kantien, hégélien ou heideggerien. C'est parce que cette pauvreté se revendique comme la continuation de la philosophie (un luxe différent pourrait se permettre de ne pas s'en soucier), comme d'un chemin globalement plus significatif que la position occupée sur ce chemin – c'est pour cela que j'interprète l'angoisse ou la ferveur des *Recherches* non pas comme une inquiétude sur son originalité, mais sur son intelligibilité pour une autre génération – appelez cela sa capacité historique à continuer – sans laquelle le chemin sera peut-être perdu. (J'ai dit qu'un luxe différent de celui des grands philosophes pourrait se permettre de ne pas chercher à savoir si le chemin de la philosophie pouvait bien être perdu, et si on peut le suivre autrement que dans la pauvreté. C'est ainsi que je situerais la proposition qu'il n'est pas rare qu'on me soumette instamment, à savoir l'idée de Richard Rorty d'une conversation culturelle générale post-philosophique. Quelle que puisse être mon attirance pour cette idée, je souffre de l'usage généralisé, conventionnalisé, des mots et des pensées qui sont actuellement adaptés, tout armés, pour une telle conversation, des mots comme « philosophie », « ordinaire », « théorie », et « conversation ». Que puis-je dire ?).

J'ai dit en somme que l'on pouvait voir les *Recherches* comme une philosophie de la culture, une philosophie en rapport avec son temps, comme à un temps où la continuation de la philosophie est en jeu. À présent, en conclusion, je demande s'il y a motif à soutenir que ce livre doit être compris ainsi, qu'il cherche, pour ainsi dire, cette perspective sur lui-même.

Pour trouver une réponse, je reviens à une autre remarque du professeur von Wright : « [Je crois que] l'attitude de Wittgenstein à l'égard de son temps [une attitude spenglérienne de censure et de dégoût] le rend exceptionnel parmi les grands philosophe ». Les philosophes avec lesquels von Wright compare Wittgenstein sont Platon, Descartes, Kant et Hegel. (Le cas de Heidegger serait ici délicat, puisque dans *Qu'appelle-t-on penser ?*, Heidegger prend la peine de distinguer sa perception de ce qu'il appelle le pessimisme de Spengler, et donc de se mesurer à lui, de façon à soulever pertinemment la question de savoir si le phénomène en question ici est exactement ce que nous entendons par une attitude. Toutefois, il n'est que trop évident qu'on ne peut employer Heidegger dans le contexte présent pour constituer un modèle du sérieux de la philosophie pour Wittgenstein, aussi laisserai-je le problème de côté pour le moment). Une attitude spenglérienne – disons une interrogation adressée à la dérive globale de notre culture, qui témoigne d'un désaccord radical avec le reste de la pensée avancée de cette culture – ne ferait pas de Wittgenstein un cas exceptionnel parmi des auteurs comme Montaigne, Pascal, Rousseau, Emerson, Nietzsche et Freud. Aussi vaut-il la peine de considérer que le sens, que je partage, de l'exceptionnalité de Wittgenstein provient du sentiment qu'il lie le destin de la philosophie en tant que telle à celui de la philosophie ou de la critique de la culture, les déplaçant ainsi toutes deux – sans cesse abandonnant, réprimandant, parodiant la prétention de la philosophie à une perspective privilégiée sur sa culture, à savoir la perspective de la raison (qu'elle partage peut-être avec la science); abandonnant en tout cas pour la philosophie toute prétention à une perspective qui aille au-delà de sa perspective sur elle-même. Voilà pour sa pauvreté de perspective. Mais comment faire de cette pauvreté philosophie?

Je dis que cette philosophie repose dans la pratique, l'engagement à continuer d'une certaine manière, disons de manière discontinue, ce qui revient à dire, sans cette temporisation sans fin des prétentions qui pourrait aussi bien être un geste vers l'infinité, ou la transcendance; elle repose plutôt sur un refus tout particulier de l'éternité, sur un caractère imprudent, ouvert. (Dans les écrits de Derrida et de Lacan, il y a un geste vers une éternité de temporisation, un infini, donc vers quelque transcendant; mais le fait est qu'ils mettent précisément en question un geste philosophique plus ancien de transcendance. Je dois y réfléchir en me souvenant d'une critique faite plus d'une fois par Austin contre ces philosophes qui soutiennent qu'il y a une infinité d'usages du langage – sans doute avait-il en tête ce que dit Wittgenstein au début des *Recherches* (§ 23), qu'il y a d'« innombrables » genres d'usages – ou encore que le « contexte », d'un usage est infiniment complexe, cela dans le seul but de différer le moment de se mettre au travail et de les compter. Mon affection pour le geste d'Austin à cet instant ne m'a pas empêché de me demander – n'étais-je pas censé le faire ? – ce que devenait, alors, le travail de la philosophie.) C'est la pratique qui constitue la mise au jour, un mode ou motif de vie qui veut défier le mode ou le motif qui épuise la forme de vie des locuteurs. C'est ainsi que je comprends la prétention de Wittgenstein de donner la paix à la philosophie (§ 133). Non que la philosophie comme telle doive être menée à sa fin ; mais dans chaque cas où on lui fait appel, elle se mène à sa fin.

Si l'on conçoit les *Recherches* comme le portrait d'une culture sophistiquée complète, deux traits touchent à l'idée de pauvreté de la philosophie. D'abord, en commençant par les mots de quelqu'un d'autre – en choisissant de s'arrêter là, en entendant un appel à la philosophie dans ces mots anodins – l'auteur des *Recherches* affirme que la philosophie ne parle pas la première. La vertu de la philosophie est sa capacité de réponse. Ce qui en fait de la philosophie, ce n'est pas que sa réponse soit totale, mais qu'elle soit inlassable, encore éveillée quand tous les autres dorment déjà. Son engagement, c'est de s'entendre appeler, et lorsqu'on fait appel à elle- mais alors seulement, et seulement dans la mesure où elle y a intérêt – de parler. N'importe quel mot à moi légué par mes aînés, tandis qu'autour de moi ils se déplaçaient obscurément vers les objets de leur désir, peut finir par me chagriner. Tous mes mots sont ceux d'un autre. Qui, sinon la philosophie d'un certain genre, en supporterait l'idée ? Le second trait des *Recherches* qui en fait la pauvreté est que, dans la culture qu'elles dépeignent, rien n'advient comme un tout, elles n'ont pas de récit unique à raconter. Ce qui est philosophiquement important ou intéressant – ce que la philosophie a à dire – advient de manière répétée, sans mélodrame, sans événement.

Mais en soutenant que Wittgenstein jette dans la balance une pratique philosophique de l'ordinaire, et non une moralité ou une religion distinctes de cette pratique, contre l'extériorisation ou le nomadisme de la culture – pratique dont il sait qu'elle ne doit être écoutée que dans le doute on le place structurellement dans la position d'un prophète. Cela convient-il à la philosophie ?

La vérité, c'est que dans la culture dépeinte dans les *Recherches*, nous sommes tous des enseignants et tous des étudiants – parlant, écoutant, surprenant les mots d'autrui, croyant, expliquant ; nous apprenons et nous enseignons sans cesse, sans distinction ; nous sommes tous des adultes et tous des enfants, qui avons besoin d'une audience pour nos injustices, pour nos justices. Imaginez à présent un monde dans lequel les voix des interlocuteurs des *Recherches* continuent de se faire entendre, mais dans lesquels il n'y a pas de voix wittgensteinienne qui soit leur autre. C'est un monde où nous devenons, les uns pour les autres, plus vite un danger qu'une aide.

JACQUES DERRIDA

L'AUTRE CAP
(1991)[1]

Je vous confierai pour commencer un sentiment. Déjà au sujet des caps – et des bords sur lesquels j'ai l'intention de me tenir. C'est le sentiment un peu accablé d'un vieil Européen. Plus précisément de quelqu'un qui, n'étant pas tout à fait européen par sa naissance, puisque je viens du rivage méridional de la Méditerranée, se tient aussi, de plus en plus avec l'âge, pour une sorte de métis européen sur-acculturé, sur-colonisé (les mots latins de *culture* et de *colonisation* ont une racine commune, là où justement il s'agit de ce qui arrive aux racines). C'est peut-être le sentiment, en somme, de quelqu'un qui a dû, dès l'école de l'Algérie française, essayer de capitaliser la vieillesse de l'Europe tout en gardant un peu de la jeunesse insensible et impassible de l'autre bord. En vérité, toutes les marques d'une ingénuité encore incapable de cette autre vieillesse dont la culture française l'avait très tôt séparé.

De ce sentiment de vieil Européen anachronique, juvénile et fatigué de son âge même, je ferai le *premier*

1. J. Derrida, *L'autre cap*, Paris, Minuit, 1991, p. 13-19 et p. 63-81 (avec la note 8, p. 94-98).

axiome de ce petit discours. Et je dirai « nous » au lieu de
« je », autre manière de passer subrepticement du sentiment
à l'axiome.

Nous sommes plus jeunes que jamais, nous les
Européens, puisqu'une certaine Europe n'existe pas encore.
A-t-elle jamais existé ? Mais nous sommes de ces jeunes
gens qui se lèvent, dès l'aube, vieux et fatigués. Nous
sommes déjà épuisés. Cet *axiome de finitude* est un essaim
ou un assaut de questions. De quel épuisement les jeunes
vieux-Européens que nous sommes doivent-ils re-partir ?
Doivent-ils re-commencer ? Ou bien, *départ* de l'Europe,
se séparer d'une vieille Europe ? Ou bien repartir vers une
Europe qui n'existe pas encore ? Ou bien repartir pour
revenir vers une Europe des origines qu'il faudrait en
somme restaurer, retrouver, reconstituer au cours d'une
grande fête de « retrouvailles » ?

« Retrouvailles » est aujourd'hui un mot officiel. Il
appartient au code de la politique culturelle de la France
en Europe. Les discours et documents ministériels en font
grand usage. Ils commentent alors un propos de François
Mitterrand : l'Europe, a dit le président de la République
(peut-être même alors qu'il présidait aussi la Communauté
européenne), « comme on rentre chez soi, rentre dans son
histoire et dans sa géographie ». Qu'est-ce que cela veut
dire ? Est-ce possible ? Souhaitable ? Est-ce cela même qui
s'annonce *aujourd'hui* ?

Je ne tenterai même pas, pas encore, de répondre à ces
questions. Mais je risquerai un *second axiome*. Je le crois
préalable à la possibilité même de donner un sens à de
telles assertions (par exemple, celle des « retrouvailles »)
et à de telles questions. Malgré l'inclination et la conviction
qui devraient me pousser ici à analyser généalogiquement
les concepts d'identité ou de culture – comme le nom

propre Europe –, je dois y renoncer, le temps et le lieu ne s'y prêtent pas. Il me faut néanmoins formuler de façon un peu dogmatique, c'est mon second axiome, une nécessité très sèche dont les conséquences peuvent affecter toute notre problématique : *le propre d'une culture, c'est de n'être pas identique à elle-même.* Non pas de n'avoir pas d'identité, mais de ne pouvoir s'identifier, dire « moi » ou « nous », de ne pouvoir prendre la forme du sujet que dans la non-identité à soi ou, si vous préférez, la différence *avec soi.* Il n'y a pas de culture ou d'identité culturelle sans cette différence avec soi. Syntaxe étrange et un peu violente : « *avec soi* » veut dire aussi « chez soi » (*avec* c'est « chez », *apud hoc*). Dans ce cas, la différence à soi, ce qui diffère et s'écarte de soi-même, serait aussi *différence (d')avec soi*, différence à la fois interne et irréductible au « chez soi ». Elle rassemblerait et diviserait aussi irréductiblement le foyer du « chez soi ». En vérité, elle ne le rassemblerait, le rapportant à lui-même, que dans la mesure où elle l'ouvrirait à cet écart.

Cela peut se dire, inversement ou réciproquement, de toute identité ou de toute identification : il n'y a pas de rapport à soi, d'identification à soi sans culture, mais culture de soi *comme* culture *de* l'autre, culture du double génitif et de la *différence à soi.* La grammaire du double génitif signale aussi qu'une culture n'a jamais une seule origine. La monogénéalogie serait toujours une mystification dans l'histoire de la culture.

L'Europe d'hier, de demain ou d'aujourd'hui n'aura-t-elle été qu'un exemple de cette loi ? Un exemple parmi d'autres ? Ou bien la possibilité exemplaire de cette loi ? Est-on plus fidèle à l'héritage d'une culture en cultivant la différence-à-soi (*avec soi*) qui constitue l'identité ou bien en s'en tenant à l'identité dans laquelle cette différence se maintient *rassemblée* ? Cette question peut propager les effets les plus inquiétants sur tous les discours et toutes les politiques de l'identité culturelle.

Dans ses « Notes sur la grandeur et décadence de l'Europe », Valéry semble provoquer un interlocuteur familier, à la fois proche et encore inconnu. Dans une sorte d'apostrophe, comme le coup d'envoi d'une question qui ne le laisserait plus en paix, il lui lance le mot d'« aujourd'hui ». « AUJOURD'HUI », le mot est écrit en lettres *capitales*, aujourd'hui s'agrandit comme le défi même. Le grand défi, le défi capital, c'est le jour d'*aujourd'hui* : « Eh bien ! Qu'allez-vous faire ? Qu'allez-vous faire AUJOURD'HUI ? » (*Œuvres*, « Bibliothèque de la Pléiade », Gallimard, t. II, p. 931).

Pourquoi le jour d'aujourd'hui mériterait-il ces lettres capitales ? Parce que cela même que nous avons du mal à faire et à penser aujourd'hui, pour l'Europe, pour une Europe arrachée à l'auto-identification comme répétition de soi, c'est justement l'unicité de l'« aujourd'hui », un certain événement, un avènement singulier de l'Europe, ici maintenant. Y a-t-il un « aujourd'hui » tout neuf de l'Europe, et d'une nouveauté qui surtout ne ressemble pas à ce qu'on a appelé, autre programme connu, et des plus sinistres, une « Nouvelle Europe ? » Les pièges de ce type, et ce ne sont pas seulement des pièges de langage, nous les rencontrons à chaque pas, ils sont au programme. Y a-t-il donc un « aujourd'hui » tout neuf de l'Europe au-delà de tous les programmes épuisés, épuisants mais inoubliables (nous ne pouvons ni ne devons les oublier car ils ne nous oublient pas), de l'eurocentrisme et de l'anti-eurocentrisme ? Est-ce que j'abuse du « nous » en commençant par dire que, les connaissant maintenant par cœur, et par épuisement, parce que ces programmes inoubliables sont épuisants et épuisés, nous ne voulons plus *aujourd'hui* ni de l'euro-centrisme ni de l'anti-eurocentrisme ? Au-delà de ces programmes trop connus, de quelle « identité culturelle » devons-nous répondre ? Répondre devant qui ? Devant quelle mémoire ? Pour quelle promesse ? Et « identité culturelle », est-ce un bon mot pour « aujourd'hui » ?

(...)

Dans *La liberté de l'esprit*, ce texte de l'imminence dont l'enjeu est bien le destin de la culture européenne, Valéry fait un appel déterminant au mot de capital, justement pour définir la culture – et la Méditerranée. Il évoque la navigation, l'échange, ce « même navire » qui apportait « les marchandises et les dieux ; les idées et les procédés » (t. II, p. 1086). « Ainsi dit-il, s'est constitué le trésor au quel notre culture doit presque tout, au moins dans ses origines ; je puis dire que la Méditerranée a été une véritable *machine à fabriquer de la civilisation*. Mais tout ceci créait nécessairement de la liberté de l'esprit tout en créant des affaires. Nous trouvons donc étroitement associés sur les bords de la Méditerranée : *Esprit, culture et commerce* » (*ibid*).

Après avoir étendu le principe de cette analyse aux villes des bords du Rhin (Bâle, Strasbourg, Cologne) jusqu'aux ports de la Hanse, qui sont aussi des « positions stratégiques de l'esprit » assurées par l'alliance de la banque, des arts et de l'imprimerie, Valéry met en œuvre la polysémie réglée du mot « capital ». Celui-ci compose, dirait-on, ses intérêts, il enrichit de plus-value les significations de mémoire, d'accumulation culturelle, de valeur économique ou fiduciaire. Valéry assume la rhétorique de ces tropes, les différentes figures du capital y renvoyant

l'une à l'autre sans qu'on puisse les river dans la propriété
d'un sens littéral. Mais cette non-littéralité n'exclut pas la
hiérarchie, elle n'horizontalise pas toute la série sémantique[1].

Quel est le moment le plus intéressant dans cette
capitalisation sémantique ou rhétorique des valeurs de
« capital » ? C'est, me semblet-il, quand la nécessité
régionale ou *particulière* du capital produit ou appelle la
production toujours menacée de l'*universel*. Or la culture
européenne est en péril quand cette universalité *idéale*,
l'idéalité même de l'universel comme production du capital,
se trouve menacée :

> Culture, civilisation, ce sont des noms assez vagues que
> l'on peut s'amuser à différencier, à opposer ou à conjuguer.
> Je ne m'y attarderai pas. Pour moi, je vous l'ai dit, il
> s'agit d'un capital qui se forme, qui s'emploie, qui se
> conserve, qui s'accroît, qui périclite comme tous les
> capitaux imaginables – dont le plus connu est, sans doute,
> ce que nous appelons *notre corps*... (t. II, p. 1089. Valéry
> souligne).

« Comme tous les capitaux, imaginables » : cette série
analogique est rappelée pour justifier le lexique du capital
et la rhétorique ainsi induite. Et si j'insiste à mon tour sur
« notre corps », déjà souligné par Valéry comme au fond
le plus *connu*, le plus familier des capitaux, celui qui lui
donne son sens le plus littéral ou le plus propre, se
rassemblant, nous l'avons déjà vu, au plus près de la tête
ou du cap, c'est pour marquer que le corps, comme corps
dit propre, « notre corps », notre corps sexué ou divisé par
la différence sexuelle, cela reste un des lieux incontournables
du problème : par lui passe aussi la question de la langue,
de l'idiome et du cap.

La diagnose de Valéry, c'est l'examen d'une crise, de la crise par excellence, si on peut dire, celle qui met en péril le capital comme capital de culture : « Je dis que le capital de notre culture est en péril » (t. II, p. 1090). En médecin, Valéry analyse le symptôme de la « fièvre ». Il situe le mal dans la structure même du capital. Celui-ci suppose la réalité de la chose, c'est-à-dire la culture matérielle, certes, mais aussi l'existence des hommes. La rhétorique valéryenne est ici à la fois culturelle, économique, technique, scientifique et militaire – stratégique :

> De quoi est composé ce capital *Culture ou Civilisation ?*
> Il est d'abord constitué par des *choses*, des objets matériels,
> – livres, tableaux, instruments, etc., qui ont leur durée
> probable, leur fragilité, leur précarité de choses. Mais ce
> matériel ne suffit pas. Pas plus qu'un lingot d'or, un
> hectare de bonne terre, ou une machine ne sont des
> capitaux, en l'absence d'hommes *qui en ont besoin* et
> *qui savent s'en servir*. Notez ces deux conditions. Pour
> que le matériel de la culture soit un capital, il exige, lui
> aussi, l'existence d'hommes qui aient besoin de lui, et
> qui puissent s'en servir, – c'est-à-dire d'hommes qui
> aient soif de connaissance et de puissance de transfor-
> mations intérieures, soif de développements de leur
> sensibilité ; et qui sachent, d'autre part, acquérir ou exercer
> ce qu'il faut d'habitudes, de discipline intellectuelle, de
> conventions et de pratiques pour utiliser l'arsenal de
> documents et d'instruments que les siècles ont accumulé.
> Je dis que le capital de notre culture est en péril. (t. II,
> p. 1089-1090).

Le langage de la mémoire (mise en réserve, archive, documentation, accumulation) croise donc le langage économique aussi bien que le langage techno-scientifique de la polémologie (« connaissance », « instruments »,

« puissance », « arsenal », etc.). Le péril qui guette le capital menace essentiellement l'« idéalité » du capital : notre « capital idéal », dit Valéry. L'idéalité tient à ce qui dans la capitalisation même se délimite, excède les frontières de l'empiricité sensible ou de la particularité en général pour ouvrir sur l'infini et donner lieu à l'universel. La maxime de maximalité qui, nous l'avons vu, n'est autre que l'esprit même, assigne à l'homme européen son essence (« Cet ensemble de maxima est Europe. »)

Nous connaissons bien le programme de cette logique – ou cette *analogique*. Nous pourrions le formaliser en experts que nous sommes, nous, les vieux philosophes européens. C'est une logique, la logique même, que je ne veux pas ici critiquer. Je serais même prêt à y souscrire : mais d'une main seulement, car j'en garde une autre pour écrire ou chercher autre chose, peut-être hors d'Europe. Non pas seulement pour chercher, sur le mode de la recherche, de l'analyse, du savoir et de la philosophie, ce qui se trouve déjà hors d'Europe, mais pour ne pas fermer d'avance une frontière à l'à-venir de l'*événement*, à ce qui vient, à ce qui *vient* peut-être et peut-être vient d'une tout autre rive.

Selon la logique capitale que nous voyons se confirmer ici, ce qui menace l'identité européenne ne menacerait pas essentiellement l'Europe mais, en l'Esprit, l'universalité dont elle répond, dont elle est la réserve, le capital ou la capitale. Ce qui met en crise le capital culturel comme *capital idéal* (« J'ai assisté à la disparition progressive d'êtres extrêmement précieux pour la formation régulière de notre capital idéal… »), c'est la disparition de ces hommes qui « savaient lire : vertu qui s'est perdue », ces hommes qui « savaient entendre et même écouter », qui

« savaient voir », « relire », « réentendre » et « revoir »
– en un mot, de ces hommes capables aussi de répétition
et de mémoire, préparés à répondre, à répondre *devant*, à
répondre *de* et à répondre *à* ce qu'ils avaient une première
fois entendu, vu, lu, su. Par cette mémoire responsable, ce
qui se constituait en « *valeur solide* » (Valéry souligne ces
deux mots) produisait du même coup une plus-value
absolue, à savoir l'accroissement d'un capital universel :
« … ce qu'ils tenaient à relire, à réentendre ou à revoir, se
constituait, par ce retour, en *valeur solide*. Le capital
universel s'en accroissait. » (t. II, p. 1091).

Ayant approuvé ce discours tout en regardant ailleurs,
je voudrais précipiter ma conclusion ; et la précipitation
est aussi un mouvement du chef qui nous porte la tête en
avant. Il s'agit bien de ce paradoxe capital de l'universalité.
En lui se croisent toutes les antinomies pour lesquelles il
semble que nous ne disposions pas de règle ou de solution
générale. Nous *avons*, nous *devons* avoir seulement la
sécheresse ingrate d'un axiome abstrait, à savoir que
l'expérience de l'identité ou de l'identification culturelle
ne peut être que l'endurance de ces antinomies. Quand
nous disons : « il semble que nous ne disposions pas de
règle ou de solution générale », ne *faut-il* pas sous-entendre
en effet : « *il faut* que nous n'en disposions pas » ? Non
seulement « il faut bien » mais absolument « il le faut »,
et cette exposition démunie est la forme négative de
l'impératif en lequel une responsabilité, *s'il y en* a garde
une chance de s'affirmer. Disposer d'avance de la généralité
d'une règle comme d'une solution à l'antinomie (c'est-
à-dire à la *double loi contradictoire* et non à l'opposition
de la loi et de son autre), en disposer comme d'une puissance
ou d'une science données, comme d'un *savoir* et d'un

pouvoir qui précéderaient, pour la régler, la singularité de chaque décision, de chaque jugement, de chaque expérience de responsabilité en s'y appliquant comme à des cas, ce serait la définition la plus sûre, la plus rassurante de la *responsabilité comme irresponsabilité*, de la morale confondue avec le calcul juridique, de la politique organisée dans la techno-science. L'invention du nouveau qui ne passerait pas par l'endurance de l'antinomie serait une dangereuse mystification, l'immoralité *plus* la bonne conscience, et parfois la bonne conscience *comme* immoralité.

La valeur d'universalité capitalise ici toutes les antinomies, parce qu'elle doit se lier à celle d'*exemplarité* qui inscrit l'universel dans le corps propre d'une singularité, d'un idiome ou d'une culture, que cette singularité soit ou non individuelle, sociale, nationale, étatique, fédérale ou confédérale. Qu'elle prenne une forme nationale ou non, raffinée, hospitalière ou agressivement xénophobe, l'auto-affirmation d'une identité prétend toujours répondre à l'appel ou à l'assignation de l'universel. Cette loi ne souffre aucune exception. Aucune identité culturelle ne se présente comme le corps opaque d'un idiome intraduisible mais toujours, au contraire, comme l'irremplaçable *inscription* de l'universel dans le singulier, le *témoignage unique* de l'essence humaine et du propre de l'homme. Chaque fois, c'est le discours de la *responsabilité* : j'ai, le « je » unique a la responsabilité de témoigner pour l'universalité. Chaque fois l'exemplarité de l'exemple est unique. C'est pourquoi elle se met en série et se laisse formaliser dans une loi. Parmi tous les exemples possibles, je ne citerai encore une fois que celui de Valéry, parce que je le trouve en somme aussi typique ou archétypique qu'un autre. Puis il a ici, pour moi qui vous parle, le mérite d'accuser en français le gallocentrisme même dans ce qu'il garde, ce sont les mots de Valéry, de plus « ridicule » et de plus « beau ». Nous sommes toujours dans le théâtre de l'imminence. C'est en 1939. Évoquant ce qu'il appelle le « titre » de la France, c'est-à-dire encore son capital, car la valeur d'un titre est celle d'un chef, d'un chapeau, un cap ou un capital, Valéry conclut ainsi un essai intitulé *Pensée et art français* :

> Je termine en vous résumant en deux mots mon impression personnelle de la France : notre particularité (et, parfois, notre ridicule, mais souvent notre plus beau titre), c'est de nous croire, de nous sentir universels – je veux dire : *hommes d'univers…* Observez le paradoxe : avoir pour spécialité le sens de l'universel.

Ce qui se trouve ainsi décrit, on l'aura noté, ce n'est pas une vérité ou une essence, encore moins une certitude : c'est une « impression personnelle » de Valéry, qui l'énonce comme telle, et une impression au sujet d'une *croyance* et d'un *sentiment* (« de nous croire, de nous sentir universels »). Mais ces phénomènes subjectifs (croyance, sentiment, impression à leur sujet de quelqu'un qui dit alors « nous ») n'en constitueraient pas moins les traits essentiels ou constitutifs de la conscience française dans sa « particularité ». Ce paradoxe est encore plus insolite que Valéry ne pouvait ou ne voulait le penser : il n'est pas réservé aux Français de se sentir « hommes d'univers ». Ni même sans doute aux Européens. Husserl le disait du philosophe européen : en tant qu'il se voue à la raison universelle, il est aussi le « fonctionnaire de l'humanité ».

A partir de ce paradoxe du paradoxe, par la propagation d'une fission en chaîne, toutes les propositions et toutes les injonctions se divisent, le cap se fend, le capital se désidentifie : il se rapporte à lui-même non seulement en se rassemblant dans la différence *avec lui-même* et avec l'autre cap, avec l'autre bord du cap, mais en s'ouvrant sans pouvoir plus se rassembler. Il s'ouvre, il a *déjà* commencé à s'ouvrir, et *il faut* en prendre acte, ce qui veut dire *affirmer en rappelant* et non pas seulement archiver ou enregistrer une nécessité qui de toute façon se trouve à l'œuvre. Il a commencé à s'ouvrir sur *l'autre rive d'un autre cap*, fût-il opposé, et dans la guerre même, et l'opposition fût-elle intérieure. Mais il a du même coup, *par là même*, commencé à deviner, à voir venir, à l'entendre aussi, l'autre *du* cap en général. Plus radicalement encore, plus gravement (mais c'est la gravité d'une chance légère et imperceptible qui n'est autre que l'expérience même de l'autre), il a commencé à s'ouvrir ou plutôt à se laisser ouvrir, ou, mieux encore, à être affecté d'ouverture sans s'ouvrir de lui-même sur un autre, sur un autre que le cap ne peut même plus rapporter à lui-même comme *son* autre, *l'autre avec soi.*

Alors le *devoir* de répondre à l'appel de la mémoire européenne, de rappeler ce qui s'est promis sous le nom de l'Europe, de ré-identifier Europe, c'est un *devoir* sans commune mesure avec tout ce qu'on entend généralement sous ce nom mais dont on pourrait montrer que tout autre devoir peut-être le suppose en silence.

Ce *devoir* dicte aussi d'ouvrir l'Europe, depuis le cap qui se divise parce qu'il est aussi un rivage : de l'ouvrir sur ce qui n'est pas, n'a jamais été et ne sera jamais l'Europe.

Le *même devoir* dicte aussi non seulement d'accueillir l'étranger pour l'intégrer, mais aussi pour reconnaître et accepter son altérité : deux concepts de l'hospitalité qui divisent aujourd'hui notre conscience européenne et nationale.

Le *même devoir* dicte de *critiquer* (« en-théorie-et-en-pratique », inlassablement) un dogmatisme totalitaire qui, sous prétexte de mettre fin au capital, a détruit la démocratie et l'héritage européen, mais aussi de critiquer une religion du capital qui installe son dogmatisme sous de nouveaux visages que nous devons aussi apprendre à identifier – et c'est l'avenir même, il n'y en aura pas autrement.

Le *même devoir* dicte de cultiver la vertu de cette *critique, de l'idée critique, de la tradition critique*, mais aussi de la soumettre, au-delà de la critique et de la question, à une généalogie déconstructrice qui la pense et la déborde sans la compromettre.

Le *même devoir* dicte d'assumer l'héritage européen, et *uniquement* européen, d'une idée de la démocratie, mais aussi de reconnaître que celle-ci, comme celle du droit international, n'est jamais donnée, que son statut n'est même pas celui d'une idée régulatrice au sens kantien, plutôt quelque chose qui reste à penser et *à venir* : non pas qui arrivera certainement demain, non pas la démocratie (nationale et internationale, étatique ou trans-étatique) *future*, mais une démocratie qui doit avoir la structure de la promesse – *et donc la mémoire de ce qui porte l'avenir ici maintenant.*

Le *même devoir* dicte de respecter la différence, l'idiome, la minorité, la singularité, mais aussi l'universalité du droit formel, le désir de traduction, l'accord et l'univocité, la loi de la majorité, l'opposition au racisme, au nationalisme, à la xénophobie.

Le *même devoir* commande de tolérer et de respecter tout ce qui ne se place pas sous l'autorité de la raison. Il peut s'agir de la foi, des différentes formes de la foi. Il peut s'agir aussi de pensées, questionnantes ou non, et qui, tentant de penser la raison et l'histoire de la raison, excèdent nécessairement son ordre, sans devenir pour autant de ce simple fait irrationnelles, encore moins irrationalistes ; car elles peuvent tâcher aussi cependant de rester fidèles à l'idéal des Lumières, de l'*Aufklärung* ou de l'*Illuminismo*, tout en reconnaissant ses limites, pour travailler aux Lumières de ce temps, de ce temps qui est le nôtre – *aujourd'hui*. Aujourd'hui, aujourd'hui encore (« Qu'allez-vous faire AUJOURD'HUI ? »)

Ce *même devoir* appelle certes une responsabilité, la responsabilité de penser, de parler et d'agir conformément à ce double impératif contradictoire – et d'une contradiction qui ne doit pas être seulement une antinomie apparente ou illusoire (ni même une illusion transcendantale dans une dialectique de type kantien) mais effective et, *à l'expérience*, interminable. Mais il appelle aussi au respect de ce qui refuse une certaine responsabilité, et par exemple de répondre devant n'importe quel tribunal institué. Nous savons que c'est en tenant aussi le discours de la responsabilité que le plus sinistre jdanovisme a pu s'exercer à l'endroit d'intellectuels accusés d'irresponsabilité devant la Société ou l'Histoire alors « représentées », *présentement*, par tel ou tel état déterminé, c'est-à-dire présent, de la société ou de l'histoire, tel ou tel État tout court.

Je m'arrête parce qu'il est tard, on pourrait multiplier les exemples de ce double devoir. Ce qu'il faudrait faire, surtout, c'est discerner les formes inédites qu'il prend aujourd'hui en Europe. Et non seulement accepter mais revendiquer ici cette épreuve de l'antinomie (sous les espèces, par exemple, de la double contrainte, de l'indé-cidable, de la contradiction performative, etc.). Ce qu'il faudrait, c'est en reconnaître et la forme typique ou récurrente et la singularisation inépuisable – sans lesquels jamais il n'y aura ni événement, ni décision, ni responsabilité, ni morale, ni politique. Ces conditions ne peuvent avoir qu'une *forme* négative (sans X il n'y aurait pas Y). On ne peut être assuré que de cette forme négative. Dès qu'on la convertirait en certitude positive (« à telle condition, il y aura sûrement eu événement, décision, responsabilité, morale ou politique »), on pourrait être sûr de commencer à se tromper, voire à tromper l'autre.

Nous parlons ici sous ces noms (événement, décision, responsabilité, morale politique – Europe !) de « choses » qui ne peuvent qu'excéder (et qui *doivent* le faire) l'ordre de la détermination théorique, du savoir, de la certitude, du jugement, de l'énoncé en forme de « Ceci est cela », plus généralement et plus essentiellement l'ordre du *présent* ou de la *présentation*. Chaque fois qu'on les réduit à ce qu'elles doivent ainsi excéder, on donne à l'erreur, à l'inconscience, à l'impensé, à l'irresponsabilité, le visage si présentable de la bonne conscience (dont il faut dire aussi qu'un certain masque grave et sans sourire de la mauvaise conscience déclarée n'affiche souvent qu'une ruse supplémentaire : la bonne conscience a, par définition, des ressources inépuisables, on pourra toujours les exploiter.

Un dernier mot. Le paradoxe du paradoxe, la fission en chaîne qu'il étend à notre discours, devrait nous pousser à la fois à prendre très au sérieux le vieux nom d'Europe et à ne le prendre, prudemment, légèrement, qu'entre guillemets, comme le meilleur paléonyme, dans une certaine situation, pour ce que nous (nous) rappelons ou ce que nous (nous) promettons. Pour les mêmes raisons, j'en userais ainsi du mot « capital » : la capitale ou le capital. Et, naturellement, des mots « identité » et « culture ».

Je suis européen, je suis sans doute un intellectuel européen, j'aime le rappeler, j'aime à me le rappeler, et

pourquoi m'en défendrais-je ? Au nom de quoi ? Mais je
ne suis pas, ni ne me sens *de part en part* européen. Par
quoi je veux dire, j'y tiens ou je *dois* dire : je ne veux pas
et ne dois pas être européen *de part en part*. L'appartenance
« à part entière » et le « de part en part » devraient être
incompatibles. Mon identité culturelle, celle au nom de
laquelle je parle, n'est pas seulement européenne, elle n'est
pas identique à elle-même, et je ne suis pas « culturel » de
part en part.

Si je déclarais pour conclure que je me sens européen
entre autres choses, serait-ce être par là, en cette déclaration
même, plus ou moins européen ? Les deux sans doute.
Qu'on en tire les conséquences. Aux autres, en tout cas,
et à moi *parmi eux*, d'en décider.

Note 1 p. 302.

1. La logique de ce texte est aussi une *analogique*. Elle tient en vérité
tour entière à une analogie dissymétrique entre l'esprit et la valeur. L'esprit
est une valeur, certes, parmi d'autres, comme l'or, le blé ou le pétrole,
mais c'est aussi la source de toute valeur, donc la valeur excédante, la
plus-value absolue et donc sublime du sans-prix. L'esprit est l'une des
catégories de l'analogie *et* la condition hors série, le transcendantal, le
transcatégorial de toute l'économie. C'est un exemple et un exemple
exemplaire, l'exemple par excellence. Il n'y en a pas d'autre. Comme
Valéry le dit très bien d'une autre manière, je me contente de rassembler
quelques citations autour de ce qu'il appelle lui-même, comme en passant,
« le point capital » : « C'est un signe des temps [...] qu'il soit même
urgent, d'intéresser les esprits au sort de l'Esprit, c'est-à-dire à leur propre
sort. [...] Ils ont eu confiance dans l'esprit, mais quel esprit, et
qu'entendaient-ils par ce mot ? ... Ce mot est innombrable, puisqu'il
évoque la source et la valeur de tous les autres. » Dès lors, présent,
immanent à tout ce qu'il n'est pas, à toutes les valeurs qui ne le valent
pas, il peut entrer sans risque dans l'analogie, dans le parallélisme de
l'économie et l'économie du parallélisme, entre le capital et le capital.
Il est « cela même », le « point capital », la chose même qui se partage
entre deux registres ou les deux régimes de l'analogie. Par exemple :

J'ai parlé, il me semble, de la baisse et de l'effondrement qui
se fait sous nos yeux, des valeurs de notre vie ; et par ce mot
« valeur » je rapprochais dans une même expression, sous un
même signe, les valeurs d'ordre matériel et les valeurs d'ordre
spirituel.

J'ai dit « valeur » et c'est bien cela même dont je veux parler ;
c'est le point capital sur lequel je voudrais attirer votre attention.
Nous sommes aujourd'hui en présence d'une véritable et
gigantesque transmutation de valeurs (pour employer l'expression
excellente de Nietzsche) et en intitulant cette conférence « liberté
de l'esprit », j'ai fait simplement allusion à une de ces valeurs
essentielles qui semblent à présent subir le sort des valeurs
matérielles.

J'ai donc dit « *valeur* » et je dis qu'il y a une valeur nommée
« esprit », comme il y a une valeur *pétrole*, *blé* ou *or*.

J'ai dit *valeur*, parce qu'il y a appréciation, jugement d'importance,
et qu'il y a aussi discussion sur le prix auquel on est disposé à
payer cette valeur : *l'esprit*.

[…] La malheureuse valeur *esprit* ne cesse guère de baisser.

[…] Vous voyez comme j'emprunte le langage de la Bourse.

[…] J'ai donc souvent été frappé des analogies qui apparaissent,
sans qu'on les sollicite le moins du monde, entre la vie de l'esprit
et ses manifestations, et la vie économique et les siennes. […]
Dans l'une et l'autre affaire, dans la vie économique comme
dans la vie spirituelle, vous trouverez avant tout les mêmes
notions de *production* et de *consommation*.

[…] D'ailleurs, on peut, des deux côtés, considérer également
le capital et le travail ; *une civilisation* est *un capital* dont
l'accroissement peut se poursuivre pendant des siècles comme
celui de certains capitaux, et qui absorbe en lui ses intérêts
composés. (II, p. 1077-1082).

Valéry souligne ; et il se défend de proposer ici une « simple
comparaison, plus ou moins poétique » ou de passer, par « de simples
artifices rhétoriques », de l'économie matérielle à l'économie spirituelle.
Pour s'en défendre, il doit confirmer le caractère à la fois originaire et
transcatégorial du concept d'esprit qui, rendant possible l'analogie, ne
lui appartient pas tout à fait. Pas plus que le *logos*, en somme, n'est simple
ment indus dans l'analogie à laquelle pourtant il participe. Et précisément,
au-delà de la simple rhétorique, l'esprit est *logos*, parole ou verbe, explique
littéralement Valéry. Ce spiritualisme original se présente bien comme

un logocentrisme. Plus rigoureusement encore : comme un logocentrisme qui a son lieu de naissance dans le bassin de la Méditerranée. Une fois de plus, il vaut mieux citer. Valéry vient de se défendre d'être passé, par un artifice de rhétorique, de l'économie matérielle à l'économie spirituelle, et il souligne :

> En réalité, ce serait bien tout le contraire, si on voulait y réfléchir. *C'est l'esprit qui a commencé*, et il ne pouvait pas en être autrement. C'est le commerce des esprits qui est nécessairement le premier commerce du monde, le premier, celui qui a commencé, celui qui est nécessairement initial, car avant de troquer les choses, il faut bien que l'on troque des signes, et il faut par conséquent que l'on institue des signes. Il n'y a pas de marché, il n'y a pas d'échange sans langage ; le premier instrument de tout trafic, c'est le langage, on peut redire ici (en lui donnant un sens convenablement altéré) la fameuse parole : « *Au commencement était le Verbe.* » Il a bien fallu que le Verbe précédât l'acte même du trafic. Mais le verbe n'est pas autre chose que l'un des noms les plus précis de ce que j'ai appelé *l'esprit.* L'esprit et le verbe sont presque synonymes dans bien des emplois. Le terme qui se traduit par *Verbe* dans la Vulgate, c'est le grec « *logos* », qui veut dire à la fois *calcul, raisonnement, parole, discours, connaissance*, en même temps qu'expression. Par conséquent, en disant que le *verbe* coïncide avec l'esprit, je ne crois pas dire une hérésie, – même dans l'ordre linguistique.

Rien de surprenant dès lors à ce que le « logique » et l'historique soient ici homologues et indissociables : « Non seulement il est logiquement nécessaire qu'il en *soit* ainsi, mais encore ceci peut s'établir historiquement. » Les « régions du globe » qui ont favorisé le commerce sont aussi celles où les productions des « valeurs de l'esprit » ont été « les plus précoces, les plus fécondes et les plus diverses », celles où la « *liberté de l'esprit* a été le plus largement accordée ». Et le mot de « marché » revient régulièrement (au moins trois fois en deux pages, I, p. 1005-1006) quand il s'agit de définir l'Europe, « notre Europe, qui commence par un marché méditerranéen », l'Europe, « ce lieu privilégié », « l'esprit européen » « auteur de ces prodiges ». Le meilleur exemple, le seul en vérité, le plus irremplaçable, est celui du bassin de la Méditerranée : l'« exemple » qu'il a « offert » est unique en effet, exemplaire et incomparable. Ce n'est donc pas un exemple parmi d'autres et c'est pourquoi le *logos* et l'histoire ne se séparent plus, puisque cet exemple aura été « le plus frappant et le plus démonstratif » (II, p. 1084-1085).

HERBERT SCHNÄDELBACH

CULTURE ET CRITIQUE DE LA CULTURE
(1992)[1]

La collection d'essais qu'Adorno a publiée en 1955 sous le titre *Prismes* s'ouvre par un texte dont le titre est également le sous-titre du livre entier : « Critique de la culture et société ». Adorno y présente dans des formules incomparables le dilemme de toute critique de la culture : « Le critique de la culture est mécontent d'une culture sans laquelle son malaise serait sans objet (…). Le critique culturel ne peut éviter qu'on le crédite de la culture dont il déclare l'inexistence »[2]. Il « perd sa légitimité en participant à la culture dans le rôle du tracassier rémunéré et respecté »[3] ; « la critique de la culture partage l'aveuglement de son objet »[4] – d'autres traits du même acabit pourraient être cités. (Ici a pu jouer le souvenir de l'intellectuel viennois définitivement grincheux et venimeux qui déplore dans les cafés la barbarie générale d'une manière très

1. H. Schnädelbach, « Kultur und Kulturkritik », in *Zur Rehabiliterung des animal rationale*, Frankfurt M., Suhrkamp, 1992, p. 158-182. Traduction de Matthieu Amat.
2. Th. Adorno, « Critique de la culture et société », in *Prismes*, Paris, Payot-rivages, 2018, p. 7.
3. *Ibid.*, p. 8.
4. *Ibid.*, p. 19.

cultivée ; le nom de Karl Kraus n'apparaît pas par hasard.) Cela n'empêche cependant pas Adorno de s'identifier lui-même à la critique de la culture, comme en témoigne non seulement le sous-titre de *Prismes*, mais également l'idée que ne pas le faire serait donner raison aux politiques culturelles fascistes et staliniennes, dont il écrit que « [m] édecins de la culture, ils la délivrèrent de l'aiguillon de la critique. De ce fait, ils ne l'ont pas seulement rabaissée au niveau des manifestations officielles, mais ont encore méconnu à quel point culture et critique sont liées pour le meilleur et pour le pire. La culture n'est vraie que pour autant qu'elle est implicitement critique, et l'esprit oublieux de ce fait expie sa faute dans les critiques qui sont ses fruits. La critique est un élément indispensable de la culture elle-même contradictoire, et malgré toute sa fausseté elle est aussi vraie que la culture est fausse »[1]. Ainsi l'essai d'Adorno, « Critique de la culture et société » contient-il lui-même un morceau brillant de *critique* de la culture – mais donc aussi de cet « aveuglement » qu'elle « partage » avec son objet, comme « partenaire dans le tissage du voile »[2] ? Comment le critique de la culture qu'est Adorno échappe-t-il à la « contradiction flagrante » propre au rapport entre la culture et sa critique, qu'il a lui-même, de manière culturelle-critique, diagnostiquée comme étant inévitable ?

Adorno reconnaît que cela n'est possible que par la violation d'un principe sacré pour les dialecticiens : celui de la critique immanente. Si le critique de la culture ne

---

1. Th. Adorno, « Critique de la culture et société », art. cit., p. 11-12.
2. Comparer avec *Ibid.*, p. 11. « Mitweben am Schleier », n'apparaît pas dans ce texte d'Adorno ; il semble que ce soit une variation sur une expression que l'on trouve dans les *Noten zur Literatur*, éd. R. Tiedemannn, Frankfurt M., Suhrkamp, 1981, p. 415.

veut pas sans cesse fortifier malgré lui ce qu'il attaque, il doit de quelque manière se tenir au-dessus de la culture critiquée. Une critique de la culture purement immanente ne confirmerait que l'immanence complète du rôle du critique culturel, que, selon Adorno, la culture moderne s'est attribuée afin de s'affirmer d'autant plus énergiquement qu'elle serait « implicitement critique ». Mais quelle serait l'alternative ? Le regard objectivant qui fait de la culture une idéologie ou une « superstructure » non seulement bloque la dynamique immanente de la culture et de la critique culturelle, mais réifie la culture dans son ensemble en un domaine dont on peut ensuite disposer à volonté sur le plan commercial ou politique ; la teneur de vérité propre au culturel passe à la trappe. (Adorno voit ici des parallèles considérables entre l'industrie culturelle capitaliste et la politique culturelle stalinienne.) Ainsi Adorno en arrive-t-il au résultat suivant : « La théorie critique ne peut accepter l'alternative de mettre la culture en question, d'une façon globale et extérieure sous le terme générique d'idéologie, ou de la confronter avec les normes qu'elle a elle-même engendrées. (…) Le critique dialectique doit à la fois participer et ne pas participer à la culture. C'est le seul moyen de rendre justice à lui-même et à son objet »[1].

Par ces termes énigmatiques, Adorno nous laisse perplexe. Comment la critique de la culture, sans laquelle la culture n'existe pas, peut-elle être *à la fois* immanente et transcendante ? Que signifie, pour le critique culturel, « participer et ne pas participer à la culture » ? Le titre « Critique de la culture et société » indique la direction de la réponse. Si Adorno peut se trouver dans une position à

---

1. *Ibid.*, p. 25, 29.

la fois immanente et transcendante par rapport à la culture,
c'est parce qu'il n'est pas *seulement* critique culturel, mais
aussi théoricien critique de la société ; avec cette prétention
de pouvoir saisir la culture et le culturel dans le contexte
de la *totalité* sociale considérée de manière critique, Adorno
semble être libéré de la nécessité de choisir entre une vue
interne et externe. La relation aporétique de la culture et
de la critique culturelle apparaît ainsi convertible en une
dialectique de la critique culturelle et de la critique de la
société, dans laquelle il y a place pour le sauvetage de
l'autonomie et de la teneur de vérité du culturel. La perspective de la théorie critique de la société dépasse l'immanence culturelle et elle est transcendante à la culture en
ce sens : « En un sens, la transcendance de la culture est
présupposée par la dialectique en tant que conscience qui
refuse d'emblée de se soumettre à la fétichisation de la
sphère de l'esprit. Dialectique signifie intransigeance à
l'égard de toute réification » [1]. Les mots-clés renvoient à
un ensemble de thèses qu'Adorno reprend à la critique de
la culture malgré son démontage culturel-critique : la
doctrine marxienne du fétichisme capitaliste de la marchandise, dont Georg Lukács, dans *Histoire et conscience
de classe* – le plus souvent sous le nom de « réification »
– avait fait le fondement de la critique de la culture en
général dans les conditions de la société bourgeoise. C'est
précisément à cette idée d'une totalisation dialectique que
se tient Adorno lorsqu'il écrit : « La méthode transcendante,
qui s'attaque à la totalité, paraît plus radicale que la méthode
immanente qui accepte au départ la totalité problématique.
Elle se place à un point de vue extérieur à la culture et à
l'aveuglement social, pour ainsi dire le point d'Archimède,
d'où la conscience est en mesure de réactiver la totalité,

1. Th. Adorno, « Critique de la culture et société », art. cit., p. 22.

aussi inerte soit-elle. La force de l'attaque contre la totalité réside dans le fait que le monde paraît d'autant plus uni et total qu'il est parfaitement réifié et donc divisé » [1]. C'est ainsi la perspective d'une théorie de la société en tant que tout et dont la culture n'est qu'une partie – qu'elle soit superstructure, sphère de circulation de caractère marchand, idéologie ou quoi que ce soit d'autre – qui est ouverte au critique culturel Adorno par le jeu dialectique d'une opération à la fois immanente et transcendante à la culture.

Notre situation théorique me semble caractérisée par le fait que *nous ne pouvons plus* adopter la perspective d'Adorno pour penser le rapport de la culture et de la critique de la culture ; aussi indissoluble que reste le lien de la culture et de la critique, nous devons emprunter d'autres chemins pour affronter les difficultés qu'il a diagnostiquées. Ceci présuppose que nous rendions compte de cette indissolubilité du lien entre culture et critique de la culture par des raisons qui soient indépendantes des cadres théoriques néomarxiens ; c'est ce dont il sera question dans la première partie de mon exposé (I). Dans une deuxième partie, je présenterai les types fondamentaux de la critique culturelle classique et moderne (II) avant de conclure par quelques réflexions sur les tâches d'une philosophie critique de la culture (III).

I.

Lorsqu'Adorno écrivit son essai culturel-critique sur la critique de la culture – en 1949 – le terme de « Kulturkritik » était déjà vieilli. Aujourd'hui, il est tout à fait passé de mode et n'éveille que le souvenir du *Déclin de l'Occident* de Spengler, des *Considérations d'un*

1. *Ibid.*

apolitique de Thomas Mann et de *La révolte des masses*
d'Ortega y Gasset. La critique de la culture fut dans les
années vingt et trente un large courant de réflexions inquiètes
sur la mécanisation et la technicisation, la massification
et la désindividualisation, la commercialisation et la bureau-
cratisation de la vie dans la civilisation industrielle, par
rapport à quoi une représentation de la « vraie » culture
servait généralement de contraste. Les intellectuels de
gauche se moquaient déjà de ce concept de culture et des
« valeurs éternelles », des « biens culturels » immortels et
du culte de l'intériorité bourgeoise qui l'accompagnaient.
Après 1945, cette vision de la culture était complètement
discréditée, car la culture n'avait pas empêché Hitler et
Auschwitz. On lit, dans la *Dialectique négative*, que
« toute culture consécutive à Auschwitz, y compris sa
critique urgente, n'est qu'un tas d'ordures. En se restaurant
après ce qui s'est passé sans résistance dans son paysage,
elle est totalement devenue cette idéologie qu'elle était en
puissance (…). Qui plaide pour le maintien d'une culture
radicalement coupable et minable se transforme en
collaborateur, alors que celui qui se refuse à la culture
contribue immédiatement à la barbarie que la culture se
révéla être. (…) La critique de la culture et la barbarie ne
vont pas sans une certaine connivence. »[1] Pendant les
premières années de l'après-guerre, le terme de « culture »
sonnait de manière idéologique ; il sentait la restauration,
l'incapacité à tirer des leçons. À sa place se répandait le
terme de « société » ; l'expression devint même un signe
de reconnaissance des nouveaux intellectuels de gauche.
L'aversion des conservateurs allemands contre tout ce qui

1. Th. Adorno, *Dialectique négative*, trad. fr., Collège de Philosophie,
Paris, Payot et Rivages, 2003, p. 444, 446.

commence par « social », jusqu'à la dénonciation par Heinrich von Treitschke de la sociologie comme étant socialiste, offrait un moyen bienvenu de se donner une image ; c'était bien volontiers que l'on abandonnait la culture pour la société, dans un mouvement qui s'inspirait moins de la sociologie anglo-saxonne dominante que de la théorie critique de la société du néomarxisme. Je me rappelle très bien de l'effet de révélation qu'avait pour nous, francfortois des années 50, le fait que tout était « socialement médiatisé ». Que nous en souriions aujourd'hui montre que le vent de l'esprit du temps a de nouveau tourné : la « société » est démodée et la « culture » de nouveau moderne. La marginalisation du concept de société est liée au vide laissé par la perte de crédit du programme théorique marxiste dans la conscience générale. Il semble presque qu'il n'y ait plus de théorie de la société ; Habermas et Luhmann paraissent à certains comme des fossiles de l'histoire des sciences, qui ont depuis longtemps quitté la sociologie. (René König a plaidé dès 1958 pour une distinction de principe entre la théorie de la société et la sociologie – c'est-à-dire pour une sociologie sans « société »)[1]. On peut en revanche avoir à nouveau à la bouche le terme de « culture », sans risquer le soupçon de conservatisme ou d'idéologie ; sous une forme purifiée par la science, il est revenu dans notre discours. Les raisons s'en trouvent dans la réception postmarxiste de la *cultural anthropology* américaine et dans les effets du structuralisme et du néostructuralisme français. L'expression « culture » ne signale plus le sommet des classes cultivées – quatuor à cordes, Rilke et les Beaux-arts –, mais le « regard ethnologique » sur l'étranger et le propre.

1. R. König, *Fischer-Lexikon Soziologie*, Frankfurt M., Fischer, 1958.

Ce retour du terme n'est toutefois pas un retour du même ; on peut le constater dans le fait que la culture, dans notre usage linguistique, ne peut plus être opposée, comme jadis, à la civilisation. (Nous nous en tenons ici à Sigmund Freud, qui « répugne » déjà en 1927 de « séparer culture et civilisation »)[1]. Lorsque nous pouvons sans plus échanger les expressions « culture » et « civilisation » – suivant peut-être ici Norbert Elias –, nous ne donnons plus d'importance à l'opposition de valeur que ces expressions cristallisaient. Le discours scientifique sur la culture est *axiologiquement neutre*. Il ne l'était pas du tout autrefois – chez Adorno non plus – et c'est même de la question du « sens et de la valeur » de la culture que toute la critique de la culture a vécu ; faire de la culture un « tas d'ordures » était bien sûr une gifle pour ceux qui s'en nourrissaient, mais ne fait plus guère de sens dans le contexte d'un discours axiologiquement neutre sur la culture, les cultures et les sous-cultures. Ici se pose déjà la question de savoir si le concept scientifique de culture peut encore avoir un lien avec une *critique* de la culture ; il n'envoie plus de signaux politico-culturels, comme lorsque l'on reconnaissait les conservateurs à leur usage du mot, de sorte que nous parlons aujourd'hui, pour être clair, de « conservatisme culturel ».

C'est aussi la *portée* du concept de culture qui a changé. Pour Adorno et la gauche dans son ensemble, la culture était une « superstructure », c'est-à-dire une partie de la société qui se tient faussement pour le tout. (Odo Marquard disait, sur ce point : « la base est la partie de la superstructure que la partie de la superstructure qui se considère comme

---

1. S. Freud, *L'avenir d'une illusion* trad. fr., A. Balseinte, J.-G. Delarbre et D. Hartmann, Paris, PUF, 1995, p. 6.

la superstructure considère comme la base ». [1]) L'opposition culturellement conservatrice « culture/civilisation » présentait également la culture comme une partie – mais *de quoi* la culture et la civilisation sont-elles des parties? On est tenté de répondre : des parties de la culture dans son ensemble, par quoi nous entendons alors par « culture » l'ensemble des conditions de la vie humaine produites par les humains : ce qui n'est pas nature. Ainsi opérons-nous en général avec deux concepts de culture. Nous comprenons la culture au sens étroit comme une partie du domaine ou du système de la culture au sens large. La culture au sens étroit, c'est ce pour quoi Hambourg a un représentant aux affaires culturelles, c'est l'affaire des Länder et ce pour quoi il n'y a jamais suffisamment d'argent. Mais nous parlons aussi *des* cultures, que nous localisons quelque part entre le biotope de l'homme sur cette planète et les départements des affaires culturelles; nous sommes manifestement convaincus, que la culture en général n'existe que dans les cultures particulières : dans les variantes occidentales, chinoises, hopis, etc. Ici commence la question de l'unité de la culture, des universaux culturels et des conséquences indésirables du relativisme culturel; qui ose défendre les thèses de l'unité et de l'universalité est inévitablement suspecté d'ethnocentrisme occidental et impérialiste. Il est étonnant de voir ce pluralisme croître dans la mesure exacte ou la culture mondiale connaît une mise en réseau et une uniformisation planétaire.

Ces distinctions quant au domaine que recouvre le concept de culture conduisent à la question du *lieu* de la critique de la culture. Partant d'Adorno, on pourrait penser

1. O. Marquard, *Des difficultés avec la philosophie de l'histoire*, trad. fr., O. Mannoni, Paris, MSH, 2002, p. 78.

que la critique de la culture est une affaire de « super-structure », en l'occurrence la tentative aporétique d'autocritique du domaine partiel « culture » accomplie depuis l'arrière-plan d'une théorie critique du tout social ; en ce sens, Adorno interprète la culture comme « la quintes-sence de la conscience qu'une société antagoniste a d'elle-même » et la critique de la culture comme le symptôme de ce caractère antagoniste [1]. Par une exacte analogie avec la critique marxienne de la religion, qui ne blâme pas la religion elle-même pour l'auto-aliénation de l'homme dans la religion, mais les rapports sociaux qui la rendent nécessaire, la critique de la critique de la culture dépasse le domaine de la culture au sens étroit et interprète l'existence de la critique de la culture comme l'index du caractère critiquable de l'ensemble dans lequel s'accomplit cette critique. Cette saisie de la totalité, qu'Adorno nomme « société » et pour laquelle nous utilisons aujourd'hui le concept scientifique et axiologiquement neutre de culture n'a jamais été un monopole « de gauche », mais seulement l'interprétation marxiste de cette totalité comme société de classe antagoniste. Après que de telles interprétations ont perdu leur force de conviction au vu de l'immense variété des formes de vie culturelle, se pose à nous la question de savoir si une relation *interne* entre la culture et sa critique se laisse établir indépendamment de l'inspiration marxienne : peut-il y avoir une culture *libre* de critique ? Comment défendre notre intuition que la culture sans critique de la culture serait précisément la barbarie de laquelle cette culture tente constamment de se démarquer ?

---

1. Th. Adorno, « Critique de la culture et société », art. cit., p. 20.

Bien que cette question ne puisse certes pas être tranchée sur un plan conceptuel, il convient de rappeler que la critique n'est pas – comme les conservateurs le craignent – simplement la même chose que le rejet, la dépréciation, la négation, mais signifie, en son sens littéral (du grec *krineîn*) une « distinction » et par là une évaluation à l'aune de critères identifiables. (C'est ainsi que l'on distingue la critique du simple dénigrement). Le concept marxien de critique et celui de l'ancienne Théorie critique présentent en revanche une accentuation considérable de la dimension négative, qui ne peut être défendue qu'aussi longtemps que la théorie critique a des raisons de se comprendre comme partie d'un processus d'émancipation historique réel. Pour le jeune Marx, « la critique n'est pas une passion de la tête, elle est la tête de la passion. Elle n'est pas un scalpel anatomique, mais une arme. Son objet est son ennemi, qu'elle veut non pas réfuter, mais anéantir » [1]. La critique apparaît ici comme l'exécution d'une condamnation à mort que l'histoire a prononcée depuis longtemps. La Théorie critique avait déjà perdu cette confiance ; elle ne pouvait plus s'identifier – pour ainsi dire d'avance – à la société sans classe et anéantir théoriquement *en bloc* la société bourgeoise et sa culture, mais se voyait prise elle-même dans la dialectique de la culture et de la critique culturelle. (Les valeureux critiques de « la » science bourgeoise des années 60 et 70, quant à eux, n'ont réalisé que plus tard qu'il n'y a pas d'autre science que la science bourgeoise.) Avec l'adieu au marxisme, les critiques culturels les plus radicaux devaient aussi revenir au sens

---

1. K. Marx, « Pour une critique de la philosophie du droit de Hegel. Introduction », dans *Philosophie*, éd. M. Rubel, Paris, Folio-Gallimard, 2001, p. 92.

modéré de la « critique » et reconnaître en outre que l'évaluation du culturel à l'aide de critères identifiables ne peut s'accomplir qu'*au sein* de la culture critiquée elle-même ; nous ne disposons pas d'une autre base pour la critique de la culture. Il s'ensuit que la simple présence de la critique de la culture ne peut plus être directement comprise comme un signe du caractère antagoniste ou même prérévolutionnaire de la culture qui se tient à l'arrière-plan.

Toutefois, toute culture n'est pas nécessairement critique de la culture. Pendant des millénaires, les hommes ont vécu dans la culture – et beaucoup le font encore – sans critique de la culture. Avant la culture ils n'étaient probablement pas encore des hommes, mais ils ne le sont pas devenus avec l'invention de la critique de la culture. C'est seulement après avoir appris à séparer de la nature le monde de leur vie qu'ils pouvaient le thématiser *en tant* que culture et se rapporter à lui de manière critique. (Car qui critique la nature ?) Il est vraisemblable que les hommes gagnaient également, par cette distinction, une représentation de la naturalité de la nature, de laquelle ils pouvaient séparer le « culturel ». On peut ainsi oser la thèse que c'est seulement dans les cultures qui se font un concept (même seulement esquissé) d'elles-mêmes comme culture et, en ce sens, sont devenues *réflexives*, que peut exister un lien interne et pas simplement contingent entre la culture et la critique de la culture. On trouve des préformes de ce devenir réflexif dans le mythe : par exemple dans l'histoire du péché originel, selon laquelle il n'y a pas de culture au paradis, mais que celle-ci, en tant que « peine et labeur » est la sanction du péché. On pensera aussi aux mythes grecs sur l'origine divine de la culture, qui s'élève au-dessus de ce qui est simplement naturel. Dans notre tradition, la culture devient explicitement réflexive au moment des Lumières sophistiques dans la Grèce du vᵉ siècle avant notre ère ; aux conservateurs de la culture d'alors, elle devait sembler dangereuse et dissolvante, car elle mettait en question les auto-compréhensions culturelles traditionnelles, demandant si elles étaient vraiment produites par la nature (*phýsei*) ou pas plutôt par les hommes (*thései*, *nómo*). Le « danger » d'une telle mise en évidence résidait dans la perte de légitimité qui menace une tradition supposément naturelle, considérée sur l'arrière-fond d'une religion naturelle ; ce qui n'est pas naturel entre par principe dans le domaine de ce qui est à disposition de l'homme et perd son caractère sacro-saint. (Nous menons encore aujourd'hui des débats semblables, lorsque nous nous querellons sur le fait de savoir si l'intelligence, l'agression ou les comportements stéréotypés de genre sont innés ou non. Si tout cela était socialement produit, la culture devrait être critiquée qui entraîne ces effets indésirables ; mais sinon, à nouveau : qui donc critique la nature ?) Il est difficile de trancher la question de savoir si l'homme a d'abord découvert la nature et ensuite la culture ou bien si ce ne fut pas l'inverse ; quoi qu'il en soit, la distinction entre ce qui dans le monde de la vie des hommes est en leur pouvoir et ce qui résiste à leur pouvoir est la condition culturelle fondamentale de possibilité de la critique de la culture. Cette distinction est même déjà le premier pas de la critique de la culture elle-même, car la critique *est* distinction et dans chaque manière de déterminer la différence entre le naturel et le culturel, des délimitations de la nature et la culture sont établies, qui jouent ensuite un rôle dans les discours normatif-critiques sur « le sens et la valeur » du culturel.

La critique de la culture est ainsi le *discours inévitable*
et *inachevable* propre à la vie dans les cultures devenues
réflexives. Les conservateurs de la culture (*Kultur-
konservativen*) le confirment aussi bien que les naturalistes.
Le conservateur de la culture prétend pouvoir distinguer
entre ce qui est bénéfique et ce qui est préjudiciable à la
persistance de la culture et dans la mesure où, suivant cette
prescription, il fait campagne contre la critique de la culture,
c'est un phénomène culturel qu'il critique en elle ; il est
lui aussi un critique de la culture, dont les idées directrices
normatives sont différentes du critique de la culture qu'il
attaque. Le naturaliste, en revanche, voudrait supprimer
la différence entre nature et culture au moyen d'une interprétation de la culture comme nature ; il critique la mécon-
naissance culturaliste que la culture a d'elle-même et il est
en cela également un critique de la culture, mais il ne peut
pourtant pas, même au moyen de l'interprétation naturaliste
la plus puissante, reconvertir la culture en pure et simple
nature, car cette interprétation, au moins, ne saurait être
pure et simple nature. (On peut dire que le naturaliste
présuppose le devenir réflexif de la nature, mais la culture
est-elle *autre chose* que *cela* ?) Les exemples du conservatisme et du naturalisme le montrent : le nœud du problème
est que dans les cultures devenues réflexives, les critères
et les normes de la critique de la culture font toujours
l'objet de débat, de sorte que la *critique de la culture* est
toujours également et en même temps *critique de la critique
de la culture*, c'est-à-dire *auto*-réflexive. De cette manière,
la réflexivité des cultures qui produit la critique de la culture
se poursuit dans cette critique elle-même.

Les cultures prémodernes connaissent elles aussi la
critique de la culture – que l'on pense aux prophètes de
l'Ancien Testament, à Lao Tseu ou Bouddha ; la réflexivité

ne fait pas la modernité des cultures. *Modernes* ne sont les cultures que lorsque la critique de la culture ne s'oriente plus sur des autorités mythiques, religieuses ou transcendantes, mais a pris conscience du fait que les critères et les normes qu'elles suivent doivent être justifiées dans le discours culturel-critique lui-même ; les cultures modernes doivent ici aussi « produire à partir d'elles-mêmes » leur normativité[1]. La critique moderne de la culture est *intégralement* réflexive ; c'est en cela qu'elle se distingue de ses préformes prémodernes. Comme toute critique de la culture, elle participe de la « peine et du labeur » que coûte la culture, dans ce qu'elle a d'improbable et de non évident, dans la modernité également. Elle n'est pas destruction de la culture, comme le dénoncent volontiers les conservateurs ; mais c'est bien ce que serait le blocage violent de la critique de la culture que tentent tous les systèmes totalitaires ; la fin de la critique de la culture ne serait pas la réconciliation, mais la barbarie. La fascination des totalitaires a à voir avec la promesse de nous délivrer enfin et d'un seul coup de « la peine et du labeur » que la vie dans les cultures moderne nous coûte − c'est-à-dire de nous délivrer de la critique de la culture. Nous ne pouvons nous proclamer modernes qu'à condition de refuser de telles « décharges ». En fin de compte, ce n'est donc pas un état de fait purement objectif, mais notre *propre* compréhension culturelle de nous-mêmes, qui nous fait apparaître pour indissoluble le lien interne entre culture et critique de la culture. Ce n'est pas la manifestation du caractère antagoniste de la société dont Adorno a parlé ; des sociétés non antagonistes et pacifiées ne pourront nous démontrer leurs qualités

---

1. J. Habermas, *Le discours philosophique de la modernité*, trad. fr., Ch. Bouchindhomme et R. Rochlitz, Paris, Gallimard, 1988.

culturelles qu'en laissant un espace à la critique de la culture et en l'acceptant comme une de leurs évidences.

La mise à distance par la critique de la culture du modèle historico-philosophique de la lutte de classes signifie aussi que l'apparition de la critique de la culture n'indique ni ne présuppose directement un intérêt émancipateur pour la connaissance[1]. La critique de la culture des premières décennies de notre siècle en Allemagne, encore peu étudiée et systématisée, était majoritairement conservatrice[2] et les critiques culturels « de gauche » partageaient au reste presque tous leurs *topoï* argumentatifs avec ceux « de droite ». Les précurseurs de cette critique de la culture – Rousseau et Nietzsche – n'ont jamais été « progressistes » pour ce qui regarde les questions sociales et politiques et il ne faut donc pas s'étonner que l'élément émancipateur, essentiellement amené par la réception de Marx, ait disparu du cœur de la critique de la culture une fois passée la fascination pour le marxisme. Que la critique de la culture promeuve la liberté n'est pas une vérité analytique mais dépend des prémisses normatives qu'elle se donne.

II.

Trois couples de concepts permettent d'esquisser les grandes lignes de la critique classique de la culture : *culture et nature, culture et civilisation, culture et vie*. Le premier couple signale le principe d'un recours, dans la critique de la culture, à des points de vue et des instances *extérieurs*

---

1. Voir la leçon inaugurale de J. Habermas à Francfort : « Connaissance et intérêt », dans J. Habermas, *La technique et la science comme idéologie*, trad. fr., J.-R. Ladmiral, Paris, Gallimard, 1973, p. 133-162.

2. Fritz K. Ringer, *The Decline of the German Mandarins*, Harvard University Press, 1969.

à la culture, tandis que le deuxième représente les stratégies de critique de la culture qui mettent en jeu des distinctions *internes* à la culture. (Le passage du premier au second couple signifie historiquement l'accomplissement de la réflexivité de la critique de la culture, c'est-à-dire le commencement de la critique moderne de la culture, dans le passage de Rousseau à Kant.) Le troisième couple reconduit finalement le complexe formé par la culture et sa critique à une *totalité englobant les deux termes* – la « vie ». La conviction profonde de la philosophie de la vie, qui détermina de manière décisive le discours critique-culturel de notre siècle, était qu'ainsi seulement était possible une philosophie de la culture à la fois consistante et critique ; son « père » est Nietzsche.

Se tourner de manière critique vers la culture et en appeler pour cela à la *nature* – cela nous est également familier aujourd'hui ; qui ne penserait pas aux verts de toutes les nuances, au mouvement écologique et aux alternatives qui critiquent les faux besoins au nom des besoins vrais et « naturels » et tentent de vivre selon leur mesure. Ce qui se présente ici de manière paisible et sympathique peut dans d'autres contextes présenter un tout autre visage ; le social-darwinisme, qui ne reconnaît qu'au plus fort un droit à la vie, en appelle aussi à la nature, pour ne rien dire du national-socialisme qui voyait l'histoire du monde comme une gigantesque lutte raciale. Pourquoi les hommes ne refuseraient-ils pas l'égalité aux femmes, avec l'argument qu'ils sont par nature les plus forts ? Qu'est-ce qui s'oppose au fond à laisser mourir les personnes gravement handicapées et les malades en phase terminale, auraient-ils la moindre chance dans des conditions naturelles ? Lorsque nous manipulons des gènes, nous ne faisons rien d'autre que ce que la nature fait sur de longues périodes; qu'y a-t-il donc à y objecter? On le voit, « la » nature est un témoin problématique dans le procès contre la culture. Toute critique menée au nom de la nature implique deux présuppositions : qu'elle soit indépendante de la culture en tant qu'objet à critiquer d'une part, qu'elle fournisse une mesure du bon et du mauvais d'autre part. Dans la première prémisse se cache encore l'héritage de la *phýsis* grecque, conçue comme que ce qui naît, croît et passe indépendamment de l'homme et n'est donc pas à sa disposition. La seconde prémisse, selon laquelle le concept de nature aurait un contenu normatif, est chez les Grecs lié à la première depuis l'origine, car leur religion naturelle, dans son fondement, veillait à ce que le naturel, le « physique », soit tenu en même temps pour le bien ordonné (*kósmos*), le bien et le sain. Les philosophes ont depuis critiqué la culture au nom de la nature de diverses manières. Les cyniques, dont le plus fameux est Diogène en son tonneau, pratiquaient une vie « naturelle » à la consternation de leurs contemporains; ils étaient les hippies de l'Antiquité. Le principe le plus haut du Portique était de « vivre selon la nature » et nous leur devons l'idée du droit naturel, qu'ont depuis invoqué d'innombrables hommes dans leur résistance contre la puissance brute. La philosophie des Lumières du XVIIIe siècle, décriée pour son « rationalisme », en appelle encore à la nature comme à la plus haute instance, et *pas* à la raison. « Nature » est ici compris, le plus souvent, comme nature intérieure, être « naturel » de l'homme, incarnation de ses pulsions, besoins, intérêts et capacités, parmi lesquels compte bien sûr aussi sa raison; l'objectivation de la nature extérieure dans les sciences naturelles est déjà tellement avancée que plus personne n'en appelle aux physiciens dans les contextes de critique de la culture – et la philosophie des Lumières est la composante d'un large mouvement de révolution culturelle. L'effrayant naturalisme de notre siècle, dont on a déjà parlé, a d'ailleurs aussi des racines qui remontent au XVIIIe siècle.

La critique moderne et naturaliste de la culture en appelle donc avant tout à la *nature de l'homme*, qu'elle comprend, d'après un modèle antique, comme n'étant pas à la disposition de l'homme et comme normativement contraignante. (Si au moyen de la technologie génétique nous avions la nature que nous sommes entre les mains, ce type de critique de la culture deviendrait définitivement caduque.) D'emblée frappe ici une profonde *ambivalence*. Les théories du droit naturel qui prétendent formuler un étalon de mesure critique pour l'appréciation des rapports de pouvoir relevant du droit positif décrivent l'homme « naturel » comme homme à l'état de nature ; cet état doit servir de *critère* de l'humain. Ces théories décrivent en même temps cet état de nature comme quelque chose que les hommes doivent *abandonner* afin de produire la culture et de se développer et se cultiver soi-même. L'ambivalence s'étend ainsi à la culture elle-même, qui apparaît comme ce qui mérite la critique et ce contre quoi on invoque la nature mais aussi comme une chose désirable et précieuse en vue de quoi l'homme doit abandonner l'état de nature. Ainsi les Lumières critiquent-elles la culture au nom de la nature mais *en vue de la culture*, tandis que la nature apparaît à la fois comme l'étalon de mesure *et* ce qu'il faut abandonner. Au reste, on peut supposer que cette ambivalence du concept de nature n'est pas originaire mais la projection de l'ambivalence de la culture elle-même *dans* la nature, car c'est l'ambivalence de la culture qui fonde l'indissolubilité de la culture et de sa critique et constitue l'arrière-fond à partir d'où la nature est invoquée par la critique de la culture. La contribution philosophique de

Rousseau est d'avoir trouvé un modèle théorique qui supprime l'apparente absurdité de ce paradoxe; il réunit dans une perspective naturaliste la culture et sa critique dans la figure de « *l'aliénation* ». Les hommes n'ont pas perdu leur véritable nature en abandonnant l'état de nature mais ils s'en sont aliénés, lui sont devenus étrangers; c'est bien la condition nécessaire d'un déploiement de l'humanité de l'homme dans la culture qui reste néanmoins relié à sa naturalité. Le modèle de l'aliénation permet ainsi de penser ensemble, dans une perspective *évolutive*, l'unité *et* la différence entre la nature et la culture de l'homme. Un « retour à la nature! » cynique, social-darwinien ou raciste serait incompatible avec Rousseau et c'est toujours à tort que ce slogan lui est attribué. Mais l'optimisme béat des sectateurs du progrès qui se réjouissent de toute nouvelle conquête sur la nature n'a rien avoir avec Rousseau, qui est bien en même temps le premier critique moderne de la culture et du progrès qui fait le décompte du coût des Lumières. Le théorème de l'aliénation est donc aussi au fondement d'une critique éclairée des Lumières par elles-mêmes, qui s'exerce avec la conscience du fait qu'il n'y a pas d'alternative aux Lumières. C'est à cette « dialectique de la raison » que Rousseau doit son effet inouï, encore sous-estimé aujourd'hui; combien de « rousseauistes » parmi nous qui ignorent cela! Le modèle de l'aliénation, qui représente déjà une sécularisation du mythe du péché originel, est entré dans notre discours de critique de la culture par Hegel, Marx, Nietzsche et d'autres canaux difficiles à retracer; l'intuition reste que la culture empêche systématiquement l'homme d'être tout à fait lui-même, bien qu'elle provienne de lui.

Kant disait de Rousseau qu'il l'avait « mis dans la bonne voie ». Il suit Rousseau très exactement, dans ses

« petits » écrits, lorsqu'il décrit « les débuts de l'histoire humaine » ou esquisse l'« idée d'une histoire universelle d'un point de vue cosmopolitique ». Les différences apparaissent là où est en jeu la détermination et l'évaluation de la dotation naturelle de l'homme. Rousseau l'avait décrite ainsi : l'homme naturel (*homme sauvage*) a un amour-propre et une pitié naturelle pour ses pairs, tout en étant libre et « perfectible ». Kant voit à présent que l'invocation du fait de nature en l'homme est incompatible avec la thèse de la liberté de la volonté, car cette liberté signifie que l'homme peut suivre ou ne pas suivre ses impulsions naturelles. L'homme peut obéir à la « voix de la nature » s'il le veut ; mais il peut aussi lui résister et doit donc répondre lui-même de tout ce qui est en désordre dans la culture. Le critique de la culture ne peut donc blâmer la nature, mais il ne peut pas non plus, selon Kant, en appeler à elle, car c'est à la volonté libre et non naturelle que revient le pouvoir de reconnaître quelle autorité et quelles normes doivent valoir. La thèse de philosophie morale selon laquelle rien ne peut inconditionnellement être dit bon dans le monde que la bonne volonté signifie la *fin du naturalisme* également pour la *critique de la culture*. La liberté de la volonté achève l'émancipation de l'homme à l'égard de la nature ; la prendre pour base – ce que le fait de la moralité suggère –, c'est faire du rapport entre la culture et sa critique une affaire purement *interne* à la culture. Ce faisant, Kant n'abandonne pas le modèle d'aliénation de Rousseau mais le réinterprète de manière *culturaliste*, de sorte qu'il ne concerne plus l'étrangeté entre la nature humaine et la culture, mais l'étrangeté de l'homme *dans* la culture, ce qui inclut une distance conflictuelle entre les hommes entre eux et face à leurs propres normes culturelles ; les mots-clés sont ici « insociable sociabilité » et « devoir ». La perspective historico-philosophique de Rousseau est conservée chez Kant car il rapporte aussi « l'histoire humaine » à un état de paix « cosmopolitique » qui nous est encore refusé. – Hegel a suivi exactement cette réinterprétation culturaliste du théorème de l'aliénation ; ce que nous nommons culture se nomme chez lui « *esprit* » et le présent analysé par la critique culturelle est « le monde de l'esprit étranger à lui-même ». – Dans ses premiers écrits, Marx en revanche *renaturalise* l'aliénation, qu'il rapporte à nouveau à l'homme « naturel et sensible » de Feuerbach ; dans cette mesure, il revient à Rousseau, en-deçà de Hegel et Kant, bien que la perspective utopique de « l'humanisation de la nature et de la naturalisation de l'homme » soit tout à fait étrangère à Rousseau. Le Marx tardif a abandonné cette perspective naturaliste-humaniste de réconciliation et le communisme n'est plus évoqué que comme un « royaume de la liberté » destiné à s'élever au-dessus du « royaume de la nécessité ».

Le fait que le rapport de la culture à la critique de la culture, dans le passage de Rousseau à Kant, devienne un rapport purement interne de la culture, signifie le passage à une réflexivité achevée de la culture dans sa critique et dans la modernité accomplie. Puisque la nature est neutralisée en tant qu'instance de la critique de la culture et que cette critique ne peut plus sortir du périmètre de la culture, à quelle instance peut-on à présent en appeler ? Le mot-clé ici est « *culture et civilisation* ». Il ouvre la possibilité de critiquer la culture avec des moyens *culturels*, en distinguant positivement un secteur de la culture, érigé ensuite comme norme face aux autres secteurs de la culture. Ainsi du moins en fut-il en Allemagne, où « culture *versus* civilisation » fut le topos déterminant de la critique de la culture – au moins jusque dans les années 50. Depuis, la scientificisation du concept de culture s'est étendue au concept de « civilisation » ; on doit surtout à l'influence de Norbert Elias de pouvoir utiliser ce terme autrement que pour désigner tout ce qui est à rejeter dans le présent de la culture. Les jeunes sont devenus largement étrangers aux oppositions visées par le topos « culture *versus* civilisation », qui structurèrent pendant des décennies les petites polémiques de critique de la culture : Goethe et le chemin de fer, la flûte et le football, l'académie évangélique et les courses cyclistes, écrire avec le stylo à plume ou le stylo à bille. Toujours la « culture » désignait le sommet, les valeurs éternelles, la formation (*Bildung*) intérieure, les profondeurs de l'âme et l'artistique, tandis que la « civilisation » était en règle générale associée au technique, à ce qui est simplement fonctionnel et utile, à l'efficacité commerciale. « Culture *versus* civilisation » fut ainsi un élément fondamental de l'idéologie allemande, opposée à l'Ouest, à l'américanisation, au mode de vie urbain, aux conséquences de l'industrialisation sur la vie ; d'un point de vue interne à la culture ce topos s'articule à l'opposition entre la bourgeoisie possédante et la bourgeoisie cultivée ; on pourrait presque la réduire à la formule : « lycée humaniste ou lycée professionnel ». Ce n'est pas un hasard si on ne peut traduire ces mots, avec leur sens spécifiquement allemand, en anglais ou en français ; des expériences semblables y sont exprimées de manière différente.

L'opposition de la culture et de la civilisation ne fut pas toujours pure idéologie. Kant écrit : « Nous sommes civilisés, au point d'en être accablés, pour ce qui est de l'urbanité et des bienséances sociales de tout ordre. Mais quant à nous considérer comme déjà moralisés, il s'en faut encore de beaucoup. Car l'idée de la moralité appartient encore à la culture ; par contre, l'application de cette idée, qui aboutit seulement à une apparence de moralité dans l'honneur et la bienséance extérieure, constitue simplement la civilisation »[1]. Pour Kant, la différence spécifique entre la culture et la civilisation est la *moralité* ; aussi longtemps que nous nous comportons seulement selon les règles de la civilisation, nous ne sommes pas encore cultivés, car il nous manque ce que nous pourrions appeler une identité morale. Kant reprend ici le premier discours de Rousseau, qui soulignait, contre l'image que la première philosophie des Lumières se faisait d'elle-même, que les progrès de la science, de la technique et de l'art n'amélioraient pas automatiquement l'homme mais avaient plutôt l'effet inverse. Kant comprend par culture la moralisation de l'homme que l'on ne peut attendre de la simple civilisation. Lorsque Humboldt oppose ensuite la culture et la civilisation comme la *formation* (*Bildung*) intérieure et extérieure[2], il ne vise pas par « formation intérieure » un culte de l'intériorité mais la formation de la personnalité dont l'identité morale consiste en une autonomie rationnelle qui accomplit ce qu'elle reconnaît comme bon et convenable par sa propre force et non par une contrainte conventionnelle. C'est ainsi qu'il fallait comprendre la formule de Humboldt : « formation par la science » ; à la science était ainsi attribuée une valeur moralisante.

En même temps que le concept humboldtien de formation c'est la différenciation morale de la culture et de la civilisation qui disparaît au XIXe siècle, pour ne rien

1. Kant, « Idée d'une histoire universelle d'un point de vue cosmopolitique », trad. fr., S. Piobetta, dans Kant, *Opuscules sur l'histoire*, Paris GF-Flammarion, 1990. p. 72.
2. W. Perpeet, Art. « Kultur », *in* J. Ritter *et al* (ed.), *Historisches Wörterbuch der Philosophie*, vol. 4, p. 1309 *sq.*

dire de la croyance en la puissance éthique de la science. Nietzsche dé-moralise le concept de culture sans abandonner le schéma critique-culturel « culture et civilisation ». Toujours revient chez lui cette thèse : « Les grands moments de la culture ont toujours été, moralement parlant, des temps de corruption »[1]. C'est pourquoi la culture doit être définie différemment : « La culture, c'est avant tout l'unité de style artistique à travers toutes les manifestations de la vie d'un peuple »[2]. Ainsi la culture ne peut-elle être connue qu'esthétiquement ; c'est un phénomène esthétique qui doit être jugé comme tel. Il reste dès lors à la civilisation les éléments de la culture qui n'ont rien à voir avec l'esthétique – la domestication de l'animal humain par exemple. De cette manière, Nietzsche élève la culture *esthétique* au rang de critère et de mesure de la critique de la culture en général ; elle indique le degré d'épanouissement ou de *décadence* du tout culturel. Nietzsche partage avec Kant la localisation de la critique de la culture dans la culture elle-même, pour autant qu'elle s'oppose à la civilisation ; dans les deux cas la critique de la culture se comprend comme l'élément de la culture, morale ou esthétique, qui fournir l'étalon de mesure de la critique du tout culturel.

Spengler remplace l'esthétisation de la culture par la *biologisation* de l'opposition culture/civilisation. Il reste fidèle au motif nietzschéen de la *décadence* mais, par une analogie téméraire avec le règne végétal, présente la culture comme la floraison et la civilisation comme le stade tardif

1. F. W. Nietzsche, *Par-delà bien et mal*, § 262, dans *Œuvres philosophiques complètes*, éd. G. Colli et M. Montinari, vol. VII, Paris, Gallimard, 1971.

2. F. W. Nietzsche, *Considérations inactuelles I et II, op. cit.*, vol. II-1, 1990, p. 22 (trad. modifiée).

ou terminal, la sénescence d'un organisme culturel. La civilisation sera plus largement associée avec tout ce qui est mécanique, technique, bureaucratique, sans âme ; son incarnation la plus pure se trouve dans l'impérialisme, qui vise l'extension plutôt que l'approfondissement culturel. On trouve chez Spengler tout l'arsenal de la critique de la culture qu'Adorno a à l'esprit dans son essai et ce n'est pas un hasard s'il lui a consacré un travail spécifique : « Spengler après le déclin » [1].

Au prix de nombreuses transformations, l'opposition allemande « culture et civilisation » a survécu jusqu'à aujourd'hui, même là où la terminologie est différente et dans des contextes non nietzschéens ou spengleriens. L'idée de faire jouer un secteur de la culture contre d'*autres* secteurs reste un principe directeur, d'où une tendance frappante à la dichotomie : pourquoi en effet s'agit-il toujours d'*un* contre *un* autre et pas contre un second, un troisième et un quatrième ? En présentant en 1959 sa thèse des « deux cultures », Snow déclenche un important débat de critique de la culture [2]. – Arnold Gehlen et Joachim Ritter distinguent modernisation techno-scientifique et culturelle ; avec leurs partisans, ils attribuent à la culture la tâche de compenser les conséquences dommageables inévitables de la modernisation technoscientifique, ce qui n'est possible qu'en suivant une stratégie conservatrice [3]. – Hannah Arendt et Reinhart Maurer distinguent culture

1. Th. Adorno, « Spengler après le déclin », dans *Prismes, op. cit.*, p. 37-58.
2. H. Kreuzer (ed.), *Die Zwei Kulturen. Literarische und naturwissenschaftliche Intelligenz. C. P. Snows These in der Diskussion*, Stuttgart, Klett, 1967.
3. O. Marquard, « Über die Unvermeidlichkeit der Geisteswissenschaften », in *Apologie des Zufälligen*, Stuttgart, Reclam, 1986.

de l'agir et culture du faire et mettent en garde contre les conséquences culturelles d'une réduction de l'agir au faire [1].
– Même la distinction de Habermas entre système et monde de la vie [2], base de sa théorie critique de la société, doit être comprise comme un écho de ces oppositions internes de critique de la culture qui trouvent leur archétype dans le modèle « culture et civilisation ».

Pourquoi alors, comme annoncé, un troisième couple conceptuel : *culture et vie ?* Il apparaît du fait que la relation conflictuelle entre culture et critique de la culture, qui se manifeste dans les oppositions classiques « culture et nature » et « culture et civilisation » fait signe vers l'état conflictuel du *tout* culturel. En vérité, la critique de la culture ne s'est jamais limitée au secteur de la « culture » ou de la « superstructure », bien qu'il fût son lieu et le thème favori de la discussion sur la culture en général. Ce n'est pas seulement dans le discours hégélien du « monde de l'esprit étranger à lui-même » que la critique de la culture s'étend au tout de la *conditio humana*, pour qui l'existence de la critique de la culture vaut comme symptôme. Après Hegel, ce tout ne sera plus jamais nommé « esprit ». Nietzsche et Dilthey trouvent le terme de « vie » ; ce que nous voulons distinguer à l'aide de la formule « culture et civilisation » est selon eux toujours déjà un composant d'un complexe de vie englobant. Cette idée est utilisable pour la critique de la culture, dès lors que le concept total « vie » est appliqué *normativement* aux phénomènes

1. H. Arendt, *Vita activa oder Vom tätigen Leben*, Munich, 1960 ; R. Maurer, Art. « Kultur », *in* H Krings *et al.* (eds.), *Handbuch philosophischer Grundbegriffe*, Munich, Kösel, 1973, vol. 2, p. 831 *sq.*
2. J. Habermas, *Théorie de l'agir communicationnel*, vol. II, Paris, Fayard, 1981.

culturels ; on peut alors évaluer s'ils sont ou non bénéfiques pour la vie, s'ils accroissent ou entravent la vitalité. (Aujourd'hui encore, pour nombre de nos contemporains, la « vitalité » est la plus haute valeur.) Le concept de « maladie » acquiert ici la signification culturelle-critique qui fut la sienne surtout dans le journalisme culturel conservateur et préfasciste ; qui ne pense pas à la mobilisation du « bon sens populaire » contre l'« art dégénéré » et « l'esprit critique pathologique » des intellectuels ? Le thème nietzschéen de la *décadence* est ici trivialisé de manière sinistre. Cela honore Thomas Mann d'avoir défendu une conception opposée malgré sa vénération pour Nietzsche : il ne saurait y avoir d'excellence culturelle sans maladie – ou du moins ce que le monde nomme ainsi.

Partant d'Adorno, il semblerait que la critique de la culture soit une affaire de « superstructure », comme tentative aporétique d'une autocritique du secteur « culture » qui n'a de sens que sur fond d'une théorique critique du tout social. On a montré que l'extension à la *totalité* n'est pas le monopole de la critique de la culture « de gauche » ; ce monopole concerne seulement la conception de cette totalité comme *société*. Ainsi s'explique la similitude frappante des figures argumentatives utilisées par les critiques culturels de toutes les nuances entre les deux guerres, *Dialectique de la raison* inclue. Les racines philosophiques de ce livre conduisent à Schopenhauer et Nietzsche et pas d'abord à Marx. La clé en est la réception d'*Histoire et conscience de classe* de Lukács ; une comparaison précise avec l'œuvre de Simmel montre qu'il ne s'agit que d'une philosophie de la vie superficiellement « marxisée ». Le terme de « *réification* » qui détermine encore à chaque pas les analyses critiques sociales d'Adorno apparaît certes en quelque recoin chez Marx [1], mais comme *mot-clé*, il vient de Nietzsche [2] et désigne ensuite la figure fondamentale du diagnostic simmelien de « tragédie de la culture ». Simmel y associe d'ailleurs déjà le fétichisme de la marchandise marxien et Lukács n'avait plus qu'à reconduire la réification, dans toutes ses formes culturelles, au fétichisme de la marchandise, pour donner l'impression d'avoir laissé derrière lui la philosophie de la vie. La critique de la culture, en tant que critique de la réification, se tient ainsi plus près de Nietzsche que de Hegel et Marx, car leur dialectique ne connaît pas de priorité de la dynamique sur la statique ou du processuel sur le chosal ; la dialectique n'est pas pure dynamique mais unité de la dynamique et de la statique, et c'est même un clair primat de la statique qui s'observe chez Hegel et Marx.

III.

L'expression « critique de la culture » appartient peut-être au passé – mais qu'en est-il de la *chose* qu'elle désignait ? Le changement de signification du terme « culture », qui semble l'ancrer complètement dans le champ de la science et de la neutralité axiologique, laisse-t-il la possibilité d'une approche critique ? Il semblerait de prime abord que la critique de la culture ait émigré définitivement vers la rubrique littéraire de nos grands journaux et que tous les ponts avec le discours académique, que des philosophes significatifs tâchaient autrefois

---

1. K. Marx, *Le Capital*, l. 3, section VII ; voir H. Schnädelbach, « Philosophieren nach Heidegger und Adorno », in *Zur Rehabilitierung des* animal rationale, *op. cit.*, p. 307-331.

2. Voir par ex. le § 21 de *Par delà bien et mal* et le fragment posthume 1[62] de l'automne 1885 [*N.d.T.*]

d'emprunter à l'occasion, soient désormais coupés. Qu'en est-il alors du moment philosophique de l'autocritique sans laquelle la culture moderne n'existe pas ? Je soutiens que ce moment subsiste dans une philosophie critique de la culture qui ne peut certes plus immédiatement se comprendre comme une composante du discours de critique de la culture en général – comme dans les années 20 et 30 – mais qui tente de l'accompagner de manière aussi critique que le développement de notre culture globale.

Les deux fronts polémiques d'une telle philosophie critique de la culture ont déjà été cités : le naturalisme et le relativisme culturel. Contre le *naturalisme*, il est nécessaire de s'en tenir de manière critique à la distinction de la nature et de la culture, c'est-à-dire de délimiter, à l'aide de moyens conceptuels appropriés, le monde humain de la vie – qui peut bien toujours être considéré comme une quasi-nature par une attitude objectivante –, comme domaine de ce qui est en notre pouvoir et dont nous sommes et restons responsables. En ce sens, la philosophie de la culture ne peut en rester aux problèmes fondamentaux des sciences de la culture ; elle a aussi pour tâche d'assurer la possibilité d'une praxis rationnelle dans un monde qui se fait toujours plus le domaine d'une thématisation propre aux sciences naturelles, tandis que le naturaliste cherche à faire disparaître, avec la différence entre nature et culture, non seulement cette praxis, mais le thème même de la critique de la culture. – Le primat kantien de la raison pratique est confirmé par un autre adversaire de l'autocompréhension critique de la culture à laquelle la philosophie de la culture doit contribuer : le *relativisme culturel*. Lui laisser le dernier mot, c'est laisser le monde humain se dissoudre en une pluralité disjointe de mondes humains divers – cultures et sous-cultures –, qui trouvent à chaque fois leur mesure en eux-mêmes. D'un point de vue normatif, cette situation peut sembler désirable, car elle retire son sol à l'impérialisme d'une culture mondiale dominante, mais la chose devient problématique lorsque le tortionnaire en appelle à ses traditions culturelles comme peut-être le défenseur du commerce des esclaves, de la discrimination envers les femmes ou du travail des enfants. Le problème principal du relativisme culturel est celui de la *communication* entre les diverses cultures, qui existe de fait, mais qui ne peut ni être expliquée, ni être présentée comme effectivement réussie par le relativiste – sans parler du fait qu'il présente sa position comme applicable à toutes les cultures (donc comme *non* relativiste). Énigmatique également est la façon dont le relativiste culturel, qui cherche à confirmer chaque autre culture dans son étrangeté et la protéger de toute emprise « absolutiste », peut bien percevoir ce caractère étranger comme étranger, s'il ne dispose que de sa perspective culturelle propre et relative. S'il est vrai que l'homme est « par nature un être de culture » (Gehlen), le relativisme culturel met en question l'*unité* du genre humain, stratégie de moins en moins plausible face à une culture mondiale s'homogénéisant toujours plus. Le scepticisme relativiste est fécond aussi longtemps qu'il fait prendre conscience des limitations ethnocentriques de notre regard sur ce qui est culturellement étranger ; racorni en une position figée, il est stérile et contradictoire. – Ainsi la philosophie critique de la culture a-t-elle un double problème de frontière : vis-à-vis du dogmatisme naturaliste *hors* d'elle et vis-à-vis du scepticisme relativiste *en* elle. En dernier lieu, l'enjeu est la garantie théorique d'un contact rationnel entre les hommes de « provenances » différentes, dans un monde dont on a des raisons de penser qu'il n'est pas pure nature.

La première tâche d'une philosophie critique de la culture est ainsi de se donner un *concept de culture* scientifiquement fécond mais également mobilisable pour des considérations éthiques et politiques ; ce concept n'est pas disponible sans présupposés. Après la neutralisation scientifique du concept de culture, la philosophie de la culture ne peut atteindre son but que si elle se conçoit comme un élément de la conscience de soi critique de la culture à laquelle elle appartient ; c'est le seul chemin qui mène de la critique culturelle telle qu'elle est donnée à un concept *critique* de culture. La philosophie de la culture doit donc faire de la relation entre la culture et la critique de la culture sa chose même. La forme que prend la critique traditionnelle de la culture aujourd'hui donne un indice du contexte dans lequel un concept de culture à la fois universel et critique peut être conquis : la critique de la raison ou de la *rationalité* est aujourd'hui le thème critique culturel déterminant. La rationalité *en général* – et pas un type déterminé de rationalité – est, pour beaucoup de nos contemporains, responsable de ce qui va mal dans le monde. Le pessimisme culturel démodé revit dans la forme d'un pessimisme généralisé quant à la raison ; c'est dans cette forme que s'exprime de nos jours le « malaise dans la culture », lorsqu'il cherche à s'exprimer philosophiquement. Ainsi s'impose à nous la tâche d'une *théorie critique de la rationalité* [1], en mesure d'établir une critique raisonnable de la raison sous une forme moderne. Dans ce contexte il sera également possible de reconstruire un concept de culture que la philosophie critique de la culture puisse faire sien et développer, dans une intention descriptive et

1. Voir H. Schnädelbach, *Rationalität. Philosophische Beiträge*, Frankfurt M., Suhrkamp, 1984.

normative, de sorte qu'il puisse faire le lien avec les sciences de la culture aussi bien qu'avec le discours général de critique culturelle. Le chemin de la critique de la raison vers la critique de la culture, emprunté par de nombreux philosophes dans les premières décennies de notre siècle, nous devons aujourd'hui l'emprunter dans la direction opposée, car le concept de culture, au terme de sa formalisation scientifique et de sa neutralisation, a perdu sa valeur de concept philosophique fondamental; il n'est plus en mesure, en particulier, d'instituer la relation interne entre la culture et sa critique. Seule l'auto-confirmation de la rationalité de l'*animal rationale* au moyen d'une théorie philosophique de la rationalité est en mesure de garantir l'indissolubilité de cette relation interne et d'attribuer à la philosophie critique de la culture ses tâches irréfragables; *culture*, *critique* et *raison* ne se donnent pas indépendamment l'une de l'autre.

BIBLIOGRAPHIE GÉNÉRALE

ADORNO Theodor, « Critique de la culture et société », dans *Prismes*, trad. G et R. Rochlitz, Paris, Payot et Rivages, 2010, p. 7-23.

– « L'industrie culturelle », trad. H. Hildenbrand et A. Lindenberg, *Communications* 3, 1964. p. 12-18.

AMAT Matthieu, *Le relationnisme philosophique de Georg Simmel. Une idée de la culture*, Paris, Honoré Champion, 2018.

AMAT Matthieu et D'ANDREA Fabio (éd.), *Simmel as Educator*, Special Issue of *Simmel Studies. New Series* 1/2019.

BERLAN Aurélien, « Présentation. La critique culturelle selon Ernst Troeltsch », *Philosophie* 94, 3/2007, p. 3-12.

BERNER Christian, *Au détour du sens*, Paris, Cerf, 2007.

BLUMENBERG Hans, *Le souci traverse le fleuve* (1990), Paris, L'Arche, 1997.

– *L'imitation de la nature et autres essais*, trad. I. Kalinowski et M. de Launay, Paris, Hermann, 2010.

– « Geld oder Leben. Eine metaphorologische Studie zur Konsistenz der Philosophie Georg Simmels », *in* H. Bohringer, K. Gründer (eds.), *Ästhetik und Soziologieum die Jahrh und ertwende*, Francfort M., Klostermann, 1976, p. 121-134.

BOLLENBECK Georg, *Bildung und Kultur. Glanz und Elend eines deutschen Deutungsmusters*, Frankfurt am Main-Leipzig, Insel, 1994, p. 68-159.

BOUVERESSE Jacques, *Essais I. Wittgenstein, la modernité, le progrès et le déclin*, Agone, Marseille, 2000.

CASSIRER Ernst, *Essai sur l'homme*, trad. N. Massa, Paris, Minuit, 1975.

– *Logique des sciences de la culture*, trad. J. Carro et J. Gaubert, Paris, Cerf, 1991.

– « Fondation naturaliste et fondation humaniste de la philosophie de la culture », dans *L'idée de l'histoire*, trad. F. Capeillières, Paris, Cerf, 1988, p. 25-50.

– *La Philosophie des formes symboliques*, 3 volumes, Paris, Minuit, 1972, (vol I : *Le langage*, trad. O. Hansen Love et J. Lacoste ; vol. II : *La Pensée mythique*, trad. J. Lacoste ; vol. III : *La Phénoménologie de la connaissance*, trad. C. Fronty).

DERRIDA Jacques, *L'autre cap* suivi de *La démocratie ajournée*, Paris, Minuit, 1991.

DUFOUR Éric, *Les néokantiens. Valeur et vérité*, Paris, Vrin, 2003.

DEWEY John, *Démocratie et éducation*, trad. G. Deledalle, Paris, Armand Collin, 2011.

– « Individualism, Old and New » [1929/1930] in *The Later Works*, vol. 5, J. A. Boydston (ed.), Carbondale-Edwardsville, Southern Illinois UniversityPress, 1984, p. 41-123.

– *L'édification du monde historique dans les sciences de l'esprit*, trad. S. Mesure, Paris, Cerf, 1988.

FERRARI Massimo, « Neokantismo come filosofia della cultura : Wilhelm Windelband e Heinrich Rickert », *Revue de métaphysique et de morale* 3/1998, p. 367-388.

FERRARI Massimo et FIORATO Pierfrancesco (eds.), *Kultur philosophie : Probleme und Perspektive des Neukantianismus*, Wurtzbourg, Königshausen & Neumann, 2014.

FILLAUDEAU Anne-Chalard, *Les études culturelles*, Saint-Denis, PUV, 2015.

FISCHER Joachim, « Le noyau théorique propre à l'Anthropologie philosophique (Scheler, Plessner, Gehlen) », trad. M. Amat et A. Dirakis, *Trivium* 25, 2017. URL : http://journals. openedition.org/trivium/5475

GESSMANN Martin, « Was ist Kulturphilosophie ? », *Philosophische Rundschau* 1, 55, 1/2008, p. 1-23.

GESSNER Willfried, *Der Schatz im Acker. Georg Simmels Philosophie der Kultur*, Weilerswist, Velbrück, 2003.

GOODMAN Nelson, *Manières de faire des mondes*, trad. M.-D. Popelard, Paris, Gallimard, 2010.

GORDON Lewis, « Theory in Black : Teleological Suspensions in Philosophy of Culture », *Qui Parle* 18, 2/2010, p. 193-214.

HORKHEIMER Max, « La situation actuelle de la philosophie sociale et les tâches d'un Institut de recherche sociale », dans *Théorie critique. Essais*, Paris, Payot, p. 65-80.

HOTTOIS Gilbert, *Simondon et la philosophie de la culture technique*, Bruxelles, De Boeck, 1993.

KAMBOUCHNER Denis, « La culture », dans D. Kambouchner (éd.), *Notions de philosophie*, t. III, Paris, Gallimard, 1995, p. 445-568.

– *L'école, question philosophique*, Paris, Fayard, 2013.

KOENIG Heike, « Enabling the Individual : Simmel, Dewey and "The Need for a Philosophy of Education" », *in* M. Amat, Fabio d'Andrea (eds.), *Simmel as Educator*, Special Issue of *Simmel Studies. New Series*, 1/2019, p. 109-146.

KONERSMANN Ralf (ed.), *Handbuch Kulturphilosophie*, Stuttgart, J.-B. Metzler, 2012.

– *Kulturkritik*, Francfort M., Suhrkamp, 2008.

– *Kulturphilosophie. Zur Einführung*, Hambourg, Junius, 2003.

KRACAUER Siegfried, *L'ornement de la masse. Essais sur la modernité weimarienne*, trad. S. Cornille, préface O. Agard, Paris, La Découverte, 2008.

KRAMME Rüdiger, « Philosophische Kulturals Programm. Die Konstituierungsphase des LOGOS », *in* H. Treiber, K. Sauerland (eds.), *Heidelberg im Schnittpunkt intellektueller Kreise. Zur Topographie der "geistigen Geselligkeit" eines "Weltdorfes" : 1850-1950*, Opladen, WestdeutscherVerlag, 1995, p. 119-149.

KRIJNEN Christian, « Philosophy as Philosophy of Culture ? », *in* N. Warren, A. Staiti (eds.), *New Approaches to Neo-Kantianism*, Cambridge, Cambridge UniversityPress, 2015, p. 111-126.

KROIS John Michael, « Kulturphilosophy in Weimar Modernism »,
    in P. Gordon, J. P. McCorminck (eds.), *Weimar thought :
    A contested Legacy*, Princeton, Princeton University, 2013,
    p. 101-114.

LAZARUS Moritz, *Grundzüge der Völkerpsychologie und
    Kulturwissenchaft*, K. C. Köhnke (ed.), Hambourg, Meiner,
    2003.

LICHTBLAU Klaus, *Kulturkrise und Soziologie um die Jahrh und
    ert wende. Zur Genealogie der Kultur soziologie in
    Deutschland*, Francfort M., Suhrkamp, 1996.

– « La polémique autour du concept de culture en sociologie »,
    trad. A. Berlan, *Trivium* 12, 2012. URL : http://trivium.revues.
    org/4360.

LUFT Sebastian, *The Space of Culture. Toward a Neo-Kantian
    Philosophy of Culture, (Cohen, Natorp & Cassirer)*, Oxford
    University Press, 2015.

LUKÁCS Gyorgy, *Histoire et conscience de classe. Essais de
    dialectique marxiste*, trad. K. Axelos et J. Bois, Paris, Minuit,
    1974.

MAIGNÉ Carole, *Ernst Cassirer*, Paris, Belin, 2013,
    p. 175-182.

MAIGNÉ Carole et RUDOLPH Enno (éd.), *Ernst Cassirer*, Paris,
    CNRS Éditions, 2012 (*Revue germanique internationale* 15).

MAIGNÉ Carole, RUDOLPH Enno, MAGNUS Schlette (eds.), *Logos
    (Zeitschrift für Kulturphilosophie* 2, 2020) Hambourg, Meiner,
    2020.

MARCUSE Herbert, *Culture et société*, trad. G. Billy, D. Bresson
    et J.-B. Grasset, Paris, Minuit, 1970.

MERLIO Gilbert, Gérard RAULET (eds.), *Linke und rechte
    Kulturkritik. Interdiskursivität als Krisenbewußtsein*, Francfort
    M., Peter Lang, 2005.

ORTH Ernst W., *Was ist und was heißt "Kultur" ? Dimensionen
    der Kultur und Medialität der menschlichen Orientierung*,
    Wurtzbourg, Königshausen und Neumann, 2000.

Perpeet Wilhelm, *Kulturphilosophie. Anfänge und Probleme*, Bonn, Bouvier, 1997.

Plessner Helmuth, *Les degrés de l'organique et l'homme. Introduction à l'anthropologie philosophique*, Paris, Gallimard, 2017.

Recki Birgit, *Kultur als Praxis : eine Einführung in Ernst Cassirers Philosophie der symbolischen Formen*, Berlin, Akad.-Verl., 2004.

– *Philosophie der Kultur – Kultur des Philosophierens. Ernst Cassirer im 20. und 21. Jahrhundert*, Hambourg, Meiner, 2012.

Rickert Heinrich, *Science de la culture et science de la nature*, trad. M. de Launay, A.-H. Nicolas et C. Prompsy, Paris, Gallimard, 1997.

– *Le système des valeurs et autres articles*, intro. et trad. J. Farges, Paris, Vrin, 2007.

Rudolph Enno (ed.), *Ernst Cassirer im Kontext. Kulturphilosophie zwischen Metaphysik und Historismus*, Tübingen, Mohr-Siebeck, 2003.

Trautmann-Waller Céline (éd.), *Quand Berlin pensait les peuples*, Paris, CNRS Éditions, 2004, p. 105-119.

Schnädelbach Herbert, *Philosophie in Deutschland. 1831-1933*, Francfort M., Suhrkamp, 1983.

Simmel Georg, *Philosophie de l'argent*, trad. S. Cornille et P. Ivernel, Paris, PUF, 2009.

– *Philosophie de la modernité*, trad. et éd. J.-L. Vieillard-Baron, 2 volumes, Paris, Payot-Rivages, 2004.

– *La Tragédie de la culture et autres essais*, trad. S. Cornille et Ph. Ivernel, Paris, Payot-Rivages, 1993, p. 207-208.

Simondon Gilbert, *Du mode d'existence des objets techniques*, Paris, Aubier, 2012.

– *L'individuation à la lumière des notions de forme et d'information*, Grenoble, Million, 2017.

Stiegler Bernard, *Prendre soin de la jeunesse et des générations*, Paris, Flammarion, 2008.

THOUARD Denis, *Georg Simmel. Une orientation*, Belval, Circé, 2020.

TOUSSAINT Stéphane, *Humanismes et Antihumanismes. De Ficin à Heidegger*, t. 1, Paris, Belles Lettres, 2008.

TENBRUCK Friedrich H. « Les tâches de la sociologie de la culture », *Trivium* 12, 2012. URL : http://journals.openedition.org/trivium/4386

VALÉRY Paul, « La crise de l'esprit » (1919), *Œuvres*, vol. 1, sous la dir. de M. Jarrety, Paris, Le Livre de Poche, 2016, p. 695-726.

– « La liberté de l'esprit » (1939), *Œuvres*, vol. 1, sous la dir. de M. Jarrety, Paris, Le Livre de Poche, 2016, p. 1569-1593.

WEBER Max, « L'objectivité de la connaissance dans les sciences et la politique sociales », dans *Essais sur la théorie de la science*, trad. J. Freund, Pocket, Paris, 1992, p. 119-201.

WINDELBAND Wilhelm, « Histoire et sciences de la nature », trad. S. Mancini, *Les Études philosophiques* 1/2000, « Philosophie allemande », p. 1-16.

– *Qu'est-ce que la philosophie ? et autres textes*, intro. et trad. É. Dufour, Paris, Vrin, 2002.

WHITE Morton, *Pragmatisme et philosophie de la culture* (2002), intro, trad. et notes G. Kervoas, Paris, Vrin, 2006.

TABLE DES MATIÈRES

FONDATIONS

APPROPRIATIONS

(DES) ORIENTATIONS CONTEMPORAINES

Achevé d'imprimer en janvier 2022
sur les presses de
La Manufacture - Imprimeur – 52200 Langres
Tél. : (33) 325 845 892

N° imprimeur : 211368 - Dépôt légal : janvier 2022
Imprimé en France